체 육 사

저자 옥 광

충북대학교 출판부

책을 내면서,

역사가 E. H. Carr는 '역사는 역사가와 사실들 간의 상호작용이며, 현재와 과거 사이의 끊임없는 대화'라 역설했다. 즉 역사는 과거의 사실들을 단순히 기록하고 되풀이하는 것을 넘어서, 그 사실들을 현재의 관점에서 해석하고 재해석하는 과정이다. 체육의 역사 또한 단순한 사건의 나열을 넘어, 현재와 미래의 체육에 미치는 영향을 명확히 드러내는 중요한 분야이다.

본 저서는 체육의 역사를 깊이 있게 탐구하여, 이를 사회문화적 맥락에서 체계적으로 재해석하고 분석함으로써, 현재와 미래의 체육에 미치는 영향을 고찰하는 학문적 접근의 작은 시도이다. 저자는 체육 전공 학생, 지도자, 교사, 운동선수 등 체육 분야의 다양한 구성원들에게 체육사에 대한 심층적인 이해를 제공하고자 했다.

본서는 체육사에 대한 깊은 통찰을 제공하고자 하는 목적으로, 연구와 심도 있는 고찰을 바탕으로 집필되었다. 아직 완성도 면에서 개선할 부분이 있음에도 불구하고, 이 교재가 체육 분야의 전문가와 학생들에게 유용한 자료로 활용되어, 체육의 현재와 미래에 대한 통찰력 있는 조망에 기여하기를 기대한다.

이 교재는 체육의 역사적 배경에 대한 심층적인 이해를 바탕으로 체육의 미래 발전 방향에 대한 성찰을 촉진하는 것을 목적으로 한다. 저자는 과거의 성과와 실패에서 얻은 교훈을 바탕으로 체육의 가치와 중요성을 인식하고, 현대 체육을 발전시키는 의미 있는 방법을 모색하는 것을 목표로 집필했다. 이 책이 체육을 전공하고 사랑하는 이들에게 역사적 고찰을 통한 소중한 영감을 주며, 체육의 중요성을 인식하고 증진시키는 데 기여하길 바란다.

마지막으로, 본서의 출간을 위해 아낌없는 지원을 해 준 충북대학교 출판부에 감사드리며, 집필 과정에서 변함없는 격려와 지원을 아끼지 않은 가족들에게도 깊은 감사의 말을 전한다.

2024년 1월

개신골 연구실에서

옥 광

차 례

표 차례

그림 차례

1부

체육사 개관

Ⅰ. 체육사 개관

체육사는 체육과 관련된 역사적 사실들을 탐구하는 학문으로, 과거의 체육활동이 어떻게 이루어졌는지, 그리고 그 시대의 사상과 어떻게 연관되어 있는지를 조명한다. 이 학문은 체육이 정치, 경제, 문화, 교육, 예술, 군사 및 지리적 요소들과 어떻게 상호작용했는지를 분석하여, 현재와 미래의 체육을 보다 깊이 이해하고 예측하는 데 중요한 역할을 한다. 또한, 체육사는 과거의 체육적 사건들을 정확히 설명하고 해석하는 비판적 연구 과정을 포함하며, 이를 통해 체육의 역사적 중요성을 밝히는 데 기여한다(한국체육사학회, 2023: 10).

체육사는 체육학 내에서 근본적인 질문들을 탐구하는 중요한 분야로서, 체육철학과 더불어 체육 인문학의 한 영역을 구성한다. 이 학문은 체육 및 스포츠를 역사적 관점에서 연구하며, 과학적인 불변의 진리를 탐구하기보다는 변화하는 역사를 분석적, 비판적, 사변적 방법으로 접근하여 개별 사실들을 서술한다. 역사학의 범위는 시대별로 고대사, 중세사, 근현대사로 구분되며, 지역별로는 서양사, 동양사, 한국사 등으로 나뉜다. 또한, 지성사, 과학사, 사회경제사, 문화사 등 다양한 분야로 세분화될 수 있다.

체육사는 특히 문화사와 밀접한 연관성을 가진다. 체육사 연구는 신체 운동 자체뿐만 아니라 신체 운동과 관련된 모든 현상을 포괄하는 연구로 정의될 수 있다. 이는 체육 문화와 다른 인류 문화 영역 간의 상호 연관성에 대한 광범위한 연구와 탐구를 포함한다. 이와 함께, 역사 연구에서 주요하게 다루는 시간, 인간, 지역 등의 요소들도 중요한 연구 대상이 된다.

스포츠 자체에 대한 연구에서는 축구, 야구, 배구 등의 구기 종목, 태권도, 유도, 레슬링 등의 격투기 종목, 그리고 100m 달리기, 200m 달리기, 1500m 달리기, 허들, 멀리뛰기, 높이뛰기 등 육상 종목 등 다양한 스포츠 종목들이 연구 대상이 될 수 있다. 연구자의 의도와 주제에 따라 연구 대상은 다양한 측면에서 접근될 수 있으며, 따라서 체육사의 내용은 절대적이지 않고, 학자들에 따라 약간의 차이를 보인다(최종삼·손수범, 12005: 22).

특히, 체육사상사는 특정시대, 특정 인물들의 체육에 대한 전반적인 사상을 탐구하고, 신체수련사는 운동에 대한 전반적인 수련과정과 전통적인 양생관 및 건강을 탐색하며, 스포츠교육사는 스포츠에 대한 교육 및 학교체육을 포함한다. 스포츠단체 및 인물사는 스포츠 발전에 기여한 단체 및 협회, 인물들의 활동상을 조명하며, 스포츠제도사의 경우는 체육, 스포츠의 발전을 위해 실시한 제도, 정책, 법률 등을 살피고, 스포츠경기사는 고대 이래로 실시되었던 각종 경기, 대회를 역사적으로 연구하고, 스포츠문화사는 특정계층이나 집단의 스포츠향유과정, 스포츠부흥운동, 여성스포츠, 문명과 스포츠, 문학에서의 스포츠, 스포츠의 합법 및 위법성의 문제 등 스포츠의 문화적 현상 등에 대해 조명한다. 또한 스포츠종목사의 경우는 특정 스포츠 종목의 발전과정을 기술적 측면이나 형태적 측면(시설, 용구, 규칙)을 조명하며, 근대스포츠수용사는 서구의 근대스포츠가 자국에 어떻게 수용되고 발전하는지의 문제를 밝히며, 전통스포츠사는 전통적인 유희나 게임 및 스포츠의 발전을 연구하는 것이다.

체육사는 체육학 내에서 중요한 위치를 차지하는 학문이며, 체육의 역사적 방향성을 설정하는 데 필수적인 요소로 간주된다. 체육사 연구는 단순한 사실의 연대기적 나열을 넘어, 신체 문화와 신체 교육의 역사를 포괄적으로 해석하고 설명하는 데 그 의의가 있다. 과거 선조들의 체육에 대한 관심과 역사적 사실에 대한 이해는 미래 세대에게 새로운 역사 창조의 기반이 될 것이다.

체육사 연구는 전통체육과 근대체육으로 나뉘며, 각각의 특징을 가진다. 전통체육의 경우, 주로 무사들의 무예와 화랑 등 청소년 집단의 무예, 군사훈련 및 무예정신, 귀족층의 여가 활동으로서의 사냥과 유희, 서민층의 세시풍속으로서의 놀이 등이 연구 대상이 된다. 반면, 근대체육은 1894년 갑오개혁을 시작점으로 하여, 근대식 학교 설립과 함께 체조 교육 및 서양 스포츠 종목의 도입이 이루어졌다는 점에서 그 중요성이 강조된다(한국체육학회, 2023: 17-18).

체육사를 공부하는 이유는 체육의 과거 형태로부터 현재와 미래의 발전된 형태를 모색하려는 실용적 태도에서 비롯된다. "역사를 잊은 국민에게 미래는 없다"는 격언이 시사하듯, 역사는 과거의 사실과 사건을 기록한 사료로서 중요하며, 우리나라에서 '사(史)'로 표현된다. '사'는 과거의 역사적 사실이나 역사서, 기록자를 의미하며, 옛날 제후들이 대사례(大射禮)에서 화살의 명중 수를 기록하는 역할에서 유래된 것으로 이해된다. 이러한 배경을 바탕으로 체육사의 학문적 연구는 체육학의 발전에 필수적인 기여를 하고 있다(조명렬·노희덕·나영일, 1996: 13-22).

II. 체육과 스포츠의 개념과 역사성

1. 체육의 개념과 변천

체육(Physical Education)이라는 용어가 일반화되기 이전에는 여러 가지 명칭이 유사한 개념으로 사용되었다. 그리스 시대부터 사용된 짐나스틱스(Gymnastics) - 체조 - 는 근대 유럽에서 청소년을 위한 신체 단련 프로그램의 의미로 사용되었으며, 신체육성(Physical Culture)이라는 용어도 널리 사용되었다. 그리고 신체단련(Physical Training)이란 용어는 군사적인 색채가 농후한 말이었지만 대근활동(大筋活動)을 통한 신체의 단련이란 폭넓은 의미로 사용되었는데 다음의 예를 통해서 그 사실을 알 수 있다.

1800년대에 뉴욕 사설 체육학교 명칭이 신체 육성이란 단어가 포함되어 있었고, 1879년에 서전트(D. A. Sargent)가 하버드 대학에 전입 발령을 받았을 때 그의 직책 명칭도 신체단련이란 단어로 표현되고 있다. 그 외에도 현대 체육의 선구자들인 우드(T. D. Wood), 귤릭(L. H. Gulick), 윌리암스(Jesse Williams), 내시(Jay Nash)와 같은 학자들의 스승이었다. 여교수 하나(Delphine Hanna)가 1885년에 받은 직책의 명칭도 신체육성이란 단어가 사용되었다. 여기서 단련이란 의미의 용어가 사용된 것을 알 수 있다. 이처럼 20세기 초반까지는 주로 신체육성, 신체단련이란 용어가 오늘날 체육과 유사한 의미의 용어로 사용되었다.

'체육(Physical Education)'이란 용어가 처음 등장한 것은 19세기 중반이었다. 1840년 하버드 대학의 생리·해부학 교수로 있었던 죤 와렌(John Warren)이 Educational Review 지에 게재한 그의 논문에서 처음으로 사용하였다. 그 논문 제목은 'The Importance of Physical Education'이었다. 그 후 일부에서 사용되다가 20C 초에 와서 귤릭(Luther Gulick), 우드(Thomas Wood), 헤더링턴(C. Hetherington)등과 같은 체육학자들이 신체활동의 교육적 개념을 강조하면서 체육이란 용어를 사용하면서 대중적인 용어로 확산되었고, 그 개념 또한 놀이이론과 진보주의 교육사상, 강건한 기독교 사상 등의 영향으로 신체의 교육에서 신체를 통한 교육으로 신체육 시대를 열면서 확대되었다.

우리나라에 체육의 개념에 해당하는 용어는 1895년 고종황제가 갑오개혁 정책에 따라 반포한 교육조서에서 '체양(체양)'으로 쓰이다가 한성사범학교 관제의 반포에서 '체조(체조)'가 등장했다. 이후 체육이란 명칭은 1897년 9월에 일본 유학생들의 친목회 회보에 '체육'이란 용어가 처음 사용됐으나, 오랫동안 체육이라는 용어는 체조라는 개념과 혼재되어 사용되었다(한국체육사학회, 2023: 15).

이상에서 살펴본 바와 같이 오늘날의 체육에 대한 개념은 역사적으로 변천을 거듭해 왔으며, 오늘날에는 다양한 대체 용어들이 생성되고 있는 추세에 있다.

19세기 이전까지는 체육이란 용어는 교육의 한 영역으로서 신체단련이나 신체육성이라는 의미로 사용되었다. 그러나 그 개념에 신체적인 활동의 심리적·사회적 가치 개념이 부가되면서 점차 신체활동을 통한 전인교육의 개념으로 변천되어 현대 체육교육은 신체활동을 통하여 지적·정서적·사회적으로 조화를 이룬 인간교육의 한 영역으로 정의되고 있다.

그러나 용어 자체상의 어의(語義)를 두고 볼 때, 그것은 심신 이원론적인 것으로 명칭상 적절치 못하며, 하나의 독립된 학문의 명칭으로도 혼란을 야기한다. 신체활동을 통한 교육(education through physical activity)에서 through라는 개념은 체육의 교육적인 목적 달성에는 적절한 것이나 학문적인 측면에서 볼 때 연구의 주된 대상인 신체활동 또는 인간 움직임 현상이 하나의 수단으로 되고 만다. 따라서 체육이 인간 움직임에 관한 총체적인 연구라는 개념으로 바뀔 때 하나의 독립된 학문 영역으로 인정될 수 있기 때문에 움직임 예술과학이라는 용어가 등장한 것이다.

2. 스포츠의 어원과 개념

우리나라에 스포트(Sport)란 언어가 들어온 것이 언제인지는 확실하지 않지만 서구 선교사들에 의해 쓰이게 된 것으로 추측된다. 우리나라에 서구 체육·스포츠가 도입된 데는 기독교의 영향이 컸던 까닭이다. 그런데 우리나라에서 "스포트(sport)"란 용어는 "체육"이란 말과 혼용되어졌으며, 명사형인 스포트(sport)와 형용사인 스포츠(sports)가 구분 없이 하나의 외래어로 정착되어 버렸다.

오늘날 스포츠란 말은 라틴어 deportare란 말이 11세기 경 영국에서 기분전환을 의미하는 disport로 변형되었다가 16세기경에는 재차 Sport로 변형되어 진 것이 오늘날 전 세계적으로 사용되어지고 있는 것이다. 19세기 이전까지 스포츠의 의미는 사냥, 낚시 등

동물의 추적과 살육을 통해서 기분을 전환하는 오락으로 특히 야외활동을 일컫는 것이었는데 19세기 후반부터 집단적인 게임(game)의 의미가 추가된 것이며, 즐거움을 동반하는 지적인 활동과 신체적인 활동을 포괄하는 개념으로 변천되어왔다. 근대스포츠의 발상국인 영국에서는 지금도 스포트(sport)란 용어가 게임(game)이란 용어와 함께 매우 폭넓은 개념으로 사용되어지고 있다.

그러나 전 세계적으로 통용되는 현대 스포츠의 개념은 대근활동(大筋活動)으로 정의되어진다. 예를 들어 1975년 유럽의 "대중스포츠(Sport for All)헌장"에는 "여가로 행해야 할 자발적인 신체활동으로 고유의 스포츠와 함께 어떤 종류의 노력을 필요로 하는 그 밖의 여러 가지 신체활동을 포함한다"고 규정하고 있다. 그리고 서양의 스포츠 철학자들은 신체활동으로써 자발성·분리성·허구성·규칙성·미확정성·비생산성·오락성·경쟁성을 지닌 활동으로 정의하고 있다. 즉, 스포츠란 강제성이 없는 자발적인 활동으로 그 장소는 현실생활과 분리된 허구의 세계에서 행하여지는 것이며, 비생산적인 활동이다. 그리고 정해진 규칙을 바탕으로 미확정된 결과 앞에서 가능성을 기대하며 경쟁하는 즐거움을 동반하는 오락인 것이다.

이처럼 현대 스포츠는 긴 세월을 동안 문화적인 공정을 거쳐 점차 합리적인 방향으로 조직화되어 왔으며, 그 개념 또한 변천해 왔다. 그러나 그 본질적인 특성은 여가를 가진 인간의 놀이를 향한 애착정서를 반영하는 것이다. 『호모 루덴스』(Homo Ludens, 1938)'의 저자 요한 후이징아(Johan Huizinga)가 주장했듯이 '인간은 놀이하는 동물'이고, 인간들의 가장 즐거워하는 놀이는 경쟁에 의해 상대를 제압하는 것이다. 그것이 게임으로 발전한 것이다. 그중 가장 원시적인 형태가 동물의 추적이나 살육인 사냥과 낚시였고, 스포츠란 말의 출현은 영국 귀족들의 게임, 사냥과 낚시에서 비롯된 것이다. 결국 놀이 중에서 제도화되고 체계적이며 신체적인 경쟁을 통해 승부를 결정하는 운동경기를 '스포츠'라 일컫는 것이다(한국체육사학회, 2023: 16). 오늘날의 스포츠란 인간의 근원적인 경향성 즉, 파괴·투쟁·쾌락의 본능을 간접적으로 충족시켜 주는 정화된 모습의 놀이 문화다.

2부

서양의 체육·스포츠 역사

Ⅰ. 고대의 체육·스포츠

인간의 신체 문화는 인류의 역사와 맥을 같이 한다. 역사를 거슬러 올라갈수록 신체적 능력은 인간의 삶을 영위하는데, 매우 중요한 것이었다. 원시 시대의 체육활동은 생존을 위한 수단이었기 때문이다. 오늘날 체조나 각종 스포츠는 건강과 오락을 위해 인위적으로 조직화된 것도 많지만 육상, 수영, 궁도, 춤, 격투 스포츠 등은 모두가 원시시대 인간이 생존을 위해 행하던 생활 문화가 계승된 것이다. 원시시대 생활에도 창던지기, 높이뛰기, 멀리뛰기, 장애물 넘기, 활쏘기, 주먹으로 싸우기, 힘으로 상대를 무너뜨리기, 발로 차기, 헤엄치기, 춤추기 등과 같은 활동은 인간의 생존을 위한 필수적인 활동이었을 것이기 때문이다. 그러나 기록으로 보이는 역사시대의 조직적인 체육활동에 대한 기록은 고대 사회부터 나타난다.

고대 동방 제국 중 중국, 인도, 이집트 등과 같은 나라에서도 체육의 역사가 있다. 그러나 고대 사회에서 가장 체계적인 체육활동이 이루어진 나라는 그리스와 로마이다. 특히 그리스는 유럽 최초로 고도의 문명사회를 이룩한 나라였다. 그들은 문학, 정치, 예술, 건축 등 여러 영역에서 그들의 유산을 후세에 물려준 것처럼 체육·스포츠 영역 또한 예외가 아니었으며, 그들의 유산은 오늘날까지 계승·발달되어 왔다.

1. 그리스의 체육

1) 호메로스 시대의 교육과 체육

그리스인들은 유럽 최초로 고도의 문명사회를 이룩한 나라였다. 그들은 문학·정치·예술·건축 등 여러 영역에서 그들의 유산을 후세에 물려준 것처럼 체육·스포츠 영역 또한 예외가 아니었다. 일리아스(Ilias)와 오딧세이아(Odysseia)는 군사적·종교적 성격을 지닌 작품이지만 호메로스(호머) 시대(Homeric Aged)부터 운동경기를 중시한 사실이 잘 나타나 있다(Rice, 1969: 12).

일리아스(일리아드)와 오딧세이아(오딧세이)에는 영웅을 묘사하는 가운데 탁월성을 두 가지 속성으로 의인화시키고 있다. 아킬레스(Achilles)는 "행동의 인간(the Man of Action)", 오딧세우스(Odysseus)는 "지혜의 인간(the Man of Wisdom)"으로 묘사되고 있다(Eby & Arrowood, 1940; Dalen & Bennett, 1970: 35). 이것은 호메로스 시대 귀족 자제들의 교육 이상과 목적을 나타내는 것으로 추측할 수 있는 증거이다. 즉 심신의 조화적인 발달을 통한 탁월한 인간의 육성이 교육 목적이었음을 뜻한다.

(1) 목적

교육의 목적에 조명해 본 호메로스 시대의 체육 목표는 "행동의 인간"을 육성하는 데 있었다. 호메로스 시대는 전쟁으로 점철된 시대였다. 따라서 모든 시민은 전쟁을 수행하는 데 필요한 근력, 지구력, 민첩성, 용맹성 등과 같은 자질이 요구되었다. 당시 특정한 교육 기관이나 제도는 없었지만 자연적인 상태로 훈련이 가해진 것으로 보인다. 결국 "호메로스 시대의 체육 목표는 행동의 인간 즉, 실천적 인간의 육성에 있었다."고 할 수 있다.

(2) 제도와 프로그램

특별한 교육 제독 성립되어 있었는지는 명확히 알려져 있지 않으며, 운동경기 종목은 전차경주, 권투, 레슬링, 달리기 경주, 무장경주, 투원반, 투창, 궁술, 중량거(重量擧), 무용 등이었다. 그것은 『일리아스』와 『오딧세이아』에 잘 타나나 있다. 『일리아스』에는 아킬레스의 친구 패트로클로스의 영혼을 달래기 위한 장례경기회(Funeral Games)에서 운동경기가 행하여진 사실이 기록되어 있다. 인간과 짐승을 제물로 바친 뒤, 먼저 귀족들의 전차경주(chariot race)가 열리고 이어서 오딧세우스와 아이아스가 직립 레슬링, 전차경주, 권투 레슬링, 달리기 등을 행한 것으로 기록되어 있다.

2) 스파르타의 교육과 체육

(1) 목적

스파르타(Sparta)는 그리스의 도시국가(Polis) 중에서 가장 우국적이며 용맹무상한 호전적인 민족으로서 BC 820년경 리쿠루구스(Lycurgus)가 제정한 헌법에 의해 교육이 실시되었다. 스파르타는 강대한 제국 페르시아에 인접해 있었기 때문에 항상 국방의 위협을 느꼈으며, 이에 따라 강력한 군대의 양성에 총력을 기울이지 않을 수 없었다. 따라서 선임자에 대한 존경심, 복종심, 용맹, 절제, 혹독한 고통을 감내 하는 강인한 인내력의 육성이 훈련의 주된 목적이었다. 결국 스파르타 체육은 "행동하는 인간"의 육성에 목적을 둔 것으로 후일 국가주의, 군국주의적 체육의 모태가 되었으며, 강력한 군대 육성에 목적을 둔 체육이었다.

(2) 제도

남자아이가 출생하면 엄격한 건강 검사를 하여 이에 통과한 아이에게만 생존권이 주어졌다.[1], 7세까지 부모의 슬하에서 기른 다음 국가의 공동교육소인 아고게(Agoge)에 입소시켜 감독관의 엄격한 지도 아래 교육을 시켰다. 소년은 물론 소녀들에게도 건강한 아이를 낳을 수 있고 힘든 가사를 감당할 수 있는 튼튼한 여성을 양성하기 위하여 신체적 단련을 했다. 스파르타의 교육은 후세에 군국주의·전체주의 교육의 모델이 되었는데, 제도사적(制度史的)으로 보면 스파르타의 체육은 다음과 같이 요약된다.

① 7세: 7세부터 시작되는 국립 공동 교육소의 교육은 혹독한 것이었다. 오늘날 스파르타식 교육이란 말이 바로 여기에서 비롯된 것이다. 스파르타의 청소년들은 가장 훌륭한 시민으로부터 선출된 감독관인 파이도노무즈(Paidonomus)에 의하여 지도되었다. 한 반이 64명으로 편성된 소대 아라이($\iota\lambda\alpha\iota$)와 4개의 아라이가 모여 중대 보아이 ($\beta o \nu \alpha \upsilon$)가 편성되었고, 아라이에서는 운동 기능이 우수한 소년이 선출되어 그 지도를 담당하기도 했다. 보아이는 20세 가량의 청년 지도자인 에이렌(eiren)이 지도했다. 당시 소년들은 짚으로 만든 까레 위에서 한 벌의 코트를 걸치고 1년을 지냈으며, 교과로는 유희·투창·무거운 물건 던지기·도약·레슬링·경주·소풍·수영·체조 등이었으며, 음악과 무용도 가르쳤으나 지적 교과는 부과하지 않았다(Dalen & Bennett, 1970: 41).

② 12세: 12세기 되면 소대가 재편성되고 훈련이나 감독도 한층 더 엄격해졌다. 심한 훈련에다 심지어 자기의 식량을 스스로 구하도록 하는 훈련까지 시켰다. 따라서 소년들은 농가(農家)나 시장에 침입하여 도적 행위까지 해야만 했다. 도둑질은 그 자체가 죄가 되지 않지만 만약 현장에서 발각되면 엄벌을 면할 수 없었다. 한 예로 "여우를 훔쳐서 품속에 감추었다가 주인에게 발각되자 그 여우에게 내장을 물려 죽을 때까지 실토를 하지 않았다(Rice, 1969: 16)"는 이야기는 사실 여부를 떠나 스파르타 소년들의 의지와 인내성을 나타낸 것이라 하겠다.

---

1) 아이가 출생하면 長老會의 노인들이 신체검사를 한 후 허약한 아이는 타이게투스 山(Mountin Taygetus)에 버려졌다(Rice, 1969: 15).

③ 18세: 18세부터 군사훈련, 무장 훈련, 국경 지역 순시 훈련에 전력을 기울였다. 한편 그들은 소년들의 훈련에도 많은 시간을 할애하며 때때로 전투 기술의 사열을 받았다. 20세가 되면 국가에 대한 충성의 선서를 하고 심한 군사훈련이나 실전에 참가했다.

④ 30세: 30세까지는 군사훈련과 규정된 신체 단련에 전념해야만 했으며, 전시에도 신체 훈련은 계속되었다. 신체 훈련은 아침 식사 전과 저녁 식사 전 하루에 2회 행하여졌다. 그러한 훈련 과정을 거쳐 30세가 되면 모든 남자는 시민권을 얻어 가정을 갖게 되지만 국가가 계속 병역 의무를 요구할 경우에는 50세가 되어도 퇴역을 하지 못하였다(나현성·조명렬·노희덕, 1983: 33-35).

(3) 프로그램

남자아이들은 공동교육소인 아고게에 입소한 이후부터 검술·도약·수영·수렵·레슬링·권투·판크라티온·투원반·투창·행군 등 다양한 신체 훈련을 받았다. 그 중에서도 특히 레슬링을 중요한 훈련 종목으로 생각하였다. 그리고 여자를 위한 훈련 종목으로는 달리기·수영 등이 있었다. 특히 스파르타에서는 무용이 중요한 훈련교과로 설정되어 있었는데, 종교무용인 카리아티스(cariatis), 교육무용이라고 할 수 있는 비바시스(bibasis) 등이 이었으며, 피릭(pyric)이라는 군사 무용이 널리 확산되었다.

(4) 체육사적 의미

스파르타의 체육은 한 마디로 국가주의적 성격을 띤 군사적 체육이었다. 스파르타의 체육은 군대식 조직체계 속에서 심리적인 한계를 뛰어넘는 혹독한 훈련 과정으로 이어졌다. 이러한 스파르타식 훈련 방식이나 사상은 19세기 독일의 국가주의 체조운동을 비롯하여 유럽 여러 나라의 국가주의 체육으로 이어졌다. 그리고 20세기에 접어들어서도 스포츠를 통해 국위선양을 기도했던 러시아(구 소련)와 많은 동구(東歐) 공산 진영 국가들의 스포츠 정책도 스파르타식 국가주의 체육이라 할 수 있다. 1970년대부터 본격화 된 우리나라의 엘리트 스포츠도 스파르타적인 훈련 방식과 국가주의 사상을 기반으로 발달되었음은 잘 알려진 사실이다. 결국 고대 스파르타 체육 사상은 근대체육 사상의 근간이 되었다는 측면에서 역사적 의미를 지닌다.

3) 아테네의 교육과 체육

(1) 목적

아테네[2]는 B.C. 500~479년 사이에 여러 전쟁에서 페르시아 군을 격파하고, 도시 국가를 형성, 그리스의 실질적인 지배자가 되었다. 그리스 문화는 서양 문화의 확고한 기초가 되었는데 운동문화 또한 예외가 아니었다. BC 594년에는 건전한 시민 육성을 목표로 한 헌법이 제정되었다. 그 헌법은 체육을 통하여 시민의 신체를 강건하게 하며, 음악으로써 정서적 발달을 도모하여 심신의 조화적 인간을 육성하려는 의도로 제정되었다. 물론 아테네 체육도 개인의 삶보다는 국가에 대한 헌신과 봉사를 목적으로 한 것이었다. 그러나 "행동의 인간"과 "지혜의 인간"을 동시에 추구한 교육이었다. 그것은 "미와 조화"라는 그리스인들의 이상을 나타내는 것이었고, 체육의 목적도 심신의 조화적인 발달을 이룬 인간의 육성에 목표를 둔 민주적인 특성을 지닌 교육이었다. 아테네의 교육은 비록 상류계층을 대상으로 한 것이었고, 여성들은 교육의 대상에서 제외되었지만 교육의 목적은 현대의 교육 목적과 다를 바 없었다.

(2) 제도

아테네는 스파르타와는 달리 병약한 아이는 공공 보육소에서 기르고, 건강한 남자아이들만 교육을 받았는데, 제도사적으로 본 아테네 체육은 다음과 같이 요약된다.

① 7세: 7세부터 팔레스트라(Palaestra: wrestling school)[3]에서 체육을 하였으며, 파이도트리베(Paidotribe)라는 지도교사는 개인적인 팔레스트라를 소유하기도 했다. 다디스칼레움(Dadiscaleum: music school)이라는 훈련소에서 초보적인 음악과 문학, 수학교육을 시켜 소위 지·덕·체의 조화적인 발달을 지향하였다(Dalen, 1970: 49-50).화 팔레스트라에서는 레슬링, 권투, 도약, 체조 등을 가르쳤다.

② 16세: 16세가 되면 국립 체육관인 짐나지온(Gymnasion)[4]에서 경주(競走)를 비롯

---

2) 그리스 신화에서 여신 아테나는 전쟁과 지혜의 여신이다. 아테네가 그 이름을 딴 것으로 보아도 그리스가 추구한 이상이 무엇인가를 간접적으로 잘 알 수 있다. 여신 아테나를 숭상하던 신전에서 시(詩) 콩쿠르를 열기도 했는데, 오늘날 스위스나 벨기에에서는 "중학교"를 "아테네"라고 한다.

3) 팔레스트라는 목욕과 수영을 위해 주로 강가에 설립되었고, 그 내부에는 탈의실, 도유실(塗油室: 기름 바르는 방), 도사실(塗砂室: 모래를 바르는 방) 등이 있었다.

4) 짐나지온은 (1) 건물과 뜰, (2) 팔레스트라, (3) 스타디온(Stadion: 천정이 없는 경주로), (4) 엑시스터스(Xystus: 천장이 있는 경주로), (5) 에페베(Ephebe: 18-20세 남자의 연습실), (6) 코리케이온(Korykeion: 권투와 판크라티온 연습장) 등이 갖추어져 있었다. 유명한 짐나지온으로는 아카데미(Academie, Academy), 리케이온(Lykeion, Lyceum), 키노사루게스(Kynosarges, Cynosarges)가

하여 창던지기, 높이뛰기, 권투, 레슬링, 팡크라티움(Pancratium), 전차 경주 등에 참여하였으며, 그 중심이 된 종목은 5종 경기였다.

③ 18세: 18세가 되면 시민으로 등록되고, 2년간의 군사훈련을 거쳐 20세에 성인으로서 시민권이 주어졌으며, 성인이 되는 의식(儀式)에서 그들이 한 선서의 내용은 다음과 같다(조명렬·노희덕·나영일, 1997: 63).

· 나는 이 신성한 무기를 욕되게 하거나 위기에 처한 전우를 보고 내버려두는 일은 결코 하지 않겠습니다.
· 나는 단독으로 또 많은 사람들과 협력하여 신전과 공중의 번영을 위하여 싸우겠습니다.
· 나는 나의 조국을 내가 물려받았을 때보다 더 빈약하게 하지 않을 뿐만 아니라 보다 위대한 국가로 만들어 다음 세대에 물려주겠습니다.
· 나는 현행의 제 법규나 금후 시민들의 합의로 만들어진 법규를 준수하겠습니다. 그리고 만약 누군가가 그 법규를 어기는 사람이 있으면 단독으로 또는 많은 사람들과 협력하여 그를 저지하기 위하여 전력을 다하고, 법규를 수호하겠습니다.
· 나는 내 부친의 종교를 따르겠습니다.

(3) 프로그램

7세가 된 소년들은 비교적 가벼운 운동을 했으며, 12세부터 점차 강도 높은 훈련을 실시했는데, 아테네에서 실시된 대표적인 훈련 종목은 다음과 같다.

① 5종 경기

㉮ 경주(競走: Foot Race): 달리기는 단거리 또는 1 스타디디움(stadium: 약 200야드(182m)[5]) 디아울로스(diaulos)나 스타디아(staia) 경주, 장거리경주인 7-24 스타디아 거리의 돌리코스(dolichos) 등 연령층에 따라 다양하였으며, 6세기경에는 무장경주도 있었다.

㉯ 도약(跳躍: Jump): 멀리뛰기(넓이뛰기)가 중심 종목이었다. 그리스의 도약 경기는 도약력을 얻기 위하여 할테레스(halteres)라는 도약 추(錘)를 손에 쥐고 뛰었으며, 그 추의 중량은 멀리뛰기의 거리에 반영되었다.

있었다. 아카데미에서는 플라톤이 강의를 했기 때문에 후일 플라톤 학파를 아카데미 학파로 불렀으며, 리케이온에서는 아리스토텔레스가 강의를 했던 곳이었다. 그리고 키노사르게스는 양친이 아테네인이 아닌 사람들을 위한 교육장소였다.

5) 스타디온(스타디움)은 3가지 의미로 사용되었다. (1) 경주로의 길이(올림피아 192m, 델피 178m) (2) 거리, (3) 경주.

㉰ 투원반(投原盤; Discus throwing): 돌이나 금속을 다듬어 만든 4-5파운드 무게의 원반을 고정된 자세에서 던지는 경기였다. 미론(Myron)의 작품 원반던지는 사람(Discobolus)은 전기 아테네인들의 신체적 균형, 활력, 우아함을 잘 나타내는 조각상으로 남아 있다.

㉱ 투창(投槍: javelin throwing): 투창 경기는 두 종류였다. 하나는 전쟁과 사냥을 위한 것으로 정확성을 중시했고, 하나는 경기를 위한 것으로 던진 거리를 중시했는데, 운동 경기용 투창은 창의 중심부에 가죽끈을 감아 창이 회전하면서 날아가도록 하였다.

㉲ 레슬링(wrestling): 레슬링 경기는 그리스인의 신체적 힘과 기민성, 우아함을 나타내는 대표적인 스포츠였다. 서서하는 스탠딩 레슬링(standing wrestling)과 엎드려서 하는 그라운드 레슬링(ground wrestling)이 있었다. 스탠딩 레슬링은 상대방을 세 번 넘어뜨리면 승리하는 경기였고, 그라운드 레슬링은 상대방을 내던져 상대가 항복을 할 때까지 계속하는 경기였다(Van Dalen et al, 1971: 54-55).

② 기타의 경기

㉮ 권투: 권투가 올림픽에 도입된 것은 23회부터였으며, 나체로 경기에 임했다. 글러브 대신 가죽 끈(thong)을 감고 경기를 했으며, 한 선수가 녹다운(knock down)될 때가지 하는 경기로 체중의 제한이 없어 거인들의 경기가 되었다.

㉯ 판크라티온: 33회 올림픽부터 도입된 경기로 권투와 레슬링 기술이 복합된 형태의 원시적인 격투경기였다. 소년들은 팔레스트라에서 연습했고, 제전경기에는 성인들만 참가했다.

㉰ 전차 경주: 4두전차, 2두 전차 등 다양한 종목이 있었으며, 주로 전차를 소유한 부유층이 참여했다.

㉱ 수영: 수영은 소년들은 물론 성인들에게도 매우 인기 있는 스포츠였으며, 해군들에게는 군사 기술의 하나로 매우 중시되었다.

(3) 체육사적 의미

성인 의식에서 행한 선서 내용은 아테네인들이 추구한 교육과 체육의 이상이 무엇이었던가를 잘 나타내어 주고 있다. 두터운 신앙심, 국가에 대한 충성심, 법치 정신, 전투에 임하는 자세 등을 읽을 수 있다. 아테네인들은 "지혜의 인간"을 이상으로 생각한 나머지 지적 교육을 매우 중시하였으나 후기에 와서 "행동의 인간상"도 매우 중시하게 되었으며, 체육을 그들 교육의 주된 영역으로 취급하였다. 신체적인 훈련을 통하여 도덕적 발달은 물론 심신의 조화적인 발달을 추구했던 것이다. 따라서 아테네 체육은 고대 사회에서 심신의 조화적인 발달이라는 균형적인 목적 개념을 정립하고 체육을 실시하였다는 점에 깊은 의의가 있으며, 이 목적 개념이 현대 체육의 목적 개념과 일치된다는 측면에서 역사적으로 큰 의미를 지닌다.

2. 그리스의 스포츠

1) 범그리스 경기대회(Panhellenic Games): 4대 제전경기

그리스 국민들은 종족의 특성과 지리적 관계로 많은 도시국가를 형성하였으나 그들은 모두 헬렌의 후예라는 동족의식에 의하여 범그리스적인(Panhellenic) 정신으로 결합되어 있었다. 그 정신의 고양에 중추적인 역할을 한 것이 고도로 조직화된 "제전경기(祭典競技)"였다. 이것은 선사시대 북쪽으로부터 펠레폰네소스 반도로 이주하여 온 아케아족과 도리아족에 의해 시작되어 후일 그리스의 4대 제전경기로 발전하였다.[6)]

(1) 올림피아제(Olympia Festival)

올림피아 평원에서 열렸으며, 제우스(Zeus)[7)]를 주신으로 하였다. BC 776년부터 AD 394까지 4년마다 개최되었으며, 처음에는 달리기(스타디온) 뿐이었으나 최후에는 20여 종목에 이르는 스포츠 축제가 되었다. 승자에게는 올리브관(crown of olive leaves)이 상으로 주어졌다.

(2) 피티아제(Pithia Festival)

코린트항의 북쪽 해안 델피(Delphi)에서 열린 것으로 올림피아제 다음가는 성대한 제전경기였다. 주신 아폴로(Apollo)[8)]를 예찬하는 행사로 BC 586년부터 4년마다 올림피아

---

6) 아래 내용은 B.V. Dalen op.cit., p. 52, E.A. Rice, op.cit., pp. 22-25, 羅絢成, 앞의 책, pp. 49-51의 내용을 근거로 기술됨.

7) 제우스는 아버지 크로노스를를와 먼저 태어난 티탄(영어 타이탄) 신 족들을 처치하고 그리스 최고의 신이 되었으며, 올림포스에 거처를 정하게 되었다.

8) 아폴로는 아르테미스와 함께 제우스가 이끄는 올림포스 신 족의 주력이었다. 그는 헤르메스가 만든 하프를 연주하고 다녀 예술의 신으로 통하며, 뛰어난 궁술, 의술, 예언과 점술의 능력도 지닌 신이다. 아폴론의 신전은 파르나쏘스 산기슭의 고대 도시 델포이에 있는데, 아폴론과 월계수에 관한 이야기는 다음과 같이 얽혀 있다.
사랑과 달빛의 여신으로 결혼과 남자를 싫어하는 머리카락이 너무도 아름다운 다프네란 여인이 있었다.

드의 3년째 해에 열리다가 AD 4세기경에 폐지되었다. 음악 행사를 중심으로 전차경주와 승마경주가 주된 종목이었으며, 승자에게는 월계관(crown of bay leaves)이 수여되었다.

(3) 이스트미아제(Isthmia Festival)

코린트 해안 남쪽 이스트미아에서 열렸으며, 올림피아드의 2년째와 4년째에 열려 다른 경기와는 달리 2년마다 개최되었다. 포세이돈(Poseidon)을 주신으로 한 행사였으며, 승자에게는 마린 화란춘(和蘭春) 또는 소나무관(crown of dry parsley leaves or pine)이 상으로 수여되었다. 철학자 플라톤이 이 대회의 레슬링에서 우승한 것으로 전해지고 있다.

(4) 네미아제(Nemea Festival)

코린트항의 남서 계곡에서 열린 네미아제는 573년부터 올림피아드의 2년째에 열렸다. 주신은 올림피아제와 마찬가지로 제우스였으며, 상은 이스트미아제와 같이 생 화란춘(feesh parsley)관이 승자에게 주어졌다.

이상의 4대 제전 중 올림피아제가 가장 성대한 행사였으며, 당시 올림피아제는 도시 국가간의 평화와 우호를 상징하는 행사였다. 올림피아제의 행사 계획이 공포되면 도시국가간의 어떠한 분쟁이나 전쟁도 중지하였기 때문이다. 이러한 고대 올림픽의 상징적인 의미가 근대 올림픽의 부활과 함께 스포츠를 통한 국제사회의 평화·친선·우호의 이념으로 계승되었다.

2) 올림피아제의 운영

고대 올림픽은 근대올림픽으로 계승 발전되었다. 따라서 고대 올림픽의 운영에 관한 제반 상황은 근대올림픽을 이해하는데 도움이 된다.

(1) 휴전령

올림픽이 열리기 10일전에 모든 전쟁을 중지할 것을 선포하면 전쟁을 하고 있던 도시국가들은 상호 휴전에 들어간다.

어느 날 아폴론에게 무시당한 에로스가 아폴론에게는 사랑을 갈구하게 되는 금 화살을 다프네에게는 사랑을 싫어하는 납 화살을 쏘았다. 그 후 아폴론이 다프네에게 사랑을 청하지만 거부하자 아폴론이 도망치는 다프네에게 달려가 억지로 끌어안은 순간 다프네는 월계수로 변하고 만다. 아폴론은 그것을 슬프게 여겨 평생 월계수를 성수로 삼았다. 예술계에서 뛰어난 사람에게 월계관을 주었고, 아폴론을 주신으로 두고 치르던 피티아제의 승자에게 월계관을 주던 전통이 근대올림픽으로까지 이어지게 되었다. 상세한 것은 이윤기, 그리스 로마 신화 (서울: 웅진닷컴, 2001), pp. 176-86을 참조.

(2) 심판 및 참가선수에 대한 규정

심판은 10명이었으며, 참가선수는 순수한 그리스 혈통의 남자로서 정치·종교적인 형벌을 받은 적이 없고, 엘리스의 역원이 지·덕·체를 겸비했다고 인정된 자만이 출전할 수 있었다. 그리고 10개월 이상 짐나지온에서 연습을 한 자로서 엘리스에서 올림피아까지 행군하며 경기 중 부정·비열한 행동을 하지 않을 것을 제우스 신전에 맹세한 자로 정하였다.

(3) 우승자

우승자는 백마 네 마리가 끄는 전차를 타고 기마병 300명의 호위를 받으며 입성하여 전 시민의 열광적 환영을 받았다. 또 올리브 관(冠)을 씌워 줄뿐만 아니라 최고의 영예가 신전에 보고되며, 우승자의 상(像)이 세워졌고, 그의 공훈은 시인·음악가·조각가들에 의해서 널리 찬양되었다.

(4) 경기 종목

고대 올림픽에서 실시된 경기 종목은 23종이라 하나 올림픽의 초기에는 1-2종에 불과했던 것이 횟수가 거듭됨에 따라 종목 수가 늘어났다. 제 1회부터 13회까지는 200야드 경기를 실시했으며, 14회는 중거리, 15회는 장거리 경주가 추가되었다. 그리고 18회부터는 고대 5종 경기(경주, 도약, 투원반, 투창, 레슬링), 제 23회부터 권투, 25회부터 전차 경주, 37회부터 소년경기, 65회부터 무장경기 종목이 추가 실시되었다. 올림피아 경기에는 이상과 같은 종목 외에도 음악·시가·연극·회화·조각과 같은 예술 행사와 문학 발표 행사까지도 함께 열린 그리스의 종합 체육·예술제전이었다.

3) 올림피아제의 쇠퇴와 역사적 의의

(1) 쇠퇴

운동경기의 윤리가 매우 강조되었던 올림피아제도 후반으로 접어들면서 점차 상업화되었다. 자연히 승리지상주의 풍조가 만연했고, 직업선수가 등장함으로써 숭고한 그들의 체육 이상(理想)은 점차 사라져 가고 있을 즈음 그리스는 로마의 지배에 들어감으로써 올림피아제는 종말을 맞게된다. AD 393년에 데오도시우스 1세(Theodosius I)가 왕위에 오르면서 기독교를 보호하기 위하여 다른 종교들을 금하였기 때문에 그리스의 신(神)들과 연관된 올림피아의 각종 제전경기도 금지되었다. BC 776년부터 시작된 올림피아제는 A.D. 393년까지 293회를 끝으로 막을 내리게 되었다.

(2) 역사적 의의

올림피아제의 종말은 바로 그리스 신들의 종말을 의미하는 것이었다. 제우스를 숭배·예찬하던 올림피아제는 기독교도들에게 용납될 수 없는 것이었기 때문이다. 따라서 올림피아제와 연관된 많은 시설물들도 파괴되어 버렸다. 피디아스(Phidias)의 최대 걸작이라고 불리던 황금과 상아로 만든 제우스의 신상은 비잔티움으로 옮겨졌으나 동로마제국의 멸망(476년)과 함께 소실되었으며, 그 외 올림피아의 신전이나 경기장의 많은 시설도 데오도시우스 2세(TheodosiusⅡ)에 의해서 파괴되었다. 제우스 신전은 그 일부가 개조되어 한 때 기독교의 사원이 되었으나 홍수와 지진으로 형체도 남지 않고 파괴되어 지금은 일부 흔적만이 남아있다. 그러나 올림피아제는 그리스 도시국가간의 평화와 우의를 다지는데 긴요한 정치적 역할을 했을 뿐만 아니라 그 이념이 계승되어 근대올림픽의 부활을 가져옴으로써 큰 역사적 의의를 지닌다.

3. 그리스의 체육 사상

그리스 후기 아테네 사회에서는 “행동하는 인간상”이 무시되고 “지혜로운 인간상”을 중시하는 풍조가 만연했다. 페르시아 전쟁이 있기까지 시민들은 전투력을 기르기 위한 목적에서도 체육을 중시하였으나 후기에는 주지주의(主知主義) 사조가 확산되면서 체육을 경시하는 풍조가 생겨났다. 그 과정에는 학자들의 체육에 대한 가치관은 체육·스포츠 문화의 발달에 큰 영향을 미쳤다. 그리스 시대의 체육에 관하여 구체적으로 언급한 학자들은 소크라테스, 플라톤, 아리스토텔레스 등이었다.

1) 소크라테스

소크라테스는 전통적인 지식보다는 진리를 찾는 일을 교육의 주된 목표요, 기능으로 보았으며, 체육은 건강의 유지와 전투력의 유지를 위해 필요한 것으로 보았다. 크세노폰의 저서에 수록된 소크라테스의 체육에 관한 신념은 다음과 같이 나타난다.

> 모든 시민은 신체 단련에 있어서 그 누구도 아마추어(amateur: 그저 도락으로 행하는 사람)가 될 권리가 없다. 한 시민으로서 건강을 유지하고 유사시 국가에 봉사할 준비를 항상 갖추는 일은 개인이 해야 할 일의 한 부분이다. 자기 보존의 본능 또한 이렇게 하기를 요구한다. 전쟁이 발생하거나 위기에 처했을 때, 잘 훈련되지 못한 젊은이가 국가에 무슨 도움이

되겠는가! 결과적으로 한 인간이 자신의 신체가 지닐 수 있는 아름다움과 힘을 바라보지 못한 채 늙어간다는 것은 얼마나 불명예스러운 일인가(Gardiner, 130; Dalen, 1970: 61).

소크라테스는 건강의 유지 및 신체 미의 추구, 그리고 국가에 봉사할 수 있는 사람이 되기 위하여 신체의 단련이 필요하다는 입장을 취했다. 그는 사람은 모든 일에 신체가 필요하다고 역설하고, 항상 신체를 최고의 상태로 유지시켜야 한다고 말했다. 그리고 건강이 악화되면 중대한 오류를 범하기 쉬우며, 건전하고 건강한 신체는 자신을 보호하는 수단으로서도 중요하다고 생각했다. 이러한 소크라테스의 입장을 조명해 볼 때 그의 체육관(體育觀)은 심신의 건강과 신체 미의 추구, 그리고 국방력의 강화를 목적으로 한 통합적이고 균형적인 것이었음을 알 수 있다.

2) 플라톤

플라톤은 왕족 출신의 아버지를 둔 그리스 시대의 위대한 철학자, 정치가, 사상가이며, 시인, 희극작가였고 또한 훌륭한 군인이었다. 그의 이름은 "platy", 즉 "넓은 어깨를 가졌다"는 뜻에서 유래된 것으로 그의 레슬링 코치가 붙여준 이름이며, 본명은 아리스토클레스(Aristocles)였다. 그는 군인으로, 또 우수한 레슬링 선수로서도 명성을 떨쳤으며, 이스트미안 경기에서 두 번이나 우승했다.

플라톤은 정의에 도달할 수 있는 진실한 행복만이 진리라고 주장했기 때문에 교육의 목적 또한 행복의 실현에 두었다. 그는 이와 같은 목적을 달성하기 위해 인간은 우수한 신체와 함께 훌륭한 정신을 갖지 않으면 안 된다고 생각하였으며, 교육으로서 체육·음악·문예 등을 중시하였다. 특히 체조와 음악은 신체와 정신의 발달을 위해서 어릴 때부터 지도해야 한다고 강조하였다. 다음 글에서 그의 체육관(體育觀)을 엿볼 수 있다.

> 운동과 음악은 모두 유아기에 있어서 깊은 관심을 기울여 지도되어야 하며, 그것은 어린이의 전 생애를 통해 계속되지 않으면 안 된다. 신체가 건전하다고 정신이 건전하게 되는 것은 아니고 정신이 건전하여야 신체도 건전하게 되는 것이다. 운동은 어린이들을 의약으로부터 가능한 멀리 하도록 하는 데 있다. 그리고 음악의 지도자가 목표로 하는 것은 인간성을 개선하는 데 있다고 믿는다(조명렬·노희덕·나영일, 1996: 79-80).

그는 또 직업 운동가의 훈련에 반대하고 스파르타식 군사적 성격을 띤 체육을 강조하였다. 그는 6세가 되면 무용, 말타기, 활쏘기, 창던지기 훈련을 시켜야 한다고 주장했으며, 청년들에게는 중무장 달리기, 백병전, 활쏘기, 마술, 야영 등과 같은 활동의 참여를 권장했다(Dalen, 1970: 65-66). 이러한 종목은 군사적 성격이 짙은 종목들로 그의 체육관은 건강의 유지, 증진과 군사적 목적과 연계되어 있었음을 알 수 있다.

플라톤은 신체 단련의 중요성을 인정하면서도 신체와 영혼을 분리된 실체로 보고 심신(心身) 이원론적(二元論的)인 신체관을 지니고 있었으며, 영혼에 신체가 종속되어야 한다고 주장했다. 영혼은 완전한 형태의 세계이고 물질적인 실체는 단지 불완전한 그림자에 지나지 않는다고 보았다. 그는 여기서 신체를 바로 물질적인 실체로 보아 이차적인 것으로서 매우 중요하며 세상의 모든 요소가 조화된 이상적인 인간을 이룩하는 데 기여한다고 보았다.

3) 아리스토텔레스

아리스토텔레스의 체육 사상은 신체적 탁월성과 개인차를 고려하며 중용의 원리를 근본으로 하는 내용을 바탕으로 한 것이 특징이다. 그는 체육의 목적을 신체적 건강과 조화미, 체력 등을 포함하는 신체적 발달과 민주적 체육에서 요구되는 스포츠맨십이나 페어플레이 및 협동심 등의 사회적 자질의 발달을 도모하고 신체활동을 매개로 하여 정신력을 강화하며 보상적 효과를 얻고자 하는 지적·정서적 발달에 중점을 두었다. 다음 내용에서 그의 신체관을 엿볼 수 있다.

> 신체는 그 발생이 정신에 선행한다. 또한 신체는 영혼의 현실로 타나난 것이 아니라 오히려 신체가 완성된 것(현실성)이 영혼이다. 그러므로 영혼은 신체 없이 존재할 수 없고, 또 그 자체가 신체 자체일 수도 없다(김대식·김영환·신현군, 1998: 178).

여기서 그는 신체와 영혼을 분리된 존재로 보지 않았으며 상호 필요충분 조건에 의한 심신의 조화적인 발달을 추구하는 입장을 취하였다. 그는 인간이 선량하고 덕망 있는 존재가 되는 데는 본성과 습관, 이성 등의 세 가지 조건이 있으며 인간은 누구나 동물이 아닌 인간으로 태어나지 않을 수 없다고 보았다. 따라서 인간은 일정한 성질의 몸과 마음을 갖는다고 보았다. 그는 몸과 마음은 불가분의 관계에 있으면서도 "몸에 대한 배려가 반드시 마음에 대한 배려에 선행해야 하며 몸에 대한 배려는 마음을 위한 것이어야 한고 했다. 그는 지적인 개발에 앞서서 신체의 단련이 선행되어야 하며 신체적 탁월성을 추구하기 위하여 체육을 적극 장려하되 극단적인 방법을 피하고 개인의 특성과 능력에 따라 적당한 양의 식사와 신체활동을 해야한다는 중용의 원리에 기초한 입장을 취하였다.

4. 로마 시대의 체육과 스포츠

1) 전기 로마 체육

(1) 목적과 특성

BC 753년 이탈리아 중부 라티움(Latium)지방의 티베르(Tiber) 강변 일곱 개의 언덕 밑에 살고 있던 에트루리아(Etruria)인을 정복하여 로마라는 도시국가를 건설한 이 민족을 라틴민족이라 부른다. 이들은 BC 275년까지 이탈리아 주요 도시를 정복하여 반도를 통일했으며, 5세기말까지 약 1200년간 대제국을 건설하였다. 그리스의 체육 제도가 채용될 무렵 로마에는 학교가 없었으며, 로마에서의 체육은 곧 군사훈련이었다.

로마의 청년들은 훌륭한 군인이 되는 것이 국가에 충성하는 길로 인식하고 있었기 때문에 체육활동의 목적은 전형적인 군사훈련으로서 훌륭한 군인의 육성에 있었다. 로마의 시인 버어길(Virgil BC 70-19)은 『아에네아스(Aeneas)』라는 그의 저서에서 "아이가 태어나면 우리는 곧 강으로 데리고 가 냉수로 단련시킨다. 우리 소년들은 수렵에 몰두하여 말을 타고 숲을 달렸다. 말타기와 활쏘기는 그들의 놀이였다(Dalen, 1970: 70)."고 적고 있다. 이처럼 로마의 청소년들은 스파르타와 마찬가지로 강인한 군인의 육성을 위하여 어린 시절부터 훈련되어졌고, 체육은 심신의 조화적 발달이라는 아테네 체육의 이념과는 다른 국가주의적이고 군국주의적인 이념을 바탕으로 발달되었다.

(2) 제도와 프로그램

로마에서는 특별한 교육제도가 없어 청소년들은 부모의 감독 아래 교육을 받았다. 14세부터 17세 사이에 미성년이라는 것을 나타내는 토가 비릴리스(Toga Virilis)라는 외투를 입었다. 이 때까지의 훈련이 끝나면 성년의 의식을 치르게 되었다. 이 때 미성년을 상징하는 토가 비릴리스를 벗어버리고 성년용 외투 토가 프라에텍스타(Toga Praetexta)로 바꾸어 입었다. 그것은 하나의 의식으로써 시민으로 인정함을 의미했다.

로마 청소년들이나 군인들은 군 연무장(Campus Martius)에서 주로 군사훈련을 비롯하여 경주(달리기), 도약경기, 투척경기, 권투, 레슬링, 수영, 승마 등과 같은 훈련을 받았다. 그리하여 17-47세까지 국가 유사시에는 병역 복무를 해야 했다(Dalen, 1970: 71).

전기 로마인들은 휴일에는 경마나 전차경주에 몰두하였으나, 그리스 제전의 주요 부분인 경주는 행하지 않았다. 에트루리아인으로부터 이어받은 피비린내 나는 검투사 싸움(gladiatorial combat)이 호전적인 라틴족인들에게는 열광의 대상이 되었다. 이 검투시합은 BC 264년경에 시작되어 점차 정기적인 행사의 프로그램에 빠지지 않는 종목으로 자리를 굳혀 갔다.

2) 후기 로마 체육·스포츠

(1) 목적과 특성

로마 후기에는 학교제도가 수립되었으며, 부유한 아이들은 문법학교(grammaticus)에 다녔다. 고등교육기관인 수사학교(rhetor)가 있었고, 알렉산드리아 대학에서는 철학, 의학, 법학, 수사학, 건축학 등을 공부하기도 했다. 체육은 군사력 배양을 위한 훈련과 연계되어 존재했다. 그러나 AD 246년까지 이탈리아의 전 영토는 물론 카르타고를 비롯하여 스페인, 지중해 연안의 섬, 그리스, 소아시아까지 지배하여 광대한 제국을 건설, 그들의 지배권을 확대한 이후 많은 변화가 나타났다. 막대한 부를 축적하자 헬레니즘 문화권의 소박하고 실용주의적인 특성은 사라지고 사치와 향락 풍조가 만연해졌다. 공중 목욕탕 테르메를 중심으로 백성들은 허영과 나태에 빠져 로마인 본래의 강건·질박한 기질은 차츰 사라져 갔다 막강한 군사력으로 대제국을 건설한 로마의 군인과 군중들에게는 계속적인 자극이 필요했기 때문에 정치가들은 국민의 관심을 유혈 스포트(bloody sport)로 유도해 갔다. 개인의 사병으로 검투사 훈련소를 경영하는가 하면 공화정 시대에는 전쟁에 지친 사람들의 마음을 위로하기 위하여 색다른 경기대회를 창설하기도 했다. 제국주의 시대에는 빈곤에 허덕이고 과중한 세금 분담에 지친 군중들을 현혹시키기 위하여 광대 놀음 같은 행사를 계속했다. 이와 같은 경기는 로마 초기에 가졌던 목적과는 전혀 다른 것이었으며, 결국 근대의 스포츠와 다를 바 없는 행사는 지배계급들이 여가를 즐기는 관중 스포츠의 목적, 또는 탈정치화에 목적을 둔 직업적인 경기자의 연기를 구경하는 오락적 특성을 지니고 있었다.

(2) 프로그램

로마 경기회는 공화제 후기와 제국주의 시대에 이르러 횟수도 많아지고 그 화려함이란 놀라울 정도였다. 그리스의 영향을 받은 새로운 경기가 행하여졌다. 공화제 말기에는 1년에 76일이라는 많은 날짜를 경기회에 소모하였고 마르크스 아우렐리우스(Marcus Aurelius) 황제 때에는 더욱 늘려 135일, BC 354년경에는 연중 175일간이나 경기가 열렸다. 후기 로마의 향락적인 여가 문화를 나타내는 대표적인 것은 다음 몇 가지로 요약된다.

① 치르코 막시모(Circo Massimo, Circus Maximus)

기독교 신자들이 순교를 당한 장소로도 유명했던 전차경주장 치르코 막시모는 길이가 2,000피트(609.6m), 폭이 600피트(182.9m)로 26만 명의 관중을 수용할 수 있었으며, 주로 2두 전차나 4두 전차 경주를 했다. 막시무스의 전차경주는 공화정 초기까지 누구나 관전할 수 있었으나 네로 황제 시대에는 선택된 관중들만이 관람할 수 있었고, 전차경주의 참가자들은 주로 자유의 쟁취를 위한 노예들이었다. 이 곳에서 펼쳐졌던 전차경주는 곡선주로를 회전할 때 큰 위험을 동반하는 경기로 사상자가 속출했기 때문에 관중들의 관심과 흥분을 자아내기에 충분한 것이었다.

② 콜롯세오(Colosseo, Colosseum)

콜로세움(Colosseo)[9]은 80년경에 완성되었다. 면적 7,345평, 높이 48.73m에 64개의 출입문을 갖춘 이 불가사이의 건축물은 9만 명의 관중을 수용할 수 있었다. 이 원형 연무장에서는 목숨을 건 검투사의 혈투, 맹수와 노예와의 잔혹한 사투, 그리고 사냥, 모의 해전 등이 행하여졌고, 로마의 군중들은 여기서 피비린내 나는 유혈 스포츠(bloody sport)의 관전을 즐겼다.

③ 테르메(Therme)

공중목욕탕 테르메도 향락적인 로마의 여가문화를 나타내는 대표적인 유산이다. 초기의 로마인들은 청소년들을 강인한 청소년을 육성하기 위하여 냉수욕을 시켰다. 그러나 후기 부(富)를 축적한 로마는 공중목욕탕을 그리스 짐나지온의 설비를 가미하여 웅장하고 화려한 레크리에이션 센터로 만들었다. 디오클레티아누스(Diocletianus 230-315 AD)황제의 테르메는 1,600명을, 테르메 카라칼라(Caracalla)는 3,200명을 수용할 수 있는 규모였는데 봄베이(Pompeii)시의 테르메는 오늘날까지 보존되고 있다. 테르메의 설비는 큰 거실, 스파에리스테리움(sphaeristerium)이라는 볼 게임(ball game) 장소 등이 있었으며, 규모에 따라서는 도서관, 식당, 담화실을 겸비한 곳도 있었다. 말기 로마인들의 생활 모습은 테르메에서 목욕을 하고 기름과 향수를 바른 다음 직업적인 무용수의 춤이나 전차경주, 검투시합

9) 원래 홀라비오 원형극장이라 명명되었던 콜로세움은 AD 72년부터 공사를 시작하여 8년만에 완공되었다. 예루살렘을 정복한 티투스가 약 4만명의 포로를 이 공사에 투입했다고 한다. 검투사들이 경기를 벌였던 이 경기장의 바닥은 나무 마루가 깔려 있었으며, 그 위에 모래로 덮었는데 원형경기장을 이탈리아어로 아레나(Arena)라고 한다. 오늘날 스포츠 아레나라는 말은 모래를 뜻하는 아레나에서 비롯된 것이다.

구경에 열중하는 모습이었는데 그러한 모습은 로마의 패망을 알리는 징조였다. 많은 역사가들은 한 국가의 패망은 외부의 적이 아니라 내부의 적에 의해 자초되었다고 말하는데 역사적으로 향락적인 스포츠는 그 국가의 도덕적 기반이 흔들리고 있음을 대변하는 것이었다.

(3) 로마 시대의 민중 스포츠

민중들의 생활 속에서는 갖가지 유희와 볼 게임도 성행하였다. 벽에다 공을 치는 핸드볼, 세 사람이 3각형으로 서서 공을 주고받던 트리곤(Trigon), 현대의 테니스와 유사한 파에로마키에(Sphaeromachiae), 펀치볼(Punch ball), 하키와 유사한 “하파스툼(harpastum)” 등이 그것이다(Young, 1944: 312).

이러한 게임들은 비록 로마시대에 조직적인 모습을 보여주지는 못했지만 로마의 정복지에 영향을 미쳤다. 게르만의 침입으로 세계 최초의 대제국이었던 로마도 멸망의 길을 걸었다. 하지만 그리스의 체육이 헬레니즘 문화 속으로 침투하여 그리스의 동남쪽인 서아시아와 지중해 연안의 체육에 영향을 미친 것처럼 로마의 체육은 이탈리아 반도의 서부 여러 제국에 큰 영향을 미쳤다. 특히 후일 스포츠의 나라가 된 영국의 경우 로마 지배하에서 전해진 여러 가지 군사 체육과 볼 게임이 그 기초가 되었는데, 17세기까지 성행했던 영국의 곰몰이(bears-baiting)·소몰이(bull baiting)·투계(鬪鷄 ; cock-fighting) 등과 같은 유혈 스포츠나 각종 볼 게임은 로마 체육에 뿌리를 둔 것이다.

3) 로마 체육·스포츠의 역사적 의미

전기의 로마 체육은 스파르타와 같이 군사체육의 전형이었으며, 체육은 로마가 대제국을 건설하는 저력의 기반이 되었다. 그것은 체육이 국민의 강인한 근성과 체력, 기백을 길러주는 원천이었기 때문이었음을 증명하는 역사의 기록이다. 그러나 대제국을 건설한 이후 로마 국민들은 헬레니즘 문화권의 소박하고 실용주의적인 특성은 사라지고 사치와 향락 풍조가 만연해졌으며, 체육 또한 관중 스포츠 중심의 비천한 모습으로 변질되어 갔는데, 세 가지 측면에서 체육사적 의미를 갖고 있다.

첫째, 로마 체육, 스포츠는 중세 기독교인들이 체육 및 스포츠를 금기시하는 데 영향을 미쳤다는 것이다.

둘째, 인류 역사상 최초로 큰 규모의 관중 스포츠 시대를 개막했다는 것이다.

셋째, 로마의 체육·스포츠 문화 유산이 유럽 전역으로 확산되어 근대스포츠 문화의 뿌리가 되었다는 것이다.

Ⅱ. 중세의 체육과 스포츠

중세의 여명은 도덕성이 상실된 로마사회로부터 시작되었다. 로마 제국은 장대했던 조직이 붕괴되고 향락과 사치로 물들어 갔다. 그때 북방으로부터 야만적인 정복자(게르만)들이 도착했다. 공포와 전쟁, 혼돈의 소용돌이 속에 놓였던 중세 초기, 유일하게 붕괴되지 않은 것은 교회뿐이었다. 교회가 모든 문화를 보호하고 지도권을 유지함으로써 흩어진 세계를 통일할 수 있는 열쇠를 쥐고 있었다. 교회의 영향은 사회 곳곳에 미쳤다. 그러나 그 결과로 인하여 체육의 활성화는 기대할 수 없었다. 오직 기사의 체육과 민중의 유희만 중세의 신체 문화로서 계승되어졌을 뿐 중세는 체육·스포츠 문화의 암흑시대로 남았다.

1. 초기 기독교와 체육

1) 기독교의 교육과 체육

중세의 시작과 함께 기독교가 확고한 기반을 구축하게 된 데는 몇 가지 이유가 있었다. 첫째, 종교란 철학과는 달리 모든 사람들이 이해할 수 있는 정서적 호소력을 갖고 있었기 때문이다. 둘째, 신의 사랑이라든지 동포의 동정, 혹은 영원의 공포에 대한 두려움 등을 구체적이고 명확한 말로 설명할 수 있었기 때문이다. 셋째, 신(神) 앞에 평등하다는 혁명적 이념은 긴 세월 동안 사회로부터 무시당해 왔던 하층 계급에 새로운 희망을 불어넣을 수 있었기 때문이다.

기독교는 초창기의 훌륭한 조직 덕분으로 빠른 확산을 이룰 수 있었으며, 지도력이 없던 서 로마 제국 사회는 물론 게르만족들에게까지 지도력을 발휘할 수 있게 되었다. 그러나 중세 기독교 사회에서는 일반 교육 체계 속에서 체육활동은 금기시하는 풍조가 싹트게 되었다. 모든 성직자들이 체육에 반대했고, 교회는 운동경기를 금지했으며, 기사(騎士) 훈련 과정을 제외한 일반 교육과정에서 체육·스포츠 프로그램은 제외되었다.

2) 기독교 사회의 체육·스포츠 금지

예수는 스스로 최고의 이상적 인간상을 구현한 자이며, 신체와 정신의 완전한 조화를 이룬 존재였다. 예수는 건강에 관심을 갖고 있었으며, 금욕주의자도 아니었다. 『구약 및 신약 성서』의 “body”, “soul”, “spirit”, “flesh” 등과 같은 어휘를 성서 해석학적으로 검토한 결과, 인간은 이원론적인 존재가 아니라, 오히려 일원론적 존재라고 생각했음이 명백하다. 예를 들어 혼으로 번역될 수 있는 히브리어는 인간의 정신적 존재와 육체적 존재의 통합, 즉 전인(全人)을 의미하는 것이었다(오동섭·하남길·정삼현, 2001: 61). 정신과 육체(mind and body), 육체와 영혼(body and soul)이란 이원론적 견해는 동양 및 그리스 후기 철학의 소산이었다(Owen, 1956: 89). AD 2세기 이후부터 중세 시대를 통해 초기의 유다교와 기독교의 교리가 융화된 통합적 인간관이 그리스적이고 동양적인 이원론적 인간관, 즉 “인간은 비천한 육체에 영혼이 있는 존재이며, 육신은 영혼의 성장에 방해가 된다.”는 심신 상관론적 측면에서 볼 때, 심신 이원론적인 사고가 확산됨으로써 그러한 사고는 체육·스포츠의 발달에 영향을 미치게 되었다. 결국 육체를 죄의 도구로 간주하게 되면서 육체는 소멸하는 것이므로 가치 없는 것이 되고 “영혼의 구원을 추구하자!”라는 것이 기독교도를 일으키는 힘이 됨으로써 사람들은 중요한 신체의 요구를 무시하고, 육체에 관한 모든 사고를 초월한 삶이 기독교적 삶이라는 전제를 용인하게 되었는데, 중세 초기부터 체육·스포츠 활동을 반대한 직접적인 이유는 다음과 같이 요약된다.

(1) 로마의 경기와 이교(異教)와 밀접한 관계.

로마 시대에도 그리스의 제전경기가 이어졌다. 그러나 성직자들은 운동경기의 종교적인 의미를 올바르게 인식할 수 없었다. 제전(祭典)은 이교도(異教徒)의 신(神)들 — 제우스, 아폴로, 포세이돈 등 — 을 예찬하는 행사의 일환으로 간주했으며, 다른 한편으로는 로마 후기의 운동경기가 황제 숭배의 의미가 내포된 것으로 보았기 때문에 용인할 수 없었다.

(2) 로마 스포츠와 운동경기의 비천하고 저속한 성격.

로마 후기 동물과 동물, 야수와 인간(포로, 검투사), 인간과 인간이 혈투를 벌이던 유혈 스포츠(bloody sports)의 비천한 성격을 용인 할 수 없었다.

(3) 신체는 사악한 것이라는 심신 이원론적, 금욕주의적 사고.

인간의 육체는 정신의 집에 불과한 것이며, 육신은 영혼의 성장에 방해가 된다는 심신

이원론적인 사고가 확산됨으로써 육체에 관한 모든 사고를 초월한 삶이 기독교적 삶이라는 사고방식이 지배적이었다. 결국 신체를 악의 근원으로 파악함으로써 신체활동으로 이루어진 체육·스포츠는 발달될 수 없었다.

중세 초기 기독교적 교육은 도덕, 종교, 정서, 혹은 "초세속적인 것(other-worldly)에 관한 것이었고, 서방 교회의 수도원 학교가 설립된 시점에도 교육은 교회의 교의, 신학의 연구에 한정되었으며, 문학, 예술, 과학, 철학, 체육은 무시되었다.

성직자들은 향락적인 목욕을 즐기던 로마인의 행위를 비난했으며, 공식적인 운동경기의 개최를 억제했다. 검투사들은 세례를 받을 수 없었으며, AD 394년 데오도시우스(Theodosius) 황제가 고대 올림픽을 폐지하기에 이르렀고, 로마의 검투 시합도 404년에 종말을 맞았다. 초기의 기독교계에서 무용이 발달되기는 하였으나 그것도 종교적 표현의 수단에 지나지 않았다. 교인들은 성가와 무용으로 신을 찬미했다. 그러나 시대의 흐름에 따라 종교적 무용도 세속적인 성격으로 변질되자 무용 역시 금지되었다.

결론적으로 중세 초기의 기독교적 훈련을 위한 교육 체계에는 체육과 스포츠가 뿌리내릴 수 있는 토양이 마련되지 못했다. 예수의 말씀은 하느님의 말씀을 설명하는 것으로 예수의 훈계 방법은 개성적·직접적·설득적이었지만 불행히도 중세 초기의 기독교적 훈련을 위한 교육의 기준은 예수에 의해 설정된 것보다 훨씬 뒤떨어진 것이었으며, 교육 또한 교리 학습과 금욕적 수도 생활과 연관된 내용에 국한되어 기사교육을 제외한 조직화된 체육교육은 전혀 고려되지 않았다.

3) 수도원의 교육과 체육

(1) 수도원의 교육

4세기경, 기독교인들은 수도생활(修道生活)을 위하여 수도원(修道院)으로 들어가 갔다. 수도원의 교육은 당시 기독교의 내세적(來世的), 유신적(唯神的), 주정주의적(主情主義的), 금욕주의적(禁慾主義的) 경향을 띠고 있었다. 오로지 청빈, 정결, 복종의 미덕을 함양하는 것만이 내세를 위한 준비이며, 모든 현세의 임무에서 자기를 해방시키는 것으로 보았다.

6-11세기에 걸쳐 수도원의 지적 프로그램은 7개 영역의 교양(Liberal Arts) 과목이 있었다. 그것은 문법, 수사, 논리를 포함하는 3학(tryvium)과 산술, 기하, 천문학, 음악을 포함한 4학(quadrivium)이었으며, 그러한 교육과정 속에 체육활동 프로그램은 찾을 수 없었다.

2) 수도원 제도와 체육

수도원 제도는 신체적 인간보다 정신적 인간의 육성을 지향하고 있었다. 따라서 수도원의 교육은 정신생활의 진수를 경험하기 위해 육체의 모든 욕망과 요구를 억제하는 것이었다. 한 마디로 중세 초기 암흑시대는 체육사의 빈 페이지였다.

2. 기사의 교육과 체육

야만적이고 호전적인 게르만족이 유럽을 지배했으나 법과 질서를 유지해 갈 능력이 없는 상황에서 문제를 해결하기 위해 생겨난 제도가 봉건제도(feudalism), 영주제도(manorialism), 기사제도(chivalry)였다. 봉건제도는 보호와 통치의 임무가 주어졌고, 영주제도는 경제적 요구에 부응하기 위해 채택되었으며, 기사제도는 사회적·도덕적 관례를 유지시키기 위해 채택된 제도였다. 여기서 우리는 중세 기사(騎士) 교육에서 보이는 체육활동에 주목하게 된다. 그것은 중세 기사 체육은 고대 체육을 근대로 이어주는 가교 역할을 했기 때문에 체육사적으로 큰 의미를 지니기 때문이다.

1) 기사교육

기사교육은 젊은이들이 귀족적 봉건사회의 도덕적·사회적 관례를 엄수하도록 가르치는데 그 목적이 있었다. 기사도에서는 행동에 관한 명백한 규범의 용인 기준이 필요했다. 그들은 신성한 의식을 통해 다음과 같은 맹세를 했다.

첫째, 대망을 품은 젊은이들은 신(God)과 군주(Lord)와 숙녀(Lady)에게 복종과 봉사를 맹세하고, 무용(武勇)과 명예의 덕을 닦아 군주를 위해 투쟁하고 충성할 것을 맹세하였다.

둘째, 기사(knight)는 종교적 헌신을 맹세하고, 교회를 수호하고 약자와 가난한 자와 억압받은 자를 보호하며, 불의를 물리치고, 사악한 것을 제거하며, 기독교의 이상을 고양하여 종교의식을 집행할 것을 맹세하였다. 이를 위해서는 순종, 정절, 신념, 겸허의 덕목을 필요로 했다.

셋째, 기사의 무용(武勇)에 대한 규범으로 부인을 보호하고, 과부와 고아를 보호하며, 그가 보호해야 할 숙녀를 위해 싸울 것을 맹세했다. 그와 같은 봉사의 전제 조건으로서 요구된 미덕은 예절(courtesy), 겸손(modesty), 친절(kindliness). 그리고 자선(beneficence)이었다. 기사의 계율은 사교상의 우아함, 예의범절, 그리고 종교적 의식을 몸에 익히기 위한 훈련을 포함하고 있었다(Dalen, 1970: 98).

(1) 기사교육의 목적

기사교육의 첫째 목적은 통치와 관련된 군사적 성격을 띤 것이었으나 후대에 종교적 의무도 목적 개념에 추가되었다. 기사의 이상적(理想的)인 상이 마련된 것은 1250부터 1350년 사이였으며, 14~16세기에 걸쳐 지나치게 많은 장식적 의례들이 더욱 추가되어 본래의 교육 목적을 떠난 속물 교육으로 전락하게 되었다.

실제로 기사제도의 이상과 그 현실 사이에는 괴리가 있었다. 우선 기사교육자체가 기사 계급에만 제한되어 있었다는 것 자체가 가난한 자와 열등한 자에게 차별과 압박, 경멸을 보낸 것을 의미하기도 한다. 그렇지만 기사교육은 비록 그 이상을 완전히 실현하지 못했고, 파괴적인 튜튼족을 탁월한 기사로 변신시키지는 못했을 지라도 과거보다는 나은 기독교적 행동 문화의 틀을 잡아주게 되었다는 평가를 받고 있다.

(2) 기사교육 제도

기사제도아래 시행된 교육은 가정, 교회, 또는 성(城)에서 이루어졌다. 성직자를 원하는 젊은이는 수도원을 택했고, 지적 교육을 더 원하는 청년들은 대학에 입학했으나 중세의 많은 귀족 자제들은 기사가 되길 열망하며 성내학교나 궁정학교에 입학했고, 소녀들은 궁정 예의를 익히기 위해 성(城)으로 갔다.

조직적인 기사교육은 7-21세 사이에 이루어졌으며, 그 내용은 승마, 수영, 사격(궁술), 검술, 수렵, 장기(chess), 작시(作詩) 등 칠예(七藝)였다. 어린이는 가정에서 부모의 지도를 받으며 자라나 7세의 소년이 되면 뛰어난 군주나 성직자가 있는 성으로 가서 교육을 받았으며, 그 스승은 귀부인, 성직자, 사제(priest), 종사(squires) 혹은 시동장(Masters of haenchman) 등이었다. 시동장은 문예에 능한 자도 있었으나 귀족들 중에는 문맹도 있었다. 종사가 되면, 기사와 함께 많은 시간을 보내며 전술을 배웠으며, 방랑하던 음유시인, 기술사, 곡예사 등도 이들의 교육에 영향을 미쳤다.

기사교육의 단계는 2단계로 되어 있었다. 시동(侍童, page or henchman) 기간은 대략 7-14세까지였으며, 종사(從士, squire)[10] 기간은 대략 14-21세까지였다. 시동기를 끝내고 종사가 되는 단계의 의식(儀式)에서는 사제가 시동기의 단검(短劍) 대신 성인의 검

10) 또는 시종(侍從), 종자(從者).

(劍)을 수여했으며, 종사가 되면 귀족에게 7년 정도 봉사활동을 하는 수련 과정을 거쳐 기사 작위를 받았다.

기사의 작위를 받으면 사제가 청년의 검에 축복을 보내고, 종교, 도덕적으로 헌신, 봉사할 것을 맹세한 다음 갑옷과 투구를 걸치고 교회를 나섰다. 그날의 나머지 시간은 토너먼트(tournament)나 향연, 그 외 축하 행사에 참여했다. 그러한 행사의 성격은 체육활동과 밀접한 관계가 있었다.

3) 기사의 체육과 스포츠

(1) 기사 체육의 목적과 특성

기사교육에 있어서 체육은 교육과정의 중핵을 이루고 있었다. 기사 체육의 목적은 통치와 관련된 군사적 성격을 지닌 것으로 무예를 익혀 사회적 질서를 유지할 수 있는 능력을 배양하는 것이었다. 오늘날과 같이 영역별로 다양한 목표 개념을 두고 실시된 것이 아니지만 국가와 교회의 수호를 위한 전투력의 배양에 초점이 맞추어졌다. 전쟁 이외의 특별한 일이나 의무가 없는 중세의 귀족들이 청소년들에게 방위 임무를 맡긴 것이며, 기사는 교회와 군주에 충성을 맹세하고 전쟁을 수행하기 위한 준비로 격심한 군사적 성격의 훈련이나 스포츠로 여가를 보냈다.

(2) 기사 체육의 프로그램

귀족 가문의 젊은이나 기사교육을 받고 있던 종사들은 많은 시간을 체육·스포츠 활동에 쏟았다. 어린 시절부터 신체를 강화하기 위한 다양한 종류의 교육을 받았으며, 기사 체육의 중심이 된 것은 칠예(七藝)에 포함된 승마, 수영, 사격(궁술), 검술, 수렵 등을 비롯하여 곤봉, 목검 훈련, 중량 던지기, 장거리 달리기, 창던지기, 마술[11], 성벽 오르기, 라켓으로 나무공 치기 등과 같은 활동이었다.

기사교육과정에서 종사의 신체적 훈련은 매우 격렬했다. 체력을 기르기 위하여 다양한 신체 단련 활동이 도입되었으며. 배고픔과 추위, 수면부족 상태를 극복할 수 있는 스트레스 저항 훈련도 겸하였다.

정규 교육적인 신체활동 외에도 시범이나 여가를 위한 활동도 다양했다. 종자는 영주

11) 무장한 상태로 마구(馬具)를 이용하지 않고 말에 뛰어 오르거나 뛰어내리기.

를 호위·수행함과 동시에 성안에서는 귀부인을 위해 체스(chess)나 주사위놀이의 상대가 되어주거나 사냥에 동행하기도 하고, 노래와 춤을 함께 하기도 했다. 중세 기사제도가 남긴 신체 문화로 대표적인 것은 마상(馬上) 시합으로 토너먼트(tournament)와 쥬스트(Joust)였다.

(3) 기사의 훈련과 스포츠

중세의 군주 국가들은 전쟁을 모방한 여러 가지 운동경기를 하였는데, 당시 경기의 내용을 요약하자면 다음과 같다(Dalen, 1970: 101-106).

① 토나먼트

토나먼트는 소규모의 기병전(騎兵戰)처럼 3-40명의 기사(騎士)들이 양편으로 나뉘어 정렬한 다음, 나팔소리에 따라 1열에 선 기사들이 돌진하여 격전을 벌이고, 다음 나팔소리가 나면 제2열의 기사들이 격돌했다. 모의전(模擬戰) 형태의 경기였으며, 그 중에서도 난투전(亂鬪戰)[12]이 가장 중요한 종목이었다. 11세기 중엽부터 시작된 토너먼트는 영국 및 프랑스 등지로 확산되어 12~13세기에는 귀족의 일반적인 유희로 성행하였으며, 토니(tourney)란 이름으로 16세기까지 이어졌다. 문제점도 속출했다. 가장 큰 문제는 인명 손실, 도박, 만취 등 향락적이고 퇴폐적인 상황이었다. 따라서 교회나 군주는 토나먼트경기를 억제하려는 경향이 많았다. 1179년 교황 알렉산더 3세(Pope Alexander Ⅲ)는 마상시합의 금지를 명하고, 토나먼트 경기를 하다가 죽은 사람들은 장례식을 치를 때 기독교 의식으로 치르지 못하도록 했다. 그런데도 불구하고 토너먼트는 점점 더 확산되었으며, 시대의 변화에 따라 여러 종류의 유사한 형태로 변형되어 더욱 널리 행하여지게 되었다.

② 쥬스트(joust)

쥬스터는 마상 시합에서 2명의 무장한 기사가 벌이던 검술 경기였다. 비조직적인 형태로 발생한 것이었지만 시합은 일정한 규칙 아래 이루어졌다. 쥬스트는 두 기사가 양편에 마주서서 긴 창과 방패를 들고 전속력으로 달려나가 말 위에서 창으로 상대방의 투구나 가슴을 찌르는 경기였다. 말에서 떨어지면 승부가 결정되는 경기도 있었고, 낙마하면 칼로 싸우는 규칙도 있었다. 경기장은 토너먼트만큼 흥분을 자아내는 분위기는 아니었으며,

12) 그것은 그라운드 토니(grand tourney) 또는 멜리(melee)라고 불렸다.

사상자가 속출하는 상황은 벌어지지 않았다. 그것은 갑옷을 입고 끝이 무딘 무기로 싸웠기 때문이다. 쥬스트 또한 토나먼트와 마찬가지로 백-스워드(back-sword)[13]를 비롯하여 여러 가지 변형된 검투(劍鬪) 형태로 발달되었으며, 19세기초까지 유럽에서는 민중의 생활 속에 인기 있는 스포츠 게임으로 남아 있었다.

③ 기타의 게임과 스포츠

중세의 토나먼트와 쥬스트는 여러 가지 유형으로 변형되어 발달했다. 주로 군사적 성격의 게임이 발달했으며, 그 외 사냥을 비롯한 각종 유희 또한 기사교육과 밀접한 관계 속에서 발달되었다.

㉮ 배리어(barries): 두 편으로 나뉘어 선 군대가 경기장에 설치된 장애물을 도끼나 검 등을 사용하여 돌파하는 장애물 돌파 게임.

㉯ 빠 담뭐(pas d'armes): 일정한 수의 기사들이 방패와 천막을 고정시켜 만든 진지를 상대로부터 방어하는 경기.

㉰ 아우트런스(outrance): 결투, 자발적으로 지원해서 기사나 기사, 영주와 영주 사이의 합의에 의해 벌어지는 사적인 싸움의 성격을 띤 것이었다. 많은 기사가 동시에 참가하는 경우도 있었는데 토나먼트와는 좀 다른 변형된 쥬스터 형태의 이 경기를 라운드 테이블(round table)이라고도 부르기도 했다.

㉱ 퀸틴(quintain): 움직이는 모형 인간이나 표적을 세워두고 창으로 찌르는 경기. 그 종류는 다양했다. 완전 무장한 적을 공격하는 유형을 비롯해서 육지에서 행하는 퀸틴도 있고, 배를 타고 수상에서 벌이는 수상 퀸틴 경기도 있었다.

㉲ 비아우어드(behourd): 군사적 성격의 스포츠로 전쟁 기술을 연마하기 위하여 실시되는 모의전 같은 것이었다. 종사 및 성인 기사들까지 참여했다.

㉳ 사냥과 매사냥(hunting and Hawking): 수렵은 토너먼트에 버금가는 기사 스포츠였다. 말을 타고 짐승을 추적하는 수렵 활동은 뛰어난 전쟁 훈련이자 여가 활동의 하나였으며, 귀족의 상징이자 장식과도 같은 스포츠였다. 농민을 비롯한 하층 계급 사람들의 사냥은 금지시켜 둔 채 귀족은 물론 성직자까지 세속적인 오락에 깊이 가담하고 있었다.

㉴ 무용: 춤은 중세에 들어 차츰 진보했고, 르네상스 시대 귀족 사회의 축하연을 통해

13) 목검시합: 이 목검 시합이 19세기까지 남아 있었던 구체적인 모습은 토마스 휴즈의 소설 "톰 브라운의 학창시절" 제2장 "마을 축제"에 잘 나타나 있다(하남길, 1999).

한 층 더 진보했다. 중세 초기 춤은 남성을 여성답게 변화시킨다는 생각으로 기사들은 추지 않았으나 봉건사회가 점점 세련되어가자 남자도 숙녀와 함께 춤을 추는 분위기가 조성되었다.

4) 기사 체육의 성격과 쇠퇴 배경

고대 그리스의 신체 문화는 그리스인의 세계관에 불가결한 요소로 되어 그 시대의 미적 개념, 윤리적 개념 형성에 큰 영향을 미쳤다. 그런데 봉건사회의 기사 체육은 신체 문화로서 그 성격이 달랐다. 교회와 중세의 학계에서 체육의 중요성을 인정하지 않았기 때문에 학교와 같은 교육 체계 속에 채용되지도 않았으며, 법적으로나 국가적으로 공인되지 않았고, 정리된 체계로 발전되지도 못했다.

기사의 체육이 전체적인 교육체계 속에서 체계로 확산되지 못한 근본적인 원인은 기사계급 자체의 성격에 있었다. 기사계급은 학문이 자신들이 생활에 본질적이고 직접적인 의미를 주는 것으로 생각하지 않았으며, 모든 학문은 수도원과 승려들에게 일임해버렸기 때문이었다. 당시 유럽의 선진국의 기사들 중에는 대다수가 읽고 쓰기를 할 수 없었다. 기사 중에는 후작(侯爵)이나 영주도 포함되어 있었으나 그들은 학문을 경멸하는 태도를 감추지 않았다. 학문적인 것은 무시하고 기사의 전투 정신만 자랑스럽게 생각했다.

일찍이 『독일 체육사』에는 황제 콘라드 2세(1204-1039)가 완전히 문맹(文盲)이었다는 사실을 기록으로 남아 있다(Saurbier & Stahr, 1936: 57; 唐木國彦·上野卓郎 共譯, 1973: 12). 그 외 학자들도 기사들이 사냥과 토너먼트 시합에 정력을 소비한 나머지 학문을 소홀히 하였을 뿐만 아니라 학문을 경시했다고 기록하고 있다. 폴란드를 비롯한 유럽에서는 이런 상황이 몇 세기나 계속되어 16세기까지 이어져 왔다. 그렇게 됨으로써 봉건사회의 신체 문화는 사회제도상으로나 도덕적으로 영향을 줄만큼 세련된 문화로 자리잡을 수 없었다.

결국 중세 기사 계급의 신체 문화는 기사 계급의 필요에 따라 생성되어 봉건제후 생활의 대부분을 점유한 특수한 생활 스타일을 만들어 냈다. 뿐만아니라 그들의 전유물과 특권으로서 농민이나 일반 시민들과 봉건계층 사이에 명확한 선을 긋는 장벽이었다(Hahn, 1929: 50; 唐木國彦·上野卓郎 共譯, 1973: 15). 결과적으로 중세 기사계급의 신체 문화는 계급적 성격이 매우 강한 것이었으며, 기사 계급의 몰락과 함께 소멸의 길로 들어설 수밖에 없었다.

기사 계급의 몰락은 사회의 변화에 따라 도시의 하층민과 농민이 병기를 취급하는 기술을 익혀 자위단을 편성하게 된 것에서 출발한다. 자위단은 구호대의 성격을 띠고 출발했으나 점차 중요한 역할을 담당하게 되었으며, 화기의 발달에 따라 전투의 결과가 기병보다는 보병에 의해 결정되는 상황이 되어 용병부대가 왕권을 지탱하는 중요한 역할을 맡게 되었으며, 질서를 유지시키기 위하여 기사를 양성해야 했던 봉권 귀족들은 중앙집권적 전제군주의 출현으로 그들의 각종 특권을 박탈당했고, 그들의 특권을 유지시키던 기사계급의 역할을 줄어들게 됨으로써 중세 기사제도는 물론 그 체계 속에 발달되었던 신체문화도 점차 쇠퇴하게 되었다.

5) 기사 체육의 역사적 의미

중세의 기사도(Chivalry)는 내적으로 고상하고 외적으로 용감한 젊은이로서 신을 믿고 군주와 교회에 봉사하며, 약자와 부녀자를 보호하는 정신을 기초로 하고 있으며, 유사시에는 전사로서 국가를 수호하는 의무를 지니고 있었다. 그러한 정신은 오늘날 서양의 신사도(gentlemenship) 개념으로 이어졌는데, 이런 성격으로 인해 발달된 기사의 체육은 체육사적으로 두 가지 의미를 지닌다.

첫째, 체육사의 빈 페이지로 일컬어지는 중세 암흑시대에도 기사제도로 인해 고대 체육·스포츠, 즉 신체 문화를 계승하는 역할을 했다는 것이다.

둘째, 중세 기사 체육이 근대체육·스포츠 발달의 이념적 기초가 되었다는 것이다.

19C 독일에서 시작된 얀의 체조 운동도 이념적으로 기사 전통을 계승하는 것이었으며, 영국 스포츠 교육에 나타나는 신사도의 함양 개념은 중세 기사도를 지향한 것이었다.[14)]

---

14) 얀의 체조운동에서 회원들의 뱃지에는 토나먼트가 실시된 해와 폐지된 해가 새겨져 있다. 그리고 19C 영국의 스포츠교육에서 남성다운 기독교적인 신사의 함양 개념은 중세 기사다운 기독교적 신사 개념이 기초가 되었다. 상세한 것은 독일 오동섭, 近代體育思想史(서울: 보경문화사, 1988). 하남길, 영국 엘리트교육과 애슬레티시즘(서울: 21세기교육사, 1995); 옥광, 영국 스포츠의 사회사(서울: 체육과 건강, 2014) 등 참조.

3. 중세의 사상과 후기 사회의 스포츠

1) 스콜라 철학과 체육

11-15세기에 걸쳐 기독교 중심의 중세 사회에서도 서서히 지적 각성이 일어나기 시작했다. 6세기부터 11세기까지는 기독교의 교리는 도전을 받는 일은 없었다. 그러나 십자군의 원정으로 동방 문화를 접촉한 이래 새로운 종교관과 철학이 생겨남으로써 기독교계의 지적 활동 욕구를 자극했다. 그것은 중세의 종말과 새로운 시대로의 전환을 시사하는 변화였다.

대표적인 철학자들은 롬바드(Peter Lombard), 매그너스(Albertus Magnus), 아퀴나스(Thomas Aquinas) 등이었다. 그러나 스콜라 철학은 지나치게 지적 측면에 치우친 나머지 철학자들은 편견에 사로잡혀 신체활동의 의미나 가치를 인정하려 들지 않았다. 중세 말까지 금욕주의적 태도는 계속 잔존했고, 대부분의 학자들은 위생과 건강에 대한 부주의가 고상한 정신에 아무런 영향을 미치지 않는다고 생각했다. 토마스·아퀴나스는 인간의 발육을 위해 운동이 필요하다는 인식을 갖고 있었으나 대부분의 스콜라 철학자들은 체육활동의 가치를 무시했다.

대학이 있었으나 대학의 교육은 신학·예술·법률·의학의 4개 학부로 나뉘어져 있었을 뿐 체육은 커리큘럼에 포함되지 않았으며, 정규교과 외 스포츠와 게임의 참여를 장려하지도 않았다. 체육·스포츠 활동을 억제한 반작용은 학생들의 비조직적인 여가활동의 활성화로 나타났다. 학생들의 생활 속에는 싸움, 주연, 음주, 도박, 비행, 결투 등과 같은 불건전한 활동이 성행했다. 마을 사람들과 대학생들 사이에 일어났던 1354년 성 스콜라스테카 데이(St. Scolastica's Day)의 소동은 선술집의 말다툼이 큰 싸움으로 발전되어 많은 학생들이 부상을 당하고 몇 명이 살해되는 무장난투의 한 실례였다.

대학 당국은 체육·스포츠 및 레크리에이션 활동에 대해서 부정적이고 적대적인 태도를 취했다. 그 이유는 당시 많은 게임과 스포츠가 도박성, 난폭성을 지녀 생명과 재산의 보호에 무익하다는 인식 때문이었다. 영국 킹즈 칼리지(King's College) 의 규칙은 초기 대학의 스포츠 금지 상황을 기록으로 보여주는 실례이다. 대학은 각종 스포츠와 게임의 학생 참여를 금지하였다. 수렵 및 어획용 그물이나 송골매, 사냥개 등의 소유 금지, 다이스(주사위 놀이 기구)나 내의 레슬링 금지 등이 대표적인 예이다. 심지어 일부 대학에서는 춤을 추는 것도 처벌의 대상이 되었으며, 스코틀랜드의 세인트 앤드류(St. Andrews) 대학에서는 새잡이는 허락되었으나 위험한 축구 볼 게임을 비롯한 도박성이 있는 모든 스포츠나 놀이의 금지, 대학 구내의 활쏘기, 돌팔매, 창던지기 등의 금지, 예배당경기의 참여나 강가의 수영 행위도 교칙 위반으로 규정하고 있었다.

대학생이 스포츠에 참가했다는 기록은 별로 없지만 그렇다고 학생들이 수도원의 승려처럼 지낸 것은 아니었다는 증거도 있다. 피터 아벨라드(Peter Abelard) 시대의 기록은 대학 당국의 반대에도 불구하고 젊은이들이 스포츠나 유희를 즐겼다는 것을 명백히 보여주고 있다. 학생들은 강의가 끝나면 선술집과 여행자 접대소로 나갔고, 연병장(Champ de Mars)으로 알려진 섬의 넓은 초지 위에서 각종 스포츠와 놀이를 즐겼으며, 특히 달리기, 뜀뛰기, 레슬링, 수영, 낚시 등이 행해졌다는 것을 밝혀주고 있다.

결국, 스콜라 철학의 전성시대에도 인간의 놀이나 스포츠에 대한 욕구는 지금과 다를 바 없었음을 보여주고 있다. 그러나 중세 스콜라 철학이 지배계층의 주된 의식으로 자리 잡았던 중세 사회의 교육과정에서 체육은 독립적인 교과목 영역으로 자리매김 받지 못했으며, 기본적인 놀이나 스포츠의 참여조차도 억제했다.

2) 중세 후기의 레저와 스포츠

중세 후기 사회의 체육이나 각종 놀이 유형의 스포츠, 게임 등은 학교 교육 체계보다는 길드나 도시 공동체 생활 속에서 활성화되었고, 조직적이고 계획적인 활동이었기보다는 자연 발생적인 성격이 강한 활동이었다.

대중이 즐기던 게임은 주로 성주의 잔칫날이나 교회의 종교 행사에 이어 행하여졌다. 교회에서 예배를 본 사람들은 종종 각종 놀이나 스포츠에 참가하였으며, 특히 정기시(定期市: fairs)와 5월제(May Day Festivals) 행사에 많은 체육·스포츠 행사가 열렸다.

그러나 한편으로 스포츠 행사의 참여는 위험을 동반하기도 했다. 교회와 지배집단은 평민의 스포츠 참여를 억제하는 경향이 있었기 때문이다. 특히, 교회는 도박성이 짙고, 향락적인 게임의 참여를 극구 반대했고, 정부에서는 지배 계급의 재산권을 파괴하거나 하층민의 집단의식을 강화하는 스포츠는 금지했다. 예를 들면 1314년, 영국의 에드워드 2세(Edward II)는 전통적으로 하층 계급의 스포츠로 발달되었던 축구를 사회 질서를 어지럽힌다는 이유로 금지했고, 1447년 영국의 하원은 국왕에게 주사위놀이, 고리던지기, 축구 기타 유사한 놀이는 금지시켜 줄 것을 청원하였다.

그러나 금욕주의 사상이 지배적이었던 중세 사회였으나 민중의 생활 속에는 자연 발생적인 게임이 뿌리를 내려가고 있었다. 인간의 근원적 경향성을 억제할 수 없었기 때문이다.

중세 후기 영국의 귀족 사회에서는 사냥이 주된 스포츠로 성행했으며, 민중 사회에도 다양한 놀이와 게임이 발달했다. 특히 볼 게임과 동물을 이용한 유혈 스포츠가 유행이었다. 진놀이(base or prisoner's bars), 여우사냥, 토끼사냥, 개구리 뛰기(leap frog), 공기놀이(marbs), 팽이(tops), 곰몰이(bait the bear), 투계(cock-fighting), 연날리기, 볼링(bowling), 파이브즈(fives), 축구, 투박한 형태의 복싱, 레슬링 등과 같은 놀이와 스포츠가 있었다.

13세기이래 이탈리아에서도 각종 게임과 스포츠가 발달되었다. 중세 후기에는 기사제도가 붕괴되자 보병이 중심이 된 새로운 군대가 편성되었다. 따라서 기사에게 토나먼트가 있었듯이 이 군대에도 훈련을 위한 신체활동이 필요했기 때문에 군인들 사이에는 평화시에 "쥬코 델 마자스크드(Giuoco del mazzascudo)"15), "쥬크 델 폰트(Giuoco del ponte)"16), "파리오(Palio)"17), "쥬크 델 카루찌오(Giuoco del Calcio)"18) 등과 같은 군사적 성격을 지닌 스포츠도 발달되었다.

중세 후기에는 유럽의 각지에는 다양한 놀이와 스포츠 문화가 뿌리를 내려가고 있었다. 궁술은 봉건시대에는 군인계급에 있어서 유용한 무예였지만 점차 스포츠로 자리를 잡아갔다. 특히 영국에서는 궁술이 성행했고, 고리던지기(quit)는 중세의 인기 있는 오락이었다. 그것은 편자로 고리를 만들어 원반처럼 던지는 형태였다. 오늘날 테니스의 기원이 되었을 것으로 추측하는 파이브즈(fives)와 쥬드뽐(jeu de paum)은 손으로 공을 치는 구기였다. 그러나 테니스와 같다고는 할 수 없다. 파이브즈와 쥬 드 뽐은 모두 "손"을 의미하는 단어이며, 파이브즈는 아일랜드에서 유래하여 영국으로 확산되었고, 쥬 드 뽐은 프랑스에서 유행한 놀이였다. 그 외 볼링과 당구(billard)를 비롯하여 라켓이나 클럽으로 공을 치는 크로켓(croquet), 밴디볼(bandy-ball), 클럽 볼(club ball), 트랩 볼(trap ball) 등도 민중의 생활 속에 깊이 뿌리를 내려가고 있었다.

15) 토너먼트 유형의 경기로 봉(mazza)과 방패(scudo)로 싸우는 경기였다.

16) 방패 싸움의 일종으로 군인들은 물론 "성 안토니 축제일(Feast of St. Anthony, 1월 17일)"에는 시민들의 행사로도 행해졌다.

17) 중세 이탈리아 시민들이 가장 좋아하던 스포츠였다. "파리오"란 기(旗) 또는 깃발을 의미하는데, 승마의 우승자에게 모직물이나 견직물을 부상으로 주던 관습에서 유래한 경기 명칭이다. 파리오는 일반적으로 경마를 지칭하는 것이었지만 넓게는 도보 경주, 전차 경주, 당나귀 경주, 보트 경기까지도 포함하는 의미를 지닌 것이었다.

18) 오늘날의 럭비와 같은 분위기에서 축구를 연상케 하는 경기였다. 울타리를 친 정사각형의 경기장은 한 쪽을 벽(wall), 다른 한쪽은 도랑(ditch)라고 불렀다. 한 팀은 27명으로 구성되었으며, 축구를 하되 주먹과 몸싸움을 병행한 난투극이었다. 오늘날의 축구는 이러한 형태에서 사커와 럭비로 분화된 것으로 추정된다.

Ⅲ. 르네상스 및 근세 초기의 체육·스포츠

중세에 싹이 튼 진보의 씨앗은 르네상스(Renaissance, 14-16C)시대에 꽃을 피웠다. 유럽의 새로운 각성으로 불리는 르네상스의 개막은 여러 가지 복잡한 요소를 기반으로 하고 있다. 사라센 문화와의 접촉, 아리스토텔레스의 재발견, 대학의 설립, 십자군의 원정으로 인한 동양 문명의 접촉 등이 그것이다. 르네상스의 시작은 교육에도 큰 변화를 가져온 3대 운동이다. 14-17세기에 걸쳐 유럽에서 일어났던 이 운동은 인문주의(Humanism), 도덕주의(Moralism), 실학주의(Realism)였으며, 이러한 사조는 체육과 스포츠 문화의 재생에도 영향을 미치게 되었다.[19]

1. 르네상스 및 종교개혁과 체육·스포츠

1) 인문주의와 체육

인문주의는 이탈리아에서 발달하여 알프스를 넘어 다른 나라로 전해졌다. 이탈리아에서 발달한 인문주의 사상은 유럽으로 퍼진 뒤 북부 유럽에서는 약간 다른 형태로 발달되었다. 이탈리아에서 일어난 교육 운동은 개인적 인문주의(Individual Humanism)였고, 북유럽의 교육 운동은 사회적 인문주의(Social Humanism)였다.

(1) 개인적 인문주의와 체육

인문주의 교육을 지향하는 사람들의 교육 철학은 다양한 사고를 바탕으로 하고 있었다. 무엇보다도 그들은 인격의 조화적 발달을 추구했던 아테네의 교육 이상을 실현코자 했다. 초기 인문주의자들이 추구한 "인간의 조화적인 발달"이라는 교육 이상은 체육의 재

19) 실학주의 사조는 15-17세기까지 이어진다. 여기서는 편의상 17세기 실학주의 사상가들도 제1절에서 취급하기로 한다.

생을 알리는 신호탄 역할을 했는데, 대표적인 학자들의 공헌을 요약하면 다음과 같다.

① 펠트레: 펠트레(Vittorino da Feltre, 1378~1446)는 만투아(Mantua)에 "라지오코사(La Giocosa)"라는 궁정학교를 설립하고 초원으로 둘러싸인 학교에서 공놀이, 도약, 달리기, 펜싱, 승마, 하이킹 등을 권장했다.

② 베르게리우스: 베르게리우스(Petrus Paulus Vegerius, 1319~1420)은 『선한 도덕과 자유주의 학문(De Ingenius Moribus et Liberalibus)』이라는 교육에 관한 인문주의적 소논문을 썼다. 그는 젊은이는 정기적으로 게임과 연습에 열중함으로써 군무에 대비해야 한다고 주장하며, 기사도 정신을 강조했고, 자르기, 찌르기 등과 같은 검술과 수영, 경주(달리기), 도약(뛰기), 레슬링, 복싱, 창던지기, 활쏘기 등을 권장했다.

③ 피콜로미니: 법왕 비오 2세(Pope Pius II, 1405~1464)가 된 피코로미니(Piccolomini)는 『자유교육(De Liberorum Educatione)』이라는 논문에서 젊은이들의 훈련에 관한 내용을 다루었고, 경주, 수영, 무용 등과 같은 신체적 교육을 권장하였다. 그는 "승고한 지위를 갖도록 운명 지워진 모든 청년은 군사적 훈련을 한층 더 받아야 한다고 주장하며, 군사적 필요성에 의한 체육의 필요성을 역설했다.

④ 베기우스: 베기우스(Mapheus Vegius, 1405~1458)는 『아동 교육(De Educatione Liberorum)』이라는 저서를 저술했으며, 국가의 안녕과 개인의 안전을 위해 청년들에게 전쟁 기술을 습득시켜야 한다고 주장했다. 그리고 그는 어린이들의 교육을 위해서는 볼게임, 도약, 펜싱, 승마, 하이킹 등을 권장했다.

(2) 사회적 인문주의와 체육

이탈리아에서 발흥한 인문주의적 사조는 약 1세기가 지나자 북 유럽으로는 확산되었다. 독일이나 프랑스를 비롯한 북유럽 국가들이 인문주의 학문을 도입하게 되었으며, 에라스무스(Erasmus), 아스컴(Ascham), 엘리엇(Elyot), 토마스 모어(Thomas More) 등과 같은 학자들이 등장하여 개혁에 반항하는 보수 세력과 맞서 선구적인 역할을 수행하며, 신교육 운동을 펼치게 되었다.

① 엘리엇: 엘리엇(Thomas Elyot, 1490-1546)은 그의 저서 『통치자의 서(The Boke Named The Governor)』에서 "…아무 것도 하지 않는 것보다 건전한 레크리에이션이라도 참여하는 것이 좋다"고 말하고 적당한 운동을 하지 않고 공부만 하는 것은 정신력을 고갈시키고 소화 장애는 물론 몸을 병들게 한다고 경고했다. 그는 좋은 운동으로 달리기, 사냥

을 권하고, 위험에 대한 방어책으로 레슬링을 권하였다. 그리고 중량 들어올리기나 던지기, 아령, 테니스 등과 승마, 검술, 궁술, 수영 등과 카드놀이, 서양장기 등을 장려하기도 했다.

② 애스컴: 영국 튜터 시대(Tudor, 1485-1603)의 교육자로 엘리자베스 여왕의 왕사(王師)였던 애스컴(Roger Ascham)은 젊은이들의 체력 관리에 깊은 관심을 보였다. 그는 『학교 교사(The School Master)』에서 "젊은 신사들은 항상 품위 있고, 신사적인 유희를 즐겨야 한다"라고 주장하였다. 그가 품위 있고 신사적인 유희라고 생각한 종목은 승마, 토니(tourney)[20], 궁도, 육상, 수영, 매사냥, 테니스 등이었다.

2) 종교 개혁과 체육·스포츠

16세기 신교도들에 의해 시작된 종교계의 지각 변동은 도덕주의를 바탕으로 하고 있었으며, 그들의 도덕주의는 체육·스포츠의 발달에도 영향을 미치게 되었다.

(1) 신교와 체육

종교개혁은 도덕성을 지나치게 강조한 나머지 체육·스포츠 활동의 중요성은 인정했으나 신교의 영향권에서는 체계적인 체육교육이 실시되지 않았다. 특히 캘빈파와 청교도의 영향권에서 두드러졌으며 학교 교육과정의 핵심은 종교 교육이었다. 초등학교에서는 읽기, 쓰기, 산수, 종교 문답, 종교 신조, 주술문(Lord's Prayer), 십계 등이었으며, 라틴 학교와 대학의 학습과정은 인문주의적 고전(古典) 중심의 교육이었으며, 종교적 측면이 강조되었다.

(2) 청교도와 스포츠

초기 신교도들은 성경에 포함된 진리와 개인의 권리를 강조했으나 그들이 오히려 교리에 의해 개인의 자유를 억압하며, 보수주의적인 색채를 드러냈다. 16세기부터 루터파(Lutheranism), 캘빈파(Calvinism), 성공회파(Anglicanism)가 대표적인 예이다. 종교개혁 이후 신교의 출현은 체육·스포츠의 발달에 악영향을 미쳤으며, 그 중에서 체육·스포츠에 가장 큰 영향을 미친 것은 영국의 성공회와 캘빈파의 청교회였다.

---

20) 중세 토너먼트가 여가 활동적인 유희로 변형된 운동.

① 영국 청교도와 스포츠

유럽의 개신교 종파 가운데서도 체육·스포츠에 가장 극단적인 태도를 취한 종파는 영국의 청교도들(Puritans)이었다.[21] 영국의 청교도는 캘빈파의 지도자였던 존 녹스(John Knox, 1505-1572)가 영국 개신교의 반항을 주도했는데, 영국의 청교도들의 태도는 몇 가지로 요약된다(Dalen, 1970: 144).

㉮ 무엇보다도 노동의 가치를 높이 평가하면서 태만을 혐오하고 각종 오락을 일반적인 사회적 활동의 범주 밖으로 내몰았다. 따라서 경제적인 목적에 도움이 되지 않는 신체활동은 필요 없는 것으로 취급했다.

㉯ 청교도들은 카톨릭의 교의에 물든 어떤 활동도 없애려했다. 그러한 결과로 사회적 레크리에이션 목적을 달성하기 위하여 존속하던 중세의 많은 휴일은 폐지되었으며, 일요일에 스포츠나 오락의 참여를 금지했다.

㉰ 정신적 감시와 형식적 훈련을 통해 도덕성을 증진시키려는 의도를 지닌 이 종파의 엄격한 결의는 인간의 모든 본성적 요구를 부정하는 금욕적인 광신에까지 이르게 되었다.

그들은 도덕성을 증진시키기 위한 완전한 체제로써 쾌락적인 유희나 스포츠의 참여를 반대하고 묵상과 기도를 권장했다.

② 성공회와 합법적인 스포츠 선언

청교도들의 태도에 따라 스튜어트 시대의 영국에서는 스포츠 참여를 금지하려는 파와 장려하려는 파로 나누어질 수밖에 없었다. 이것은 17세기 영국 정치·종교적 문제와 깊은 관련을 갖고 있었다. 국교회 즉 성공회의 교의를 따르던 왕당파는 주로 스포츠 활동을 장려·지지하고, 청교도들은 제한·반대했다. 그 결과로 일어난 역사적 사건이 바로 1618년에 있었던 "합법적인 스포츠 선언(Declaration on Lawful Sports)"[22]이었다.

제임스 1세가 소위 『왕의 스포츠 서(The Kings Book of Sport』를 편찬하여 청교도들이 국민의 스포츠 활동을 금지하는 것에 반대한다는 것을 명백히 하고 합법적인 스포츠를 명시함과 동시에 일요일의 스포츠 참여도 권장했다. 청교도들은 종교 탄압으로 간주했고, 그것은 청교도 혁명의 간접적인 원인이 되기도 했다. 영국 청교도가 일요일 스포츠 참여를 극구 반대하던 전통은 다큐멘터리 『불의 전차』[23]라는 영화에도 잘 나타나 있다.

---

21) 영국의 청교도와 스포츠에 관한 상세한 것은 하남길, 영국 엘리트 교육과 스포츠(서울: 21세기교육사, 1996), pp. 61-76 참조.

22) 이 문제에 대한 상세한 것은 하남길, "英國 스튜어트 時代의 스포츠史: 合法的인 스포츠 宣言의 背景" 한국체육학회지 38권 3호 (1999. 9), pp. 9-22 참조.

(2) 가톨릭과 체육

가톨릭의 반 종교개혁파 교육자들은 중세의 금욕주의 사조를 혁파하고 신체에 대한 인식을 새로이 했다. 그러나 그들이 신체활동을 건강의 유지나 레크리에이션을 위한 수단으로 생각한 것은 아니며, 도덕적·정신적 목적을 달성하기 위한 수단으로 생각하였다.

① 로욜라: 로욜라(Ignatius Loyola, 1491-1556)는 신체를 배격하는 중세 사상에 반대하고, 심신은 하느님의 손에 의하여 창조된 것이므로 인간이 심신을 다스리지 않는 것은 잘못이라는 인식을 갖고 신에게 봉사하기 위해서는 완전한 신체적 상태를 유지해야 한다는 입장을 견지하였다.

② 안토니아노: 안토니아노(Silvio Antoniano) 추기경은 체육의 가치를 인정하는 카톨릭계 성직자와 신도들의 인식을 다음과 같이 표출하였다. 그는 인생의 고난을 극복하고 생활에 적응할 수 있는 능력을 기르기 위해 어린이에게 신체적 훈련은 꼭 필요한 것이라고 믿었으며, "…레크리에이션은 심신의 활력을 회복시켜, 생명력 있는 신체와 활동적인 정신 상태로 자신의 일을 다시 시작할 수 있게 해 준다."라고 강조했다.

3) 실학주의와 체육

학자들이 고전(古典) 연구에 치중하고 있을 무렵, 일련의 학자들이 현실의 문제들을 과학적 방법으로 접근하여 해결하려고 한 사조가 실학주의(Realism)이며, 그것은 언어적 실학주의(Verbal Realism), 사회적 실학주의(Social Realism), 감각적 실학주의(Sense Realism)라는 세 단계를 거치며 현실에 영향력을 미치기 시작했다.

(1) 언어적 실학주의와 체육

언어적 실학주의자들의 생각은 인문주의자들과 맥을 같이 했다. 그들도 라틴어와 그리스어를 비롯한 고전 언어와 문학의 가치를 높이 평가했다. 언어적 실학주의를 대표하는 학자들은 스페인의 비베스, 프랑스의 라블레, 영국의 밀튼 등이다.

① 비베스: 비베스(Juan Luis Vives, 1494-1540)는 체육을 지나치게 강조하는데 반대하였으나 그의 교육 프로그램은 매우 포괄적인 성격을 띠고 있었으며, 체육활동 또한 교

23) 시중에 비디오로 출시되어 있다. 선교사의 아들이었던 에릭 리델이 영국 육상 대표선수로 1924년 프랑스 파리 올림픽에 출전하였으나 시합 날이 일요일이라 이유로 출전을 거부한 사건을 종교적인 관점에 다룬 영화.

육 프로그램에 포함되어 있었다. 그 프로그램에는 고전주의 시대에 인기가 있었던 창던지기, 공놀이, 달리기, 뛰기, 레슬링, 도보, 테니스, 축구 등이 포함되어 있었다. 그러나 그는 신체활동을 군사적 목적과 연관시키지는 않았으며, 무용이나 주사위 놀이, 카드놀이 등은 배척하였다.

② 라블레: 라블레(Francois Rabelais, 1494-1553)는 그의 풍자적인 작품 『가르캉튀아의 생활(The Life of Gargantua)』과 『팡타그뤼얼의 영웅적 행위(The Heroic Deeds of Pantagruel)』에서 당시의 교육 실태를 묘사했다. 그가 제시한 새로운 교육 방식이 당시 교육 체계에 큰 영향을 주지 못했으나 그의 사상은 로크, 몽테뉴, 루소 등과 같은 인물들에게 큰 영향을 미치게 되었다. 그의 『가르캉튀아의 이야기』에는 롱 테니스(long tennis), 파일트리곤(piletrigone), 승마, 창술, 전투용 도끼 다루기, 사냥, 레슬링, 달리기, 도약 , 담벽 뛰어넘기, 수영 등이 묘사되어 있다.

③ 밀튼: 밀튼(John Milton, 1608-1674)은 영국의 청교도 혁명을 주도한 크롬웰(Cromwell) 공화정 시대의 관리로 1644년 『교육론(Tractate on Education)』이라는 저서를 통해 체육의 방향을 제시하고 있다. 그는 체육의 가치를 전쟁 수행 능력과 연관시켜 파악했다. 그는 체육을 군사적 훈련의 수단으로 인식하고 있었기 때문에 무기의 정확한 사용을 강조했고, 젊은이들에게 저녁식사 전 약 두 시간 동안 군대식으로 체육을 해야 한다고 주장했다.

(2) 사회적 실학주의와 체육

실학주의 사상은 스콜라 철학이나 인문주의 사상과는 달리 고전 중심의 교육과정 틀에서도 형식에 그치지 않고 고전(古典)에 잠재된 관념을 파악함으로써 교육의 기능을 강화하고자 했다. 즉, 교육의 결과가 인간의 실생활에 얼마나 잘 적용될 수 있을까 하는 문제에 초점을 맞추게 되었는데, 대표적인 학자는 몽테뉴였다.

종교적 박해 시대에 살았던 프랑스 몽테뉴(Michel de Montaigne, 1553~1592)는 사회적 실학주의의 대표자였다. 그의 “아동 교육론(De I'Institution des Enfants)”과 “현학론(Du Pedantisme)”이라는 두 논문에는 그의 근대적 교육 관점이 잘 나타나 있다. 그는 교육을 귀족 소년들을 숙달된 신사 생활을 영위할 수 있도록 육성하는 과정이라고 생각하였으며, 그가 주창한 체육 프로그램은 젊은이들의 활기차고 능동적인 생활을 겨냥한 것이었다. 그는 달리기, 레슬링, 무용, 사냥, 승마, 펜싱 등과 같은 종목을 권장했다.

(3) 감각적 실학주의

르네상스 시대 중세 사상의 영향이 계속될 무렵, 자연과 우주를 비판적인 사고 방식으로 바라보고 접근하려는 일련의 학자 그룹이 나타났다. 모든 것을 관찰하고 증명하는 방법론을 주장한 이들을 감각적 실학주의자(Sense Realism)라고 하며, 그 대표적인 인물은 베이컨(Francis Bacon, 1214-1294), 말카스터(Richard Mulcaster, 1535-1611), 코메니우스(John Amos Comenius, 1592-1670) 등이었다. 이러한 학파의 등장은 교육에 체육이 포함될 수 있는 여지를 넓히는 계기가 되었다.

① 베이컨: 영국의 철학자이자 정치가였던 베이컨은 "몸의 선과 마음의 선 사이에는 어떤 관계 또는 일치점이 있고, 신체의 선은 아름다움, 건강, 힘, 쾌락 등으로 분류할 수 있으며, 거의 모든 질병은 적당한 운동으로 예방할 수 있다"고 하였다. 그리고 "운동 기술을 이용하려면 충분한 연습이 필요하지만 과도한 운동은 보수를 목적으로 한 헛수고에 지나지 않는다."고 하였다.

② 말커스터: 말커스터는 영국 머천트 테일러교(Merchant Taylor's school)와 세인트폴교(St. Paul's school)의 교장을 지냈다. 그는 "아동교육론(Positions Concerning Training up of Children)"의 부제에서 "기술을 이해하기 위해서 책을 읽듯이 건강을 증진시키기 위해 신체의 단련이 필요하다."고 기술했다. 그는 당대의 어느 누구보다 체육의 중요성을 강조한 교육자였다. 그는 청년들은 신속한 판단력을 키우는 지력의 증진 노력에 못지 않게 신체의 강도를 고려하는 노력도 기울여야 한다고 충고했다. 몸과 마음은 자체의 기능 발휘를 위해 상호 보완적인 관계에 있기 때문에 어느 한 쪽을 허약하게 두어 질병에 걸리도록 방치해서는 안 된다는 신념을 표출했다. 그리고 신체 운동은 군사적 목적이나 여가 선용을 위해서도 필요한 것이지만 건강 유지 수단으로서의 가치가 가장 높다고 평가하고, 많은 사람들은 건강한 몸을 가꾸지 못함으로써 그들의 잠재적인 능력을 충분히 계발하지 못하고 있음을 개탄했다. 그는 "아동교육론"에서 달리기, 도보, 펜싱, 무기의 사용법, 팽이치기, 뛰기, 수영, 승마, 사냥, 사격, 구기, 무용 등을 체육의 내용으로 설정하였다.

그는 고대 그리스와 로마의 운동 지도법을 공부한 뒤 이와 유사한 체육 계획을 제시하였는데, 운동복을 입고 운동을 할 때는 처음에는 서서히 시작한 뒤 점차 빠르기와 강도를 높이며, 마칠 때는 서서히 운동량을 감소시켜야 한다고 했으며, 적당한 운동 시간과 알맞은 운동량을 선택해야 하며, 교사는 어린이의 타고난 소질을 잘 파악하여 그 소질이 완벽하게 발휘되도록 하는 조력자임을 강조하였다. 이것은 현대 건강 운동의 원리 중 하나인 "점진성 원리"나 "개별성의 원리"를 제시한 것으로 볼 수 있다.

③ 코메니우스: 교육계의 천재였던 코메니우스는 시대를 초월하여 교육자들의 존경을 받았으며, 독일, 영국, 스웨덴, 폴란드, 네덜란드 등 여러 나라에 큰 영향을 미쳤다. 그는 체코어와 라틴어로 100권 이상의 책을 저술하였고, 언어교과서들은 널리 채택되었다. 그는 신체에 관심을 기울임으로써 영혼을 고상하게 만든다고 생각한 신학자였다. 그는 어린이의 놀이에 깊은 관심을 갖고, 놀이를 자연스런 교육과정으로 파악하였으며, 놀이를 통제하는 것은 몸과 마음의 조화로운 발달을 해치는 결과를 초래하게 된다고 말했다. 그리고 오락은 누구에게나 정서적 균형과 안정에 도움을 줄 것이라고 믿었다. 놀이를 통해 느끼는 행복한 마음과 획득되는 건강한 신체는 심신의 조화를 이룬 완전한 인간을 위해 필수적임을 강조한 것이다.

그는 신체 훈련을 건전한 정신 계발의 기초로 보았다. 그는 어린이들이 큰 아이들이나 어른들의 활동을 모방하며 즐거움을 느낄 때 그런 놀이의 참여를 격려하고 도와주어야 한다고 주장했다. 그는 아동의 성장 과정에 있어서 놀이의 중요성을 지적하며, 게임의 참여를 권장했던 것이다. 그는 또 교수 방법론도 제시하였다. 물론 그가 주장한 교육방법론이 직접적으로 체육활동을 겨냥한 것은 아니었다. 그러나 그의 주장은 체육에도 적용할 될 수 있는 의미 있는 것이었다. 첫째, 학습은 단순한 것에서 복잡한 것으로 진행 할 것. 둘째, 이미 알고 있는 것으로부터 아직 모르는 것으로 옮겨가는 학습 진행 방식을 택할 것. 셋째, 새로운 지식은 과거의 지식과 연결시켜가며 학습을 진행시킬 것. 넷째, 적절한 예를 들어가며 수업을 진행시킬 것. 다섯째, 설명은 간단명료하게 하되 유머를 잃지 않고 학습을 진행시킬 것.

체코슬로바키아의 학자 코메니우스의 교수 원칙은 지적교육의 견지에서 제시된 것이다. 그러나 그의 권고 중 많은 부분은 건강 교육이나 체육 학습에도 적용될 수 있는 성질의 원리였다.

2. 절대주의 시대의 체육·스포츠

1) 단련주의와 체육

17세기는 종교적, 세속적 혼돈 상태에서 이성과 권위, 자유와 전제 사이의 투쟁이 치열한 시대였으며, 교육에도 큰 변화가 일어났는데, 영국의 철학자, 존 로크(John Locke, 1632~1704)가 주도한 교육 사조가 "단련주의 교육(Educational Disciplinarianism)"이었다. 로크의 사상은 루소의 자연주의 사상과 함께 근대체육 형성에 직접적으로 영향을 미쳤다는 측면에서 역사적으로 큰 의의를 지닌다.

(1) 단련주의 체육의 목적

존 로크(John Locke)의 단련주의 교육에서 체육과 관련하여 가장 우선 시 한 것은 건강이었다. 로크는 신체적 건강이 교육의 기본이라 여겼으며, "건강이 우리의 업무와 행복에 얼마나 필수적인 것인지, 그리고 세상에 두각을 나타내려면 역경과 피로를 이겨낼 수 있는 강한 체력이 요구된다는 것은 너무나 명백하기 때문에 입증할 필요조차 없다"고 말했다. 그는 건강을 위하여 강인한 체력을 연마하고 건전한 생활 습관을 기르며, 레크리에이션 활동에 참여할 것을 권장했다. 그의 주장 가운데는 "군사적 의무를 다하기 위함"이라는 목표 개념도 포함되어 있었으나 특히 레크리에이션의 필요성을 강조하였다. 그는 자기 인생을 훌륭하게 가꾸어가기 위해서는 인생의 많은 부분을 레크리에이션에 할애해야 한다고 말하고, 그 이유를 피로회복에 두었다. 그는 자신의 저서 '인간오성론'에서 모든 관념은 감각(sensation)이나 반성(reflection)으로부터 나오는 것이라고 밝혔으며, 이와 함께 신체활동의 중요성도 강조했다. 결국 로크의 단련주의 체육의 목적은 각종 신체활동, 특히 레크리에이션을 통하여 건강한 신체와 정신을 육성하려는 데 두었다고 볼 수 있다.

(2) 단련주의 체육의 내용

체육의 내용으로 강조된 것은 레크리에이션을 비롯한 수영, 무용, 펜싱, 승마 등이었다. 당대 귀족주의 시대의 스포츠는 사교적 목적을 지향한 것이었으며, 귀족 가문의 청년들은 상류 사회의 생활에 필요한 신체적, 정신적 자질의 함양을 필요로 했다. 로크는 어린이는 가정교사에게 맡겨야 하되 가정교사는 지식과 폭넓은 교양을 갖추어야 한다고 피력했다. 그 자질 중에 수영, 무용, 펜싱, 승마를 포함시켰다. 수영은 건강에 큰 도움이 되고 생명을 구할 수도 있기 때문이라고 생각했으며, 승마는 전시와 평화시에 젊은이를 교육하는데 유용한 것으로 생각했다. 그러나 펜싱에 대해서는 두 가지 입장을 취하였다. 펜싱의 참다운 기술을 습득하기 위해서 하는 것은 좋으나 펜싱을 배운 젊은이들이 이따금 결투에 몰두하여 생명의 위험을 초래한다는 측면에서는 문제가 있다는 시각을 갖고 있었다.

(3) 단련주의 체육의 방법

로크가 제안한 체육의 방법은 습관을 통해 자연스럽게 운동을 하도록 하는 것이었다.

그는 훈련을 위한 훈련보다는 바람직한 습관을 기른다는 자세로 훈련에 임하는 것이 좋다는 입장을 취했다.

2) 자연주의와 체육

18세기부터 개인의 구속에 대한 철학적 반항과 비판이 뚜렷해진 계몽사상(啓蒙思想, Enlightenment)시대가 전개되었다. 그 사상적 기반은 17세기 합리주의와 로크의 철학사상, 그리고 뉴튼과 같은 과학자들의 우주관이었다. 프랑스에서 싹튼 이 사상은 유럽 전역에 영향을 미치게 되었다. 자연주의(Naturalism) 사상을 확산시킨 인물은 스위스 제네바 출신의 장 자크 루소(Jean Jacques Rousseau, 1712-1778)였다. 그의 교육사상은 『에밀(Emile, 1762)』을 통해 잘 나타나 있다. 그의 사상은 바세도우, 짤즈만과 같은 범애주의 교육자들에게 응용되고, 페스탈로찌 교육사상의 중핵을 이루게 됨으로써 18세기 후반 교육 및 체육의 변화에 큰 영향을 미쳤다는 측면에서 체육·스포츠사적으로 매우 중요한 의미를 지닌다.

(1) 자연주의 체육의 목적

자연주의 체육의 목적은 이상적인 국가를 건설을 위해 신체 훈련과 건전한 레크리에이션 활동을 통하여 국가에 충성심을 지닌 시민을 양성하는 것이었으며, 그러한 시민을 양성하기 위해 정신과 신체의 조화적인 발달을 추구하는 것이었다. 루소는 건강과 체육활동을 특히 강조하였다.

> 아주 소홀히 취급하는 일이 많지만 신체의 단련은 교육에 있어서 가장 중요한 부분의 하나이며, 아이들을 건강하고 튼튼하게 해줄 뿐만 아니라 더욱이 도덕적 효과도 지니기 때문인데, 일반적으로 신체적 단련은 무시되었으며, 어린이들은 잘못된 말로 현학적 지각 내용만을 수없이 가르쳐 왔다(Boyd, 1911: 141; Dalen, 1970: 182).

루소는 아동들이 인생의 충격적인 상황을 잘 이겨낼 수 있도록 건강한 신체를 발달시켜야 한다는 로크(J. Locke, 1632-1704)의 이론을 지지했다. 그것은 로크의 이론이 자연의 법칙과 일치된다고 보았기 때문이었다. 자연은 어린이들에게 온갖 어려움을 극복할 수 있는 가르침을 준다고 보았던 것이다. 루소는 신체와 정신의 관계를 명백히 했다. 그는 "신체활동이 정신 작용을 방해한다는 생각은 개탄할 만큼 잘못된 것(Rousseau,

1911: 145; Dalen, 1970: 189)"이라고 말하고, "사고력을 발달시키기 위해서는 지능의 도구인 우리의 팔과 다리, 감각, 그리고 우리의 신체 기관들을 활동시키지 않으면 안 된다. 그리고 이러한 도구들을 가장 잘 이용하기 위해서는 그 도구들을 지니고 있는 신체가 건강하고 튼튼하지 않으면 안 된다(Rousseau, 1911: 90; Dalen, 1970: 182)."라고 주장했다.

당시 많은 교육가들은 루소의 주장들을 무시했다. 그러나 그의 주장은 현대 체육의 목적 개념에 접근한 명쾌한 것이었으며, 19세기 근대체육의 발달에 큰 기여를 하게 되었다. 결국 자연주의적 체육의 목적 개념은 정신과 신체의 조화적인 발달이었던 것으로 볼 수 있다.

(2) 자연주의 체육의 내용과 방법

자연주의 체육의 방법도 아동중심, 개성존중, 생활중심, 활동중심의 방식이었다. 자연의 원리를 존중하는 입장이었기 때문에 모든 활동은 아동의 성장 단계와 능력에 따라 선정되었다. 그리고 교사는 항상 아동의 입장에서 조력자의 자세로 교육에 임했다.

자연주의 교육에서 지향한 체육의 내용은 루소의 『에밀』을 통해서 유추해 볼 수 있다. 『에밀』에 언급된 것은 달리기, 수영, 도약(점핑), 테니스, 당구, 양궁, 축구, 팽이치기, 돌던지기 등과 같은 체육활동과 공놀이를 비롯한 다양한 레크리에이션 활동이었다.[24]

(3) 자연주의 체육의 체육사적 의미

루소의 『정치론』은 근대 시민혁명에, 교육론은 근대 교육에 큰 영향을 미쳤다. 체육 분야 또한 예외가 아니었으며, 자연주의 교육사상의 체육·스포츠사적 의의는 크게 세 가지로 요약된다.

① 루소의 자연주의 교육사상은 근대체육교육의 발달의 밑거름이 되었다.

근대체육의 발달과 확산의 도화선이 된 것은 19세기 유럽의 국가주의 사상이었지만 체

24) 이것은 루소의 『에밀』이란 작품 속에 나오는 가상의 세계이다. 그러나 루소의 자연주의 사상은 범애주의 교육자 바세도우(J.B. Basedow)에게 영향을 미침으로써 구츠무츠로 이어져 체육의 체계가 확립되었다. 그러므로 넓은 의미에서 자연주의 체육의 내용은 바세도우가 실시한 펜싱, 승마, 무용, 뜀뛰기, 레슬링, 창던지기, 달리기, 굴렁쇠굴리기, 시소(seesaw), 테니스, 셔틀콕, 파이브즈, 사냥, 낚시, 등산, 보트타기. 뒤 토아가 실시한 썰매타기, 활쏘기, 행군, 경사 사다리 타기, 짤즈만이 실시한 장대높이뛰기, 줄넘기, 다트(dart), 구츠무츠가 실시한 체조 운동 등이라고 할 수 있다. 그러나 본 서에서는 자연주의와 범애주의를 구분하여 기술하기로 한다.

육이 교육 영역에서 위치를 확보할 수 있는 기초가 된 것은 범애주의 사상이었다. 바세도우(J.B. Basedow)와 시몽(J.F. Simmon), 뒤 토아(J. Du Toit), 짤즈만(C.G.S. Salzmann), 구츠무츠(J.F.C Guts Muths)로 이어지는 범애학교 교사들의 체육 체계가 근대체육 발달의 기반이 되었다. 그러나 범애주의 자체가 루소의 자연주의 사상을 토대로 한 것이기 때문에 근대체육 발달의 사상적 기초는 루소가 제공했기 때문에 자연주의 사상은 근대체육 발달의 토대가 되었다고 볼 수 있다.

② 체육교육의 심신 일체적 가치 개념을 명확히 정립해 주었다.

그리스 시대에도 심신의 조화적 발달이라는 이상적인 목적 개념을 바탕으로 체육이 실시되었다. 그리고 18세기 이전에도 많은 학자들이 체육의 필요성을 제기했지만 그들의 주장한 체육의 목표 개념에는 군사적인 목표 개념과 연계된 것이 많았고, 심신 이원론적인 인식이 깔려 있었다. 그러나 루소는 심동적, 정의적 영역의 목표 개념을 명확히 함으로써 체육의 교육적 가치에 대한 올바른 인식을 확산시키는데 기여했다.

③ 스포츠 교육의 가능성을 시사함으로써 학교교육에 놀이나 스포츠가 도입될 수 있는 여지를 넓혀주었다.

루소는 그의 교육론을 통해 수영·달리기와 같은 운동이 체력의 강화를 위해 필요하다는 입장을 취하면서도 테니스, 당구, 축구, 베틀도어(battledore), 셔틀콕(shuttlecock)[25] 등과 같은 스포츠를 통해 사회적 자질을 함양할 수 있다고 하였다. 이러한 그의 입장은 후일 학교체육 체계 속에 스포츠가 도입될 수 있는 여지를 넓혀 준 것으로 평가된다.

3) 범애주의와 체육

(1) 범애주의의 태동

18세기 중엽 독일의 이성주의적 계몽사상을 바탕으로 자연주의 교육사상을 실천에 옮긴 교육을 범애주의(the Philanthropium) 교육이라고 한다. 범애주의 교육이란 범애주의자(The Philanthropist) 바세도우(Johan Bernhard Basedow, 1723-1790)[26]가 학

25) 베틀도어와 셔틀콕은 영국에서 배드민턴이 조직화되기 이전 유럽에서 성행하던 것으로 코르크에 새털을 꽂아 손바닥이나 판자로 치던 놀이였다. 오늘날 영국에서 조직화한 배드민턴의 기원은 이러한 놀이에서 유래했다는 설과 인도의 푸나 지방에서 성행하던 놀이에서 유래했다는 두 가지 설이 있다.

26) 범애주의는 바세도우라는 한 억지 이론가에 의해서 시작되었다. 그의 별명은 벤딧슈(Wendish: 벤드족)였고, 게르만과 슬라브의 혼혈이었던 것으로 알려져 있다. 그는 열성적인 전인교육의 옹호론자였던 것은 사실이지만 운동은 거의 하지 않고 끊임없이 담배를 피우고 많은 술을 마셨다고 한다 (McIntosh, 1979: 43-44).

교를 설립하고 그 이름을 범애학교라고 칭한 데서 유래한 것이며, 범애파의 사상을 범애주의라고 한다.

바세도우에게 가장 큰 영향을 준 인물은 루소였다. 1762년에 출판된 루소의 『에밀(Emile)』은 탄압으로 인하여 파리에서 출판되지 못하고 암스테르담에서 출판되었다. 『에밀』은 독일에서 아주 극찬을 받게 되었는데, 바세도우는 그 책을 보고 루소의 신념에 빠져버렸다. 그 신념이란 "인생을 지배할 만한 최고의 원리는 이성이 아니라 사랑(love)이라는 것이었다." 결국 범애주의 사상의 출현은 큰 범주에서 볼 때 계몽주의 사상을 기초로 한 자연주의 교육의 실천이며, 근대적 전인교육의 시작이라는 점에 큰 의미가 있다. 특히 근대 유럽 체조운동 발달의 기반이 되었다는 점에서 역사적으로 큰 의미를 지닌다.

(2) 범애주의 교육

범애주의은 인류애의 실현을 위해 종교의 차별은 물론 국민을 가리지 않고 민족을 초월하여 전 인류를 사랑하며 행복을 증진하는 것을 목적으로 삼았다. 구체적인 교육 목적은 공익에 봉사하고 애국적이며, 행복한 생활을 할 수 있는 어린이가 되게 하는 것이었다. 각 개인은 공공의 복리를 위하여 이바지 할 때 행복한 인간이 된다고 보았다(임창재, 1999: 131). 창시자는 바세도우이며, 그는 『범애주의자와 자산가에 대한 호소(Apeal to Philanthropists and Men of Means)』라는 저서를 통해 아동의 자연적인 발달을 존중하는 교육 형식을 주장했다.

(3) 범애주의 체육의 목적

범애주의 체육은 주소의 자연주의 사상을 토대로 한 것이며, 인류애의 실현과 행복한 생활을 준비하는데 있었으며, 구체적으로 자연적인 신체 훈련을 통해 늠름함·체력·용기·기력 등을 함양하여 신체적, 정신적으로 조화를 이룬 인간의 육성에 그 목적이 있었다.

(4) 범애주의 체육의 내용

범애주의 체육의 프로그램은 자연주의 사상에 입각하여 선택된 것으로 매우 다양했다. 바세도우와 짤즈만이 세운 범애학교 교육과정에 등장하는 체육 프로그램은 달리기, 나무타기, 달리기, 썰매타기, 고리돌리기, 굴렁쇠굴리기, 시이소 등을 비롯하여 행진, 하이킹, 수영, 돌던지기, 멀리뛰기, 평형운동·사다리나 밧줄 타고 오르기, 중량들기, 중량운반, 스킵운동(skipping), 무용, 도보, 레슬링, 양궁, 사격, 등반 등이었다.

(5) 범애주의 체육의 계승과 구츠무츠

루소의 『에밀』은 프랑스보다는 독일에 더 큰 영향을 미쳤으며, 그 결과가 범애주의의 출현이다. 루소의 영향을 받은 바세도우[27]는 1768년 루소의 이념을 실천할 수 있는 학교의 설립 계획을 수립했고, 뎃소(Dessau)의 왕자 프란츠(Leopold Franz)가 그 계획을 왕자의 영지 내에서 실행에 옮기도록 도와줌으로써 1774년 뎃소에 범애학교가 설립되었다.[28] 범애학교의 개교는 1774년이었으며,[29] 범애학교의 체육은 시몬(Johann Friedrich Simon)과 뒤 토아(Johann Jakob Du Toit)라는 교사에 의해 지도되었다. 그러나 범애학교는 15년간 유지되다가 1793년 결국 폐쇄되어 버렸다.

바세도우의 범애학교가 폐교되자 그 학교의 직원으로 근무했던 짤즈만(Salzman)이 바세도우의 범애학교를 모방하여 쉬네펜탈(Schnepfenthal)에 또 다른 학교를 설립하게 되었다. 슈넷펜탈 범애학교의 개설은 짤즈만에게 있어서도 하나의 도박이었다. 처음에는 학생이 단지 5명뿐이었고, 그 중 4명은 자신의 자녀들이었기 때문이다. 그러나 학생수가 점점 증가했고 범애학교의 체육 프로그램도 계승되었다.

초창기 체육관련 프로그램은 앙드레(Christian Andre)라는 교사가 맡다가 구츠무츠(GutsMuths)에게 직무가 이관되었다. 구츠무츠는 짤즈만에게 강한 인상을 심어준 결과 교사가 되어줄 것을 요청 받게 되었다. 처음에는 지리와 프랑스어를 가르치기 위해서 채용되었으나 곧 체육교과를 이어받게 되었다.

구츠무츠는 짤즈만이 뎃소에서 얻었던 경험을 토대로 열심히 가르치면서 정열과 영감을 쏟아 부어 그 때까지 학교생활에 알려진 바를 가장 풍부한 체육체계로 확립해 가게 되었다. 그는 자신의 체육체계를 『청소년을 위한 체육(Gymnastics for Youth, 1792)』[30], 『게임론(Games, Spiele 1796)』그리고 『수영기법(The Art of Swimming,1798)』[31]이라

---

27) 바세도우는 이 때 이미 교육 경험이 많았다고 한다. 가발 제조인의 아들로 태어난 그는 고향 함부르크에서 학교를 다녔고, 후에는 라이프찌히(Leibzig)에서 신학을 공부하였으며, 후일 덴마크의 귀족학교(Ritteracademy)에 있었다. 그 학교에는 이미 문학을 가르치는 교사뿐 아니라 승마·댄싱·체조 및 여러 구기운동 등을 가르치는 교사를 채용하고 있었다. 그는 그 경험을 기초로 학교를 세우기 위해 『가족과 국가에 대한 부모님의 방법에 관한 책(The Book of Method for Fathers and Mothers of Families and Nations)』을 쓰며, 교육 계획을 세우고 있었다. Ellen W. Gerber, op.cit., p. 83.

28) 프란츠 왕자의 도움으로 설립된 이 학교는 후일 뎃소사범학교(Dessau Educational Institute)로 알려지게 되었다.

29) 개교 1년이 지난 후 학생의 수는 바세도우의 딸을 포함하여 15명이었으나 그 명성이 알려지면서 유럽 전역에서 학생들이 모여들어 1781-1784년까지 53명의 학생들이 재학했다.

30) 독어로 Gymnastik fur die Jugend

는 세 권의 대표적인 저서를 통해 밝히고 있다.

『청소년을 위한 체육』의 제1부에서 그는 체육의 필요성과 목표를 설명하고 있다. 그의 주장이 새로운 것은 아니었으며, 범애주의 운동을 일으킨 사람들의 사상적 흐름에 흥미를 혼합한 것이었다. 그는 전통적인 교육은 인간이 마치 신체를 소유하지 않은 것처럼 지력의 함양에만 주력했다고 비판하고 『에밀』을 참고로 하여 루소가 말했던 당당한 야만인의 모습을 그렸다. 그는 인류는 문명이 인류를 타락시키기 이전부터 지구 위를 걷고 있었다는 생각을 토대로 고상한 야만인의 모습을 그렸다. 그는 선조들이 "신체적인 건강과 정신적 미숙"이라는 두 관계를 균형적으로 판단하지 못했다고 주장하며, 심신의 상관성을 강조했다. 그는 당대의 사람들이 반대의 극점에 도달해 버렸다고 비판했다. 그것은 허약함과 지나친 섬세함은 지적 문화와 깊은 관련이 있음을 발견했기 때문이었다고 한다. 그는 우리의 (교육) 목적은 마음(또는 감정, heart)과 옛 게르만의 미덕인 신체적인 늠름함, 체력, 용기, 기력 등이 결합된 인간의 육성에 있다고 보고, 체육의 진정한 길은 정신적인 것과 신체적인 것의 조화로 파악했다. 그는 이 조화를 일련의 병치(apposition)로 예시했다(하남길·권판근 역, 1977: 91).

① 신체적 건강(bodily health)—마음의 동요 없는 쾌활함(untroubled gaiety of mind).
② 단련(Hardening)—남성다운 정신(manly spirit)
③ 체력과 기술(strength and skill)—정신과 용기(presence of mind and courage)
④ 신체활동(bodily activity)—정신 활동(mental activity)
⑤ 훌륭한 신체적 발달(Good bodily development)—정신적 아름다움(spiritual beauty)
⑥ 예리한 감각(Keenness of the senses)—예리한 정신(Keenness of the mind)

그는 "신체에 운동을 가하라. 우리는 운동 없이는 사고도 할 수 없으며, 또한 의지는 도덕성(유지)에 있어서 결정적인 요소다(하남길·권판근 역, 1977: 91)."라고 밝히고 있다. 그는 올바른 의지란 마음과 감각의 건강한 기능에 따른 올바른 인식에 의존한다는 합리주의자의 견해를 취하고 있다. 의지는 바른 것이어야 하되 강해야 하며, 의지력은 신체적 조건, 즉 강하고 튼튼하며 숙련된 움직임에 의존하고 있다. 그러한 경우에만 의지는 효과적이다. "한 마디로 우리의 도덕적인 건강과 힘은 흔히 신체적인 건강과 힘의 결과로 나타난다(하남길·권판근 역, 1977: 91)." 그는 자신의 주장으로 누구나 도덕성과 체육의 관

31) 독어로 Die Schwikunst.

계를 분명히 받아들일 수 있을 것으로 믿었다.

『청소년을 위한 체육』의 제2부에는 "체조(체육)"를 구성하고 있는 모든 활동에 관하여 기술되어 있다. 그는 체조(Gymnastics)란 말은 넓은 의미로 해석해서 달리기를 포함하여 뜀뛰기(jumping), 던지기, 레슬링, 등반, 평행운동, 중량들기, 중량운반, 스킵운동(skipping), 무용, 도보, 그리고 군사훈련 등으로 이해하고 있었다. 『청소년을 위한 체육』의 제3부에서는 그가 생각하는 체육의 체계 속에 포함된 운동에 대하여 다루고 있다. 그러나 그는 목욕과 수영, 책의 낭독, 소방 훈련, 오감(五感)훈련, 수세공(hand work)등은 체조의 범주에 넣지 않았다.

구츠무츠의 두 번째 저서 『신체 및 정신운동과 레크리에이션을 위한 게임론』[32]은 쉴러(Schiller)의 미적 교육론에 입각하여 쓰여졌다. 쉴러는 "미래의 자유스런 국가는 유희 본능, 또는 목적이 없고 비이성적이면서도 중요한 그 무엇에 의하여 길러진 정신적, 감각적 성질이 같은 인간에 의해서 만이 창조되어질 수 있다고 말했다." 결론적으로 말하면 "인간은 완전히 인간일 때만이 놀고, 놀 때만이 완전한 인간이다(하남길·권판근 역, 1977: 91)."라고 밝혔던 것이다.

구츠무츠는 아이들은 친구들과 게임을 즐길 때가 어른들과 게임을 할 때보다 더욱 자발적으로 행동하게 되고, 아이로서의 참된 성질을 나타나게 된다고 써 두고 있다. 그는 게임을 인간 생활의 소우주라고 부르고, 그러한 측면에서 아이들이란 흐르는 강물로 인하여 둥글게 된 작은 돌과 같이, 소우주 속에서 마찰을 통해 윤이 나는 존재로 성장한다고 보았다. 19세기 모든 영국 퍼블릭 스쿨의 게임 철학을 이 문장을 통해서도 엿볼 수 있다.

구츠무츠가 체육에 관하여 집필한 제3의 중요한 저서는 수영 기술에 관한 입문서로서 매우 주목할 만한 이야기가 포함되어 있다. "수영은 교육의 중요한 부분이 되어야 한다. 지금까지 익사하는 일이 흔했는데 그것은 수영 교육이 널리 행하여지지 않았기 때문이다."라고 밝혔다.

구츠무츠는 그의 만년에 애국 운동의 큰 흐름에 휩쓸려 군사훈련으로서의 체조에 관한 어떤 책을 저술하게 되었는데, 그것은 구츠무츠로서는 매우 분개할 만한 결과로 이어졌다. 얀(Jahn)이 그 체조를 받아들여 다시 투르넨(Turnen)이라고 명명한 다음, 그것을 정치성이 강한 국민적 체조 운동의 기초로 삼아 버린 것이다. 그러나 그의 창조적인 활동기를 지배하고 또한 분발의 촉진제가 되기도 했던 그의 교육적 이상은 체육을 신체적·정

32) Games for the Exercise and Recreation of the Body and Mind, for Young People, their Educations and all Friends of Innocent Youthful Joys.

신적 균형을 이룬 인간상의 구현과 연계된 것으로 근대적인 체육에 명확한 이념적 틀을 제공하게 되었다.

(6) 범애주의 체육의 체육사적 의미

범애주의 교육자들이 학교에서 실시한 운동들은 대부분 자연적인 물체를 사용한 것이며, 주로 옥외에서 실시하는 종목이었다. 이것은 바로 루소의 자연주의 철학과 일치하는 것이다.

바세도우가 세운 뎃소의 범애학교는 비록 짧은 기간 동안 존속하였지만 그 학교의 체육체계가 미친 영향은 지대한 것이었다. 교육적 이상과 실험에 대한 관심은 유럽전역에 퍼져나갔으며 특히 독일은 그 선두 위치에 있게 되었다. 바세도우를 이은 짤즈만이 쉬넵펜탈교육대학((Schnepfenthal Education Institute)을 세웠고, 구츠무츠가 근대체육의 체계를 더욱 굳건히 함으로써 내적으로는 독일 체조운동으로 이어졌으며, 외적으로는 독일의 범애주의 체육 체계가 국가주의 사상과 결속되어 전 세계로 확산되었다. 그것은 19세기 이전의 체육 사상과 자연주의 체육 사상을 통합하여 근대체육의 토대를 마련한 것으로 체육사적 대 전환을 의미했다.

3. 르네상스 및 근대 초기의 스포츠

인문주의 사상이 대두되던 르네상스 시대의 체육활동은 학교의 조직적인 교육 수단이기보다는 학생들이나 상류계층의 여가 활동과 연장선상에서 장려·발달되었다. 학생들은 종종 각종 게임과 운동에 참가했지만 수업 시간이 아닌 자유시간이나 휴일에 참가했고, 왕실이나 귀족 사회에서는 그들의 여가를 즐기기 위해 스포츠 활동을 선호했다.

르네상스 시대에 체육이 교육의 수단으로서 학교에 정식 과목으로 편성된 것은 아니었다. 하지만 군사적 훈련이나 여가 활동의 일환으로써 중세 사회보다는 매우 급속히 발달되었데, 양궁, 펜싱, 골프, 테니스, 투계(鬪鷄), 곰몰이, 무용 등은 대표적인 스포츠나 신체적 유희였다.

1) 궁정 및 귀족 스포츠의 발달

르네상스 시대의 스포츠나 각종 게임 활동은 궁정과 길드의 후원을 받았다. 예를 들어 영국의 헨리 8세는 1529년에 햄프턴 궁전(Hampton Court)에 테니스 궁전(tennis court)을 건립했으며, 세인트 제임스 필드(St. James Field)에 왕립 투계장(royal cockpit)을 짓고, 화이트홀(Whitehall)에는 볼링장(bowling alleys)을 만들었다. 그리고 펜싱, 승마, 사냥을 배우기 위해 이탈리아인 교관을 초빙하기도 했다(Strutt, 1850: 19-20).[33] 이처럼 왕실에서 스포츠를 장려함으로써 왕실과 귀족 사회를 중심으로 각종 스포츠와 게임이 확산되었으며, 그 대표적인 것으로 사냥, 테니스, 골프 등을 들 수 있다.

(1) 테니스

테니스는 15-16세기에 유행했다. 라켓 내지 배트 대신 손바닥으로 치는 볼 게임의 형태로 발달되었으며, 주로 모발을 넣어 만든 공을 사용했다. 테니스를 즐기는 사람들은 허풍을 떨며 내기에 열중했다. 테니스는 왕실과 귀족 사회를 중심으로 발달되었는데, 프랑스에서는 대부분의 도시에 테니스 코트가 있을 정도였고, 영국에서도 왕실과 귀족 사회를 중심으로 발달되었다. 1541년 영국에서는 양궁의 훈련을 위해 서민들의 테니스 참여를 불법으로 다스리기도 했으나 궁정과 상류계급의 생활 속에서 매우 유행했다.

(2) 골프

골프에 대한 기록은 문헌에 따라 다르지만 일반적으로 그 기원은 네덜란드에 있는 것으로 인정하고 있다. 그러나 골프의 조직화는 스코틀랜드에서 시작되었으며, 스코트랜드의 제임스 4세가 잉글랜드와 스코틀랜드가 통합된 영국의 왕 제임스 1세로 등극하면서 스코틀랜드의 골프는 잉글랜드로 확산된 뒤 전 세계로 보급되었다. 현재 영국 왕립 골프 박물관이 있는 스코틀랜드의 유명한 세인트 앤드류(St. Andrews) 골프 클럽은 1552년에 창립되었다.

2) 무예 스포츠의 발달

(1) 펜싱의 발달

펜싱은 유럽 전역에서 매우 인기 있는 스포츠가 되어 많은 펜싱 학교들이 생겨났으며, 펜싱 애호가들이 사교펜싱조합을 결성하기도 했다. 1480년 독일에서는 펜싱협회가 결성되었으며, 16세기 전반 영국에서는 "검술교사(Master of the Noble Science of Defence)"라는 길드가 결성되었다. 그리고 프랑스에서는 1570년 펜싱 교사의 협회의 "검술학원(Academie d'Armes)"이 설립되어 헨리 3세의 승인을 받았다.

33) 르네상스 시대 영국의 스포츠의 발달 양상에 관한 상세한 것은 하남길, 영국 엘리트 교육과 애슬레티시즘(서울: 21세기교육사, 1996), 제2장 참조.

펜싱이 발달하게 된 것은 새로운 전쟁 화기가 소개되면서 병사들이 무거운 갑옷이나 투구, 길고 무거운 검을 버리고, 가벼운 검을 이용하게 되었음을 의미한다. 펜싱이 발달하면서 젊은이들 사이에는 결투가 증가했고, 그에 따라 자연히 펜싱 학원이 급속히 늘어나게 되었다. 아스컴의 『톡소필러스(Toxophilus)』에도 당시 수많은 검술서가 발간된 사실을 기록되어 있다.

(2) 양궁의 발달

양궁은 전쟁의 수단으로서 중요성이 증가된 15~16세기경에 스포츠나 군사훈련으로 성행했다. 영국의 경우 헨리 8세는 국민들에게 궁술 훈련을 의무화했으며, 애스컴은 그의 저서 『톡소필러스(Toxophilus)』를 통해 궁술의 가치와 기술을 상세히 저술하였다. 그러나 화약 무기가 발명되자 양궁은 스포츠로 남았을 뿐 그 군사적 중요성은 점차 소멸되었다.

3) 유혈 스포츠의 발달

동물의 학대로 상징되는 유혈 스포츠가 성행했다. 투계(cockfighting)는 매우 역사가 깊은 스포츠였다. 특히 영국의 투계는 유명했다. 12세기경 영국의 왕족들은 이 유희를 매우 즐겼다. 헨리 8세는 최초의 왕립 투계장을 건립했고, 찰스 1세(Charles Ⅰ, 1625~1649) 치세에서는 절정을 이루었다. 골몰이(bear-baiting)나 소몰이(bull-baiting)는 여러 마리의 개를 한 마리의 곰이나 황소를 공격하도록 하는 놀이로 동물 학대를 통해 인간의 투쟁적 욕구를 충족하는 가학성애적 유희였다. 이 놀이는 고대 로마의 유혈 스포츠 전통이 유럽과 영국으로 전해진 것이며, 특히 튜터 시대의 영국에서는 가장 인기 있는 스포츠로 통했다. 실제 1835년까지 불법적인 유희로 분류되어 있었으나 지배 계급에서 공공연히 후원을 함으로써 하층계급의 가장 인기 있는 스포츠가 되었다.

4) 무용의 발달

무용 또한 귀부인들의 사교 생활이나 종교적 의식과 연관되어 발달했다. 사치스런 축연, 가장무도회, 등은 귀부인의 사교 생활 중 하이라이트였다. 그리고 흑사병이 유행하던 시대에는 죽음을 애도하는 사무(Dance of Death)가 인기였는데, 이 춤은 가면을 쓰기도 하고, 해골 같은 모습이나 다양한 사회 계급을 나타내는 복장으로 갖춘 채 연기되기도 했다. 그러나 무용은 유럽 각 지역마다 다른 형태로 발달되었으며, 그 중 발레는 르네상스 댄스의 꽃이었다.

Ⅳ. 근·현대 체육과 스포츠

18세기부터 19세기 초에 걸쳐 유럽은 격동적인 변화, 즉 혁명의 시기를 맞았다. 낡은 체제가 붕괴되고 새로운 시민 사회의 기반이 구축되기 시작했다. 미국의 독립운동과 프랑스 대혁명으로 대표되는 시민혁명은 낡은 절대주의 체제를 타파하고 봉건적 잔재를 일소함으로써 자유로운 시민사회의 정치적 기반을 마련하게 되었으며, 다른 한편으로는 산업혁명과 자본주의의 동력은 길드를 중심으로 이루어졌던 낡은 생산양식에서 벗어나 비약적인 산업의 발달을 이룩하게 되었다. 체육·스포츠도 19세기의 정치·사회·문화·교육의 발달과 연장선상에서 발달되기 시작했는데, 그 배경은 크게 세 가지 측면으로 볼 수 있다.

첫째, 18세기 자연주의와 자유주의 사상이 근대체육의 발달의 기초를 마련한 것이다. 루소의 자연주의 교육과 자연주의 사상을 실천한 범애주의 교육자들이 체육의 체계를 확립함으로서 근대체육 발달의 토대가 마련되었다.

둘째, 19세기 "국가주의 (또는 민족주의)"[34]와 제국주의 사상의 팽배로 인해 학교체육이 발달된 것이다. 프랑스 혁명과 나폴레옹의 침략 정책으로 19세기 유럽사에서 국가주의나 민족주의가 중요한 사조로 등장했다. 나폴레옹의 침략 정책은 유럽 여러 나라의 민족주의·국가주의 정서를 자극했고, 그 정서는 부강한 국가 건설을 위해 체력의 단련과 국민성의 강화를 목적으로 한 체육교육의 강조로 이어졌다. 그리고 19세기 후반 각국의 제국주의적 팽창은 국제적 긴장을 고조시켰으며, 유럽 열강의 이해관계 충돌은 20세기에 들어 큰 전쟁으로 이어졌는데, 제국주의의 팽창과 전쟁 또한 체육의 발달에 큰 영향을 미치게 되었다.

셋째, 과학의 발달과 산업혁명으로 인한 사회·경제적 변화가 스포츠의 조직화와 확산

34) 국가주의란 국가를 인간 최고의 조직체라고 생각하고, 국가 권력이 사회 생활의 모든 영역에서 통제력을 발휘하는 것을 인정하는 입장이다. 민족주의는 민족의 독립이나 통일, 또는 우월성을 내세우는 사상이나 운동. 분열되어 있는 민족의 정치적 통일을 목표로 하는 형태와 외국의 지배로부터 해방·독립을 목표로 하는 형태가 있다(金敏洙 편, 1995: 287, 949). 그러나 영어로 표현하면 국가주의나 민족주의나 모두 Nationalism으로 표현된다. 동일 민족국가인가 아닌가에 따라서 두 어휘의 개념은 다를 수 있으나 서양사에서는 혼용되고 있다.

에 큰 영향을 미친 것이다. 과학의 발달과 산업혁명은 새로운 기계의 발명, 교통의 발달, 생산력의 증대, 사회계층 구조의 변화 등의 변화를 몰고 왔으며, 이러한 변화는 대중 스포츠 문화의 확산으로 이어졌다. 특히 교통의 발달은 갹종 운동경기의 교류를 원활히 하는 계기가 되었다. 그리고 무역과 상업의 발달로 인한 신흥 부르주아 계층의 증대는 귀족들의 전유물로 여겨졌던 스포츠 문화를 자신들의 여가문화로 받아들이게 됨으로서 스포츠가 중산계층으로 확산되었다.

1. 영국의 체육·스포츠

1) 퍼블릭 스쿨의 스포츠 교육

(1) 스포츠의 도입 배경

유럽의 다른 나라와는 달리 영국에서는 일찍이 독특한 스포츠 문화가 발달되었다. 19세기 초반부터 학교 운동장에 스포츠가 등장했다. 당시 학교 스포츠의 모습은 토마스 휴즈(Thomas Hughes)의 소설 『톰 브라운의 학교생활(Tom Brown's Schooldays)』[35]에 잘 나타나 있다. 초창기 스포츠의 모습은 미 조직화된 수준이었으나 19세기 중반부터 퍼블릭 스쿨(Public School)[36]과 옥스퍼드·캠브리지 대학(Oxbridge)을 중심으로 각 종 스포츠가 조직화(組織化)되기 시작했으며,[37] 스포츠 발달의 배경은 크게 세 가지 측면으로 요약된다.

① 학교체계 속의 스포츠 도입은 스포츠를 애호하던 영국 상류계급의 전통이 상류계층의 퍼블릭 스쿨(public School)이라는 사립교육체계로 이어지게 되었다. 19세기 이전부터 영국의 왕실과 상류계층에는 스포츠 애호 전통이 계속 이어져왔다. 그런데 퍼블릭 스쿨은 일부 귀족과 중산계급, 그리고 신흥 부르주아의 자제들이 수학(修學)하던 특수한 교육기관이었기 때문에 상류계급의 스포츠 애호 전통이 주로 그레이트 퍼블릭 스쿨(Great Public School)[38]을 중심으로 계승되었다.

---

35) 이 소설은 불어, 독어, 일어로 번역되었으며, 한국어 판은 토마스 휴즈 지음, 하남길 머스큐러 크리스천: 톰 브라운의 학창시절(서울: 21세기교육사, 1999)(상·하)로 출판되었다.

36) 영국 퍼블릭 스쿨을 우리나라 중등학교 교과서에까지 공립학교라고 번역하는 예가 많다. 퍼블릭 스쿨이라고 부르기는 했으나 19C 영국의 퍼블릭 스쿨은 일반 공립과 구별되는 사립체계의 특수한 중등교육기관이었다. 따라서 그냥 퍼블릭 스쿨로 적어야 옳다.

37) 영국 퍼블릭 스쿨과 옥스브리지의 스포츠 교육에 대한 상세한 것은 하남길·오동섭, 영국 엘리트교육과 애슬레티시즘(서울: 21세기교육사, 1996) 제3장 참조.

② 학교 체계에 스포츠 도입의 직접적인 배경은 스포츠를 학생 생활지도의 방편으로 생각했기 때문이다. 19세기 전반 영국 퍼블릭 스쿨의 교육은 사회적 변화에도 불구하고 라틴 및 그리스 고전(古典) 중심의 경직화된 교과과정을 유지하고 있었으며, 학생들은 그러한 교육의 틀 속에서 욕구의 분출구를 찾지 못하고 있었다. 그러한 상황에서 교사들은 각종 게임의 참여가 난폭한 학생들의 정서 순화에 도움이 되리라는 생각으로 스포츠를 도입하게 되었다.

③ 학교 체계의 스포츠 도입은 사회적 변화의 결과였다. 19세기 중반까지 영국 퍼블릭 스쿨의 교육과정은 고전(古典) 중심이었다. 그러나 서서히 교육 개혁에 대한 목소리가 높아졌으며, 시대에 맞는 새로운 교과과정으로 개편해야 한다는 사회적 분위기가 조성됨으로써 스포츠도 교육의 한 영역으로 자리를 잡게 되었다.

(2) 스포츠교육의 확산 과정

19세기 후반 영국 퍼블릭 스쿨의 교육 체계 속에서 스포츠 활동의 교육적 가치를 인정하고, 스포츠 활동을 애호·예찬·숭배하던 사조였던 애슬레티시즘(Athleticism) 영국 특수 교육체계였던 퍼블릭 스쿨 세계에서 하나의 교육 이데올로기로 성장했다. 1830년대부터 그레이트 퍼블릭 스쿨(Great Public School)을 중심으로 일기 시작한 운동경기 애호 열기는 점차 신흥 퍼블릭 스쿨로 확산되기 시작했고, 1850년대부터는 말보로우와 어핑엄을 필두로 여러 퍼블릭 스쿨로 확산되었다. 학교에서는 크리켓·조정·럭비·축구·파이브즈 등과 같은 게임을 교육의 필수적인 영역으로 인식하기 시작했다. 애슬레티시즘이란 스포츠 교육의 이데올로기가 전국의 퍼블릭 스쿨 체계 속에 팽배하게 된 가장 직접적인 이유는 퍼블릭 스쿨의 졸업생이 옥스브리지로 진학하고 옥스브리지의 졸업생들이 퍼블릭 스쿨의 교사로 부임하는 인적 자원의 순환적 인과성 때문이었다. 19세기 각종 스포츠가 가장 먼저 출현한 곳은 그레이트 퍼블릭 스쿨의 운동장이었다. 해로우·웨스트민스터·윈체스터·이튼·럭비 등과 같은 전통적인 엘리트 스쿨의 졸업생들은 대거 옥스브리지로 진학했고, 옥스브리지에서는 퍼블릭 스쿨마다 다르게 적용되던 스포츠 규칙을 통일시켰다. 그런데, 퍼블릭 스쿨의 교사는 옥스브리지 출신들이 독점하다시피 했기 때문에 그 과정에서 통일된

38) 그레이트 퍼블릭 스쿨(Great Public school)이란 1861년 왕립 위원회인 클라렌톤 위원회(또는 퍼블릭 스쿨 위원회)가 정한 이튼(Eton)·윈체스터(Winchester)·웨스터민스터(Westminster)·차트하우스(Chaterhouse)·세인트 폴스(St. Paul's)·머천트 테일러스(Merchant Taylor's)·해로우(Harrow)·럭비(Rugby)·시루즈베리(Shre wsbury) 등 가장 유명한 9개교를 말한다.

규칙이 전국적으로 확산되었던 것이다. 오늘날 영국 퍼블릭 스쿨과 옥스브리지를 현대 스포츠의 요람이라고 부르는 까닭도 여기에 있다.

(3) 스포츠 교육의 목적

19세기 영국 스포츠 교육의 목적은 애슬레티시즘(Athleticism)의 이념적 체계를 분석해 봄으로써 명백해 진다. 영국의 엘리트 교육에서 스포츠를 교육의 필수적인 분야로 생각하고 운동경기를 예찬함으로써 영국 스포츠의 조직화와 확산을 촉진했던 애슬레티시즘의 이념적 체계는 도덕적·종교적·정치적 목적에 토대를 둔 것이었으며, 그 목적은 다음과 같이 요약된다.

① 스포츠 활동을 통해 신사도(gentlemenship) 육성에 목적을 두었다. 즉, 스포츠 교육을 통해 윤리적 자질을 함양시키고자 했다. 신사도는 곧 중세 기사도 정신의 계승이었으며, 스포츠를 통해 학생들에게 페어플레이 정신, 스포츠맨십 등의 함양을 추구하였다.

② 스포츠 활동을 통해 강건한 기독교도(Muscular Christian)를 육성에 목적을 두었다. 강인한 체력을 기르고 남성다운 기상을 함양하려 했다.

③ 스포츠를 통해 제국주의적 충성심(Imperial Royalty), 단결심, 리더십 등의 강화·배양에 목적을 두었다.

애슬레티시즘은 한 마디로 운동경기에 강한 흥미를 갖고 참여하는 태도 또는 운동경기의 가치를 예찬하는 풍조였다. 19세기 중반부터 각종 게임은 교육에 있어서 중요한 영역의 하나로 인식되기 시작하여 보다 체계적인 지도가 이루어졌다. 교장, 교사, 기숙사감 등 교직자들은 프리펙트 시스템(prefect system)[39]나 모니터 시스템(monitor system)을 이용하여 학생들을 게임에 참여시켰으며, 스포츠 교육의 구체적인 목표 개념은 공명정대한 태도, 남성다움, 협동심, 통솔력, 진솔, 헌신, 정직, 강인한 의지력, 신체적 탁월성, 성실, 자기신뢰, 절제, 명예, 복종심, 강인한 체력, 스파르타적 근성, 희생정신, 단결 등이었다.

(4) 영국 스포츠 교육의 역사적 의의

퍼블릭 스쿨과 옥스브리지는 사회사적(社會史的)으로 볼 때 귀족 스포츠와 민중 스포츠를 통합하는 역할을 했다. 전통적으로 테니스와 같은 종목은 영국 왕과 귀족들의 전유물이었고, 축구와 같은 종목은 지배계급으로부터 시종 금지를 당하던 민중의 폭력적인 유

39) prefect는 감독생, fag는 상급생 프리펙트가 다루는 하급생으로 prefect fagging system은 상급생들이 하급생을 관리하던 퍼블릭 스쿨 기숙사의 조직체계.

희였다. 그러나 상류계급과 신흥 부르주아 자제들이 퍼블릭 스쿨에 함께 진학하게 됨으로써 옛 귀족 스포츠와 민중 스포츠를 중산계급 사회의 문화 또는 교육매체로 정착되시키는 결과를 낳게 되었으며, 그 체육사적 의의는 다음과 같이 요약될 수 있다.

① 학교에서 체계적인 스포츠 교육이 실시되는 계기를 마련했다. 19C 유럽 대륙에서는 체조 중심의 체육교육이 확산되고 있었다. 그러나 영국의 퍼블릭 스쿨과 옥스브리지에서는 각종 게임의 교육적 가치를 인정하고 교육 체계 속에 스포츠를 도입함으로써 학교에서 스포츠 교육이 실시되는 전기를 마련했다.

② 스포츠의 조직화(組織化)에 공헌했다. 19세기 이전에도 영국인의 스포츠 애호 전통은 계승되어져 왔으나 19세기 초엽까지만 해도 영국 스포츠는 태생적인 단계를 벗어나지 못한 미 조직화된 모습이었다. 그러나 퍼블릭 스쿨과 옥스브리지로 인해 많은 스포츠의 명확한 규칙이 제정되면서 점차 조직화되기 시작했다. 특히 옥스브리지에서는 1827년 크리켓 경기와 1829년 조정경기(boat race)를 시작한 이래 1900년까지 라켓, 육상, 럭비, 축구, 럭비, 골프, 폴로, 크로스, 컨트리, 론 테니스, 하키, 워터 폴로(water polo), 복싱, 펜싱, 수영, 아이스하키, 라크로스 등 29개 종목에 걸쳐 교환경기를 가짐으로써 각종 게임의 규칙이 통일되는 계기를 마련하게 되었다.

③ 체육교육에 새로운 이념과 목적 개념을 부여했다. 퍼블릭 스쿨과 옥스브리지에서는 1880년대까지 각종 스포츠 교육에 대한 이념적 체계화 작업이 완결했다. 즉, 애슬레티시즘이란는 교육 이데올로기를 탄생시켰으며, 각종 게임을 통해 남성다움·단결정신·페어플레이 정신·신사도·충성심 등과 같은 미덕을 함양한다는 목표 개념을 구체화함으로서 현대 체육의 정의적 목표 개념이 형성될 수 있는 계기를 마련했다.

2) 일반 공립학교의 체육과 체조의 발달

(1) 체육의 목적

19C 유럽에서는 나폴레옹 전쟁의 결과로 국가주의 사상이 유럽 전역으로 확산되었다. 따라서 체육의 목적은 국민의 단결력 강화, 애국심 고취, 군사체력의 육성에 초점이 맞추어져 있었으며, 영국도 예외일 수는 없었다.[40]

40) 많은 체육사 서적에는 영국 체육은 군사적 성격이 얕고 신사도를 함양하는 등 인격단련에 초점이 맞추어져 있었던 것으로 적고 있다. 그러나 이러한 시각은 이상주의적인 해석에만 치우친 것이며, 영국의 체육교육도 군사적, 제국주의적 성격을 띠고 발달되었다. 이러한 견해에 대한 상세한 것은 하남길, 영국 신사 스포츠와 제국주의(서울: 21세기교육사, 1996), 제4장 참조.

영국에서도 체조는 클리아스나 맥크라렌에 의해 군대에 처음 도입되었다. 웰링턴공(Duke of Arthur Wellesley Wellington)이 "워털루 전쟁의 승리는 이튼(Eton) 운동장에서 비롯되었다."[41] 라고 한 말은 그 진의가 의심스럽지만 그 말이 유명해진 것 자체가 19C 영국의 체육도 군사적인 준비와 무관하지 않았던 것임을 뜻하며, 19C 후반과 세계 1차대전기의 영국 학교운동장은 제국주의적 충섬심의 함양과 군사체력 강화와도 깊은 관계가 있었다.[42]

(2) 유럽 체조의 도입

① 독일 체조의 도입과 사관(士官)의 체육

퍼블릭 스쿨과 옥스브리지를 중심으로 조직화된 게임이 발달되고 있을 즈음, 다른 한편에서는 구츠무츠의 독일 체조가 영국에 소개되었다.[43] 영국에 독일 체조가 본격적으로 소개된 것은 1822년부터였다. 스위스 육군 장교로 구츠무츠의 제자이기도 했던 클리아스(P. H. Clias)가 영국 육·해군의 체조 담당관으로 임명되었으며, 영국 샌드허스트 왕립사관학교(Royal Military College, Sandhurst)를 비롯하여 모든 영국 사관학교 생도들이 그의 지도를 받게 되었다.

클리아스는 장교였고, 그의 임무는 군사훈련에 있었기 때문에 군사교련이라는 관점에서

41) The battle of Waterloo was won on the playing fields of Eton. 이 유명한 말은 이튼 스쿨을 졸업한 영국의 장군이자 수상(1928-30)을 지낸 웰링턴(1769-1853) 공작이 1951년 8월 14일 『더 타임즈』지에 보낸 편지 내용에 썼다고 한다. 그가 사망한 지 3년 후 Count Charles de Montalenbert가 『영국의 정치적 장래 (De l'avenir polique de L'Angleterre)』라는 책 속에 인용하면서 알려지게 되었다. 이 말은 이튼 스쿨 운동장에서 했던 체육활동이 워털루 전쟁 승리의 원동력이 되었다는 의미로 해석해 왔으나 현대 영국 스포츠 역사가들은 그 의미를 잘못 해석한 것으로 받아들인다. 예를 들어 맥인토시(Peter McIntosh)도 그의 저서 『Physical Education in England since 1900』의 서문에서 매우 의심스럽다고 밝히고 있다. 그것은 워털루 전쟁의 승리는 1815년이었으므로 웰링턴이 이튼스쿨에 재학할 당시 체육이나 조직적인 게임이 활성화되지 않았던 것으로 보기 때문이다.

42) 예를 들어, 19세기의 말에, 프랑스 교육자(Pere Didon)이 인도를 방문해서, "게임에서 지휘하는 것을 배운 소년이 인도 지방을 지배하는 원리를 배웠다."는 말이 스코틀랜드 왕립체육위원회(Royal Commission on Physical Training for Scotland)의 기록에 남아있다. Royal Commission on Physical Training for Scotland, 1903, Minute 9628.

43) 범애학교의 체육은 무용, 펜싱, 승마와 말(馬)에 뛰어오르기와 같은 "중세 기사 스타일의 운동을 기초로 했다. 그러나 그 뒤에 아이들에게 적당한 달리기, 뛰기, 레슬링, 평균대 운동과 테니스, 파이브스와 같은 구기, 시소 등, 스케이트, 수영, 경사 사다리, 등반운동, 매달리기, 학교 근교의 소풍(walking expedition)등이 첨가된 것이었다. 독일의 근대체육사에 관한 상세한 것은 F.E. Leonard and G. B. Affeleck, *A Guide to the History of Physical Education*(London: 1947), Chap. X를 참조.

체조교육이 실시되었다. 그는 "정렬(Fall in)", "정돈(Dress)", "주의집중(Attention)"과 같은 명령어를 사용했고, 제자리멀리뛰기(standing long jump)조차 구령에 맞추어 실시할 정도였다.

맥클라랜은 파리에 가서 펜싱, 체조, 의학을 공부한 뒤, 옥스퍼드에 정착해서 오리엘 랜(Oriel Lane)에 펜싱학교와 체조장을 열었다. 그는 체조에 대한 과학적 연구에 열을 올리며 영국 체육교육의 체계를 확립했다. 그는 특히 『체육의 체계: 그 이론과 실제(A system of physical Education, Theoretical and Practical)』이라는 저서를 통해 일반 교육에 있어서 체육의 위치를 분명히 했다. 그리고 인위적으로 고안된 체조의 한계를 지적하며, 건강을 위해 수영, 야외활동, 승마, 도보 등의 실시도 장했다.

② 스웨덴 체조의 도입

스웨덴 체조가 도입된 것은 1830년대 후반이었다. 스웨덴의 체조를 영국에 확산시키는데 큰 공헌을 한 사람은 게오르기와 로스였다. 그는 내과 의사로서 『청소년의 신체적 발달·강화를 위한 링 체계에 따른 운동(Movement Exercises according to Ling's System for the Development and Strengthening of the Human Body in Childhood and Youth)』이라는 책을 출판했다. 그리고 1853년 로스는 자신의 사고방식에 따른 체조를 실천에 옮기기 위해 연구소를 만들고 건강한 사람들의 주의를 끌기 위해 『링의 도수 체조(The Gymnastic Free Exercises of P. H. Ling)』라는 책을 출판했다(Hansard, 1851). 이 책을 통해 그는 해부학과 생리학 지식을 기초로 교육체조의 발전을 위한 운동을 전개했다.

(3) 학교체육의 발달 과정

① 운동경기대회의 발달

1885년 런던에는 『학교축구협회(London School Football Association)』가 탄생했고, 1888년, 런던의 교육관련 위원회는 "학교의 부속 운동장은 격렬한 스포츠, 체조, 교련 등의 클럽 결성을 위해 사용되어야 한다."는 결정을 하게되었다. 각종 체육활동이 조직화되고 축구, 크리켓, 육상, 수영 등과 같은 종목의 학교대항경기대회가 확산되기 시작했으며, 1899년에 교육부가 설립되었고, 초·중등교육의 포괄적인 조직화를 시도하는 과정에서 체육도 일반 공교육 체계 속에 교과목으로서의 위치를 확보하게 되었다.

〈표 Ⅳ-1〉. 옥스퍼드와 케임브리지 대학 종목별 최초의 운동경기 개최 연도

(Abrahams & Kerr 1931; Mangan, 1981: 125).

1825 - 50		1851 - 75		1876 - 1900		1901 - 25	
Cricket	1827	Racquets		Golf	1978	Gymnastics	1908
Boat race	1829	Doubles	1855	Polo	1878	Epee	1913
		Singles	1858	Cross country	1880	Winter	
		Tennis	1859	Lawn tennis	1881	sports	1922
		Steeple-		Hockey	1890	Table-	
		Chasing	1863	Water polo	1891	tennis	1923
		Athletics	1864	Bandy	1895	Squash	1925
		Rugby	1872	Skating	1895	Fives	1925
		Soccer	1874	Boxing	1897		
		Bicycling	1874	Fencing	1897		
				Swimming	1892		
				Ice hockey	1900		
				Lacrosse	1900		

② 교사 교육의 실시

신체훈련의 필요성에 대한 인식이 고조되면서 교육부는 교과에 관한 점검하고 의회에 교사 교육을 위한 체육 지도관의 필요성을 제기하자 그에 따른 조치가 있었다. 예를 들면 런던시회(L.C.C)는 최초로 젬 소령(Major A. H. Gem)을 등용했고, 교육위원회(Education Committee)는 5,000명의 초등교원을 위해 단기 연수과정을 개설하고 그 지도를 위해 남녀 각 5명의 교사를 임명했다. 그리고 패딩튼가(Paddington Street)에 있던 "중앙스웨덴체조전문학교(Central Institute of Swedish Gymnastics)를 매입하여 런던시립체육전문학교(L.C.C. College of Physical Education)"를 설립하였다.

③ 플레이 센터 운동(Play Center Movement)

런던의 플레이 센터 촉진운동은 1897년 험프리 워드(Mrs. Humphry Ward)에 의해 패스모어 에드워드 세틀먼트에(Passmore Edwards Settlement)에서 야간 게임 교실이 실시된 것이 시초였으며, 미국의 플레이 그라운드 운동에 영향을 받았다. 1917년까지 공공단체와 민간단체에서 설립한 플레이 센터가 각각 68개와 254개로 늘어났다.

④ 교육부의 체육 교수 요목 제정

1919년에 교육부는 『학교신체훈련요목(syllabus of physical Training for School)』을 공포했다. 그 내용은 초등학교의 신체활동에서 "노는시간(breaks)", "과외활동 종목(general activity exercises)", 게임 등을 상세히 다루고 있다.

⑤ 체육의 정식 교과 인정

2차 대전 이후 일어난 큰 변화 중 가장 큰 의미를 갖는 것은 체육이 학교 교과로서 인정받게 된 것이었다. 그러한 변화에 따라 보건영역에 소속되어 있던 체육시찰관(inspector of physical education) 직책이 교육부로 흡수되어 체육장학사가 되었으며, 체육은 전체 교육과정 속에서 공식적인 교과 영역의 하나가 되었다.

⑥ 학교 무용의 발달

무용이 신체적 단련의 가치가 있다는 판단아래 학교 교육 체계에 도입되었다. 20세기 초반에 학교 무용의 두 가지 유형은 아메리카 무용과 중앙 유럽의 현대 무용이었다.

미국에서는 이사도라 던컨(Isadora Duncan), 데니스(Ruth St. Denis), 테드 샤운(Ted Shawn)등이 고전적인 무용을 근대적인 표현방식으로 재창조했는데, 1939년의 영국의 『체육저널(Journal of Physical Education)』에서 이사도라 던컨의 작품에 대해 "현재 행해지고 있는 방식의 무용은 육체적으로나 기능적으로 뛰어난 전신 훈련이 된다(McIntosh, 1968: 259)"라고 밝혔다. 중앙유럽의 무용은 영국의 "링 체육조협회(the Ling Physical Education Association)" 회원들에 의해 도입되어 라반(Mr. Von Laban)과 울먼(Miss Ullman)의 공헌으로 학교에서도 확대 장려되었다(Ling Association Leaflet, 1941).

1946년부터 교육부가 여학교에 실험적으로 모던댄스를 실시하게 되었으며, 그 이후부터 체육 개념에 대한 새로운 개념 변화가 왔다. 그것은 체육이 신체적 단련만이 아니라 움직임(movement)에 대한 이해와 학습이라는 개념의 확대였다. 움직임이 체육을 평가하는 열쇠가 됨으로써 움직임의 예술(art of movement), 움직임의 트레이닝(movement training), 움직임의 교육(movement education)이라는 용어가 등장하게 되었다. 교육부는 1942년과 1953년에 『초등학교체육(Physical Education in the Primary School)』을 발행했는데, 그 내용에는 체조를 비롯한 신체 단련을 목표로 한 운동체계와 각종 게임에 움직임 교육이 포함됨으로써 학교체계 속에 무용도 체육교육의 한 분야로 자리를 잡게 되었다.

⑦ 야외활동의 활성화

전쟁 직후부터 게임과 스포츠 활동이 대단히 활발해졌고, 카누(canoeing), 범주(sailing), 등산(climbing)을 비롯하여 각종 모험적인 야외 활동(outdoor adventure)이 소개되기 시작했다. 1944년에 레크리에이션 신체훈련중앙평의회(Central Council of Recreative Physical Recreation)가 성립되었으며, 1950년대부터 1960년대에 이르기까지 여가 인구가 늘어나자 신체적 레크리에이션에 대한 태도 변화가 일어났다.

⑧ 카운티 배지 제도 시행

전쟁 초기에 국민 체력의 강화를 위해 시작된 운동 중 하나는 "카운티 배지(County badge)" 수여 제도였다. 이 제도는 독일의 나치 체제에서 학교의 진보적인 개선을 추구해 왔던 독일의 한(Kurt Hahn)에 의해 영국에서 시작되었다. 그는 스코틀랜드의 고든스토운(Gordonstoune)에서 유사한 계통의 학교를 대상으로 시작했는데, 달리기(running), 도약(jumping), 던지기(throwing), 수영(swimming)등의 기본적 신체적 자질을 기르는 운동과 함께 도덕적 자질의 함양을 위해 필요한 소규모의 탐험활동과 여러 가지 연구과제를 부과하고, 그것을 성취한 사람에게 배지를 주는 제도였다.

3) 레크리에이션 및 소년단 활동

19세기 후반 영국에서는 YMCA,[44] YWCA,[45]가 창립되었으며, 1908년 베이든-파웰(Sir Robert Baden-Powell)경이 청소년의 인격함양 및 사회봉사를 위한 보이스카웃(Boy Scouts)을 창립한데 이어 몇 년 뒤에는 소녀단(The Girl Guides)을 창립했으며, 그 외에도 영국 소년단(the Boy's Brigade)과 같은 여러 유형의 청소년 사회조직이 결성되었다. 1920년대에 접어들어 이러한 단체들의 활동이 활발해지면서 신체적 레크리에이션 프로그램도 계속 확대되는 결과를 낳았는데 그 대표적인 것은 다음과 같다.

---

44) 기독교청년회(Young Men's Christian Association): 1844년 런던이 히치콕 로저스 상점의 한 점원이었던 윌리엄스(J. Williams)가 12인의 청년과 함께 설립한 뒤 세계 전역으로 확대되어 1955년에 세계YMCA가 창립되었다.

45) 기독교여자청년회(Young Women's Christian Association): 1855년 E. 로버츠가 런던에서 기도인 연맹(prayer Union)을 조직한 것이 발단이었다는 기원설과 크림 전쟁에서 M. 키나드가 간호원 숙소를 세우고 YWCA라고 칭한 것이 기원이라는 설도 있다. 1877년 이 두 개의 단체가 합동으로 영국 YWCA를 발족하였으며, 그 이후 세계 각국으로 전파되어 1894년 세계 YWCA가 결성되었다.

(1) 전국 플레잉 필드협회(N.P.F.A)

경제 공황으로 인해 실업, 빈곤, 불만, 도덕성의 실추와 같은 사회적 문제가 발생하자 1925년 4월 한 기고가가 그런 사태에 대응하기 위해 플레잉 필드 운동의 중앙단체의 조직을 제안한 것을 계기로 그해 7월 운동장에 관심을 가진 사람들이 앨버트 홀(Albert Hall)에서 집회를 열고 요크 공작(Duke of York)을 회장으로 한 전국적인 조직을 만들게 되었다(Mess, 1947: 177). 그 후부터 전국 플레잉 필드협회는 각종 게임의 참여 기회를 확대함으로서 청소년의 선도와 건전한 레저 문화의 창달에 큰 역할을 담당하게 되었다.

(2) 유스 호스텔 협회

유스·호스텔 협회가 발족된 것은 1930년이었으며, 1928년까지에 2,187개의 "청소년 숙박업소(jugendherberger)"를 두었던 나치(Nazi) 이전의 독일로부터 유래한 것이었다. 그 목적은 청소년들이면 누구나 여행을 통해 자기 발견을 할 수 있도록 싼 숙박업소를 제공하여 숙박료의 장벽을 허물자는 것이었다. 1929~30년 사이의 영국은 "영국유스호스텔 협회(British Youth Hostels Association)의 설립을 결의했고, 1931년 말까지 73개의 호스텔에 1,526개의 베드를 갖추고 6,000명 이상의 회원을 확보하게 되었다(Coburn, 1950: 1, 17, 18).

(3) 보이스카웃

이 활동은 단원의 교육 수단으로 캠핑, 등산, 레크리에이션 게임 등을 채용함으로써 체육의 발달에 간접적인 영향을 미쳤기 때문에 체육사적으로도 큰 의미를 지닌다. 보이스카웃 운동은 베이든 포웰(Lord Baden-powell) 장군이 제창하였다. 그는 남아공화국 전쟁의 경험을 통해 규율 있는 사회와 진정한 애국자를 육성하는 데 소년 시절의 훈련이 필요하다는 것을 통감하고 1907년 20명의 소년을 모아 실험적으로 훈련을 실시하여 1908년 정식으로 발족시켰다. 단원은 초등학교 3-5년생은 커브(Cub), 중 3년생까지 보이스카웃(Boy Scouts), 15-18세 미만을 시니어 스카우트(Senior Scout), 18세 이상은 로버(Rover)라고 하며, 1개 반은 8명을 조직 단위로 정하게 되었다. 1920년 세계사무국이 창설되어 4년마다 잼버리, 2년마다 세계 회의를 개최하고 있다.[46]

46) 그가 이 운동을 착상하게 된 것은 1897년으로 "제5기병대(Dragon Guard)"를 보고 난 이후였다.

4) 영국 근대체육 사상

현대 사회에서 스포츠는 바람직한 인간 형성을 위한 교육의 중요한 수단이 되었다. 스포츠 교육의 기원은 영국의 교육에 있으며, 스포츠를 교육의 수단으로 채용했다는 것은 스포츠 활동을 통해 추구하는 이상(ideal), 즉 "모랠러티(morality)"가 있었음을 뜻하는 것이다. 근대 영국 스포츠 교육의 확산, 즉 애슬레티시즘(Athleticism)의 확산에 있어서 촉진제 역할을 한 사조는 "강건한 기독교주의(Muscular Christianity)"였으며, 강건한 기독교주의의 핵심적인 개념은 "남성다움(Manliness)"이었다. 이러한 모랠러티는 킹즐리에 의해 생성되었으며, 휴즈, 스티븐, 아놀드 등에 의해 확산됨으로써 교육체계 속에 스포츠가 더욱 위치를 확고히 하는 결과를 낳았다.

(1) 강건한 기독교주의

"강건한 기독교주의"[47]란 말은 1857년경 『옥스퍼드 영어사전(*Oxford English Dictionary*)』에 처음 등장했으며, 이 개념을 주창한 인물은 찰스 킹슬리(Charles Kingsley)였다.[48] 그는 강건한(근육적: Muscular)이란 말과 기독교도(Christian)란 신성한 말을 결합시킨 조어(造語)를 탄생시켰다. 킹슬리에 의하면 그것은 여성적 미덕을 찬양하지 않는 건강한, 남성다운 기독교인을 의미하는 것이었고(Dunae, 1975: 243), 강건한 기독교주의란 말은 남성다운 기독교주의와 같은 개념으로 사용하게 되었다.

(2) 강건한 기독교주의와 남성다움

강건한 기독교주의의 핵심적인 개념은 "남성다움(Manliness)"이었으며, 스포츠는 남성다운 자질의 함양을 위한 단련의 수단이었다. "남성다운(manly)"이란 형용사도 특수한 의미를 지니지 않은 일반적 낱말이다. 그럼에도 불구하고, 남성다움이란 말은 강건한 기독교주의란 의식의 상징적인 용어로 사용되었으며, 특히 청소년들과 관련하여 다양한 주제와 연결되어 설교나 잡지 내용에 등장했다. 그것은 예수의 훨씬 더 세속적인 이미지와

소년들에게 매력과 위엄을 주기 위하여 군대의 척후(斥候) 활동을 도입하고, 책임감, 모험심, 연대의식을 기르고 사회의 척후 역할을 수행한다는 뜻에서 보이 스카웃으로 명명하게 되었다. 1910년 그가 조직한 보이스카웃 운동이 점차 자생력을 갖고 확산되자 그는 그 일에 전념하기 위해 퇴역을 하게 되었다. E.E. Reynolds, Baden-Powell, O. U. P., (1942), p. 137.

47) 일부 서적에는 이 용어를 "건강 중심 기독교 주의"라고 번역한 경우도 있다.

48) 이 내용에 관한 상세한 것은 정의진·하남길, 스포츠와 모랠러티: 남성다움과 스포츠 교육, 한국체육학술대회발표논문집 (2001) 참조.

전투적인 용어가 기독교란 말과 결합된 것이다.

남성다움이란 영국의 기독교인들이 갖추어야 할 인격적 특징을 의미했다. 다양한 문헌에 나타난 "남성다움의 초상은 도덕성을 갖춘 강인하고 용감한 인간"이었다. 토마스 아놀드의 경우 남성다움의 특성으로 도덕적 절제력과 신사도의 개념을 더 강조했고, 킹즐리나 휴즈는 전사(戰士)다운 기풍을 더 강조했다. 그러나 19세기 후반에 확산된 남성다움의 유형은 킹즐리와 휴즈의 주장에 더 가까운 개념이었다. 킹즐리와 휴즈가 꿈꾸던 남성다운 기독교인의 유형은 힘, 용기, 대담성, 투지, 인내, 자제 등과 같은 자질을 갖춘 인물이었으며, 특히 전체를 위하여 자신을 희생할 수 있는 용기를 남성다운 기독교인의 가장 중요한 특질로 보았다.

결국 남성다움이란 튼튼한 신체, 강인한 정신력, 지고한 도덕성 등 다양한 자질을 갖춘 인격 특성을 상징하는 개념이었다. 그러나 그 중에서도 가장 핵심적인 개념은 전체를 위하여 자신을 희생할 수 있는 용기였고, 그것은 팀 스피리트(team spirit)란 개념을 가장 강하게 함축한 것이었다.

(3) 강건한 기독교주의자

19세기 영국 남성다운 기독교주의, 즉 남성다운 영국인을 양성해야 한다는 신념으로 "남성다움"이란 모랠러티를 영국 사회로 확산시키는데 있어서 가장 큰 공헌을 한 것으로 평가되는 대표적인 인물은 킹즐리(Charles Kingsley), 스티븐과 (Leslie Stephen)과 휴즈(Thomas Hughes), 아놀드(Thomas Arnold) 등이었다.

기독교사회주의 운동의 창시자이자 문인이었던 킹즐리는 강건한 기독교주의의 주창자였으며, 레슬리 스티븐(Leslie Stephen)[49]은 런던대학을 졸업하고 캠브리지 대학의 국교회 목사로 재직하면서 남성다운이란 모랠러티의 확산에 공헌했으며, 아놀드는 럭비 스쿨의 개혁적인 교장으로서 스포츠를 통한 남성다운 자질의 함양에 앞장섰다.

강건한 기독교주의 사상을 가장 널리 확산시킨 대표적인 인물은 휴즈(Thomas Hughes)였다. 변호사, 국회의원, 작가였던 그가 강건한 기독교주의 사상은 물론 학교 스포츠 발달에 공헌하게 된 것은 그의 소설 때문이었다. 그는 1857년에 출판한 『톰 브라운

49) 스티븐경(卿) (sir Leslie Stephen, 1832-1904)은 영국의 문학자·철학자·비평가였으며, 유명한 여류 소설가 버지니아 울프(Virginia Woolf)의 아버지였다. 그는 런던대학을 졸업하고 캠브리지에서 목사 생활을 하다가 후에는 전기(傳記) 작가로 활동했다. 그리고 1872-82까지 『pall Mall Gazette』와 『Cornhill Magazine』등의 편집장을 맡기도 했다. Magnus Magnusson (ed.) Chambers Biographical Dictionary (Edinburgh: 1990), p. 1393.

의 학창시절(*Tom Brown's Schooldays*)』[50]이라는 이 자서전적인 소설은 4월에 처음 출판되었고, 그 해가 끝나기 전에 5판을 찍어내는 베스트 셀러가 되었다. 그는 이 작품의 주인공 톰 브라운(Tom Brown)을 통해서 "남성다운 신사"의 유형을 창조했다. 독자들은 이 소설을 통해 휴즈가 남성다운 미덕을 함양할 수 있는 운동경기의 가치에 대한 신념이 최고조에 달해 있음을 보게 된다. 이 작품의 한 장(章)은 온통 럭비 스쿨의 축구 게임에 대한 이야기로 가득 차 있고, 다른 한 장은 크리켓 시합에 대한 이야기로 되어 있는데, 이 소설의 출판으로 인해 남성다움이란 모랠러티가 전국적으로 확산되고, 스포츠도 열기를 더해가게 됨으로써 휴즈는 강건한 기독교주의의 사도로 불리게 되었다.

(4) 스포츠 교육과 남성다움

빅토리아와 에드워드 시대의 영국 퍼블릭 스쿨에서 흔히 듣던 말이 있다. "생은 투쟁이다. 힘은 분투하는 과정을 통해 나오며, 성공은 강자의 특권이다(Life is conflict, strength comes through struggle and sucess is the prerogative of the strong) (Mangan & Walvin, 1987: 142-143)." 진화론적인 인식, 즉 적자생존의 원리를 강조했음을 시사하는 것이다. 수많은 국가로 형성된 영제국을 통치해야 했던 영국으로서는 제국을 유지하고 통솔할 지도자의 양성이 중요한 과제였고, 그들에게 요구되는 필수적인 자질은 용기·자제·엄숙·극기·정직·인내·강인함·리드십·단결심 등이었으며, 특히 팀 스피리트는 중요한 자질이었다. 따라서 각종 팀 게임(team game)을 교육의 수단으로 선택하고 그 활동을 강화한 것은 너무도 당연한 귀결이었다. 결국 강건한 기독교주의 사상의 중핵을 이루고 있던 남성다움(manliness)이란 모랠러티와 스포츠 활동의 결속은 필연적인 것이었으며, 결과적으로는 남성다움이란 모랠러티가 근대스포츠 교육의 촉진제 역할을 함으로써 19C 후반부터 스포츠는 학교 교육의 중요한 수단으로 등장했고, 이러한 경향이 전 세계, 특히 미국으로 확산됨으로써 오늘날 체육교육에서 스포츠가 중요한 교육 수단으로 자리잡게 되었다.

5) 영국 사회 스포츠의 발달

영국은 1900년까지 17개 종목에 걸쳐 전국적 통괄단체가 결성될 정도로 사회 스포츠가 발달되었다. 영국 사회 스포츠는 상류계급에서는 신사주의를 의미하는 아마추어리즘

---

50) 이 소설의 내용에 관한 상세한 것은 한국어판 『머스큐러 크리스천: 톰 브라운의 학창시절』(서울: 21세기교육사, 1999) 참조 바람.

(Amateurism), 노동계급에서는 전문직업주의를 의미하는 프로페셔널리즘(Professionalism)란 이데올로기를 토대로 사회 스포츠가 발달되었다.51)

(1) 상류 계급의 아마추어 스포츠

아마추어(Amateur)란 말이 현재와 비슷한 개념으로 쓰인 것은 19세기 말경이었으며, 19세기 중반까지도 아마추어라는 말은 일반화된 신사(gentleman)라는 말을 강조하기 위해 사용된 용어였다. 상류계층의 사람들은 하층 계급의 스포츠 참여를 제한한 채 스포츠를 즐겼으며, 신사계급을 중심으로 발달된 스포츠는 젠틀맨들의 전유물이었다. 흔히 "영국은 신사의 나라, 스포츠의 나라이다"라는 표현은 전 영국 국민이 일찍이 스포츠에 사회화되었으리라는 환상을 조장하는 말이다. 영국 젠틀맨 스포츠의 신사주의(아마추어리즘)는 계급적 배타성이 내재된 스포츠 이데올로기였으며, 상류 계급은 각종 스포츠 통괄단체를 결성하고 운영권을 장악했다. 그리고 각종 경기규정에 전문직종을 가진 노동자들의 참여 금지 조항을 두었다. 결국 아마추어리즘이란 상류층의 스포츠 추구 이념이자 독선적인 계급 이데올로기였으며, 영국의 스포츠는 아마추어리즘이라는 이데올로기를 배경으로 급속히 발달되었다.

(2) 노동계층의 프로페셔널 스포츠

스포츠(sport)란 사냥, 낚시 등 근원적으로 귀족의 여가문화에서 뿌리를 둔 것이며, 19세기 중반까지 스포츠는 상류계급의 전유물처럼 생각되었다. 그러나 19세기 후반부터 영국의 사회는 노동계급도 스포츠에 참여할 수 있는 여건이 조성되었다. 19세기 말 인구의 도시집중, 교통의 발달, 경제성장, 노동자들의 실질임금 상승, 여가 투쟁 결과 등으로 자본가들로 하여금 놀이하는 인간을 통해서도 돈을 벌 수 있다는 생각을 가능케 하는 여건이 조성되었다. 부르조아들은 재빠르게 운동장에 울타리를 치고 출입구를 만들어 출구에서 입장료를 받는 소위 "게이트머니 스포츠(gate-money sport) 시대"를 주도했고, 노동자 출신의 선수들 -특히 축구 선수- 은 경기에 참여하고 보수를 요구했다. 가난한 노동자들의 입장에서 보수의 지급은 정당한 것으로 여겨졌고, 아마추어리즘은 부유한 중산계급의 사치스런 이상으로 보았다. 프로페셔널리즘(professionalism)이란 말은 이 과정에서 출현했다.

---

51) 영국 사회 스포츠의 발달과 영국 스포츠의 세계화, 그리고 아마추어리즘과 프로페셔널리즘에 관한 상세한 것은 하남길, 영국 신사 스포츠와 제국주의(서울: 21세기교육사, 1995)를 참조.

노동자 계급을 중심으로 한 프로페셔널 스포츠가 등장하자 통괄단체들을 장악하고 있던 젠틀맨 아마추어들의 비판과 억압의 강도는 대단했다. 신사, 즉 아마추어들은 각종 스포츠협회를 장악하고 있었으나 결국은 프로를 수용하지 않을 수 없었기 때문에 노동계급의 스포츠시대, 즉 프로페셔널 스포츠시대가 열리게 되었다.

〈표 IV-2〉. 영국 스포츠 단체의 결성 연표(McIntosh, 1987: 63)

종 목	통 괄 단 체	년 도
경마(Horse race)	Jockey Club	1750
골프(Golf)	Royal and Ancient Golf Club	1754
크리켓(Cricket)	Marylebone Cricket Club	1788
등산(Mountaineering)	Alpine Club	1857
축구(Association Football)	Football Association	1863
육상(Athletics)	Amateur Athletic Club	1866
	Amateur Athletic Association	1880
수영(Swimming)	Amateur Metropolitan Swimming Association	1869
럭비풋볼(Rugby Football)	Rugby Football Union	1871
세일링(Sailing)	Yacht Racing Association	1875
사이클(Cycling)	Bicyclist' Union	1878
스케이팅(Skating)	National Skating Association	1879
조정(Rowing)	Metropolitan Rowing Association	1879
복 싱(Boxing)	Amateur Boxing Association	1884
하키(Hockey)	Hockey Association	1886
론 테니스(Lawn Tennis)	Lawn Tennis Association	1888
배드민턴(Badminton)	Badminton Association	1895
펜싱(Fencing)	Amateur Fencing Association	1898

6) 영국 스포츠의 세계화와 제국주의

다른 나라보다 일찍이 발달·조직화된 영국 스포츠 문화가 세계화된 것은 영국의 제국주의적 팽창 결과였다. 영국 스포츠가 세계로 전파된 것은 세 가지 양상을 나타냈다. 첫째는 자국에서 스스로 영국 스포츠 문화를 수용하는 양상, 둘째는 영국이 민화식민지 정책으로 식민지나 영연방에 그들의 스포츠 문화를 이식함으로써 수용하는 양상, 셋째는 영국의 선교사나 산업 기술자들로부터 자연스럽게 영국 스포츠를 수용하는 양상이었다.

첫 번째 양상은 프랑스와 독일의 예가 대표적이다. 1870년대 프랑스의 엘리트들은 그들의 "군사적인 패배"[52]에 큰 충격을 받고 영국의 교육제도에 대하여 관심을 갖기 시작했다. 영국이 팀 게임을 통해서 통치계급이 될 엘리트들에게 집단의 충성심을 길러 간다는 사실을 통해 그들도 단체경기를 통한 팀 스피리트(team spirit)의 함양에 대한 중요성을 인식하고 스포츠를 수용하게 되었다. 자유 귀족이었던 쿠베르탱(Pierre de Coubertin)이나 친영 상류계급이자 한 때 에딘버러(Edinburgh) 영사였던 생프케르(Georges de Saint-Cair)가 영국의 스포츠에 대하여 깊은 관심을 보였다. 특히 쿠베르탱은 1888년 5월부터 8월까지 영국 스포츠를 주제로 한 72편의 논설을 신문에 실었다(Holt, 1981: 62). 이러한 공론화 과정을 통해 영국의 스포츠는 프랑스의 교육체계 속에 도입되었다.

독일에서 스포츠란 말은 1828년 픽클러 무스카우 공작(Duke of Pücker-Muskau)에 의해 등장했다. 1870-80년대에 걸쳐 육상·축구·테니스·조정·수영 클럽 등이 독일 전역에 확산됨으로써 체조가(Turner)들을 당황하며 영국 스포츠의 도입을 극구 반대했다. 그러나 주로 영국인들에 의해 설립된 스포츠클럽은 독일 전역으로 확산되었다. 함부르크(Hamburg)·하이델베르크(Heidelberg)·프랑크프루트(Frankfurt)·칸슈타트(Cannstatt)의 영국 거류민단과 영국 학교에 의해서 럭비가 소개된 일, 1880년대 초 영국인들에 의해 바덴바덴(Baden-Baden)·프라이부르크(Freiburg)·바드 함부르크(Bad Hamburg) 등지에 설립된 테니스 클럽, 스코트 맥도넬(Scott Macdonnel)이 『독일 강 위에서의 캠프 여행』이라는 저서를 펴내고, 카누를 대중화시킨 일(1890), 최초의 하키 클럽을 베를린(Berlin)·함부르크·위스바덴(Wiesbaden)에 설립한 일 등이 그 예이다(MacIntosh, 1979: 50-51).

두 번째의 예는 영국의 식민지와 영연방의 경우이다. 영국은 19C 제국주의 시대의 선두 주자였고, 수많은 영토를 장악한 다음 그들의 문화를 그들의 식민지나 영연방(英聯邦)에 확산시키는 문화 제국주의 정책을 썼다. "영국의 스포츠는 약 100년 이상 제국을 하나로 결속시키는 역할을 했으며, 문화와 피부색이 다른 제국을 묶어 주는 밴드 구실을 했는데, 오늘날 영어·기독교, 영국 스포츠가 세계화된 것도 이러한 문화제국주의 정책의 결과로 볼 수 있다."[53]

52) 이 군사적인 패배는 1870-1871년 사이 프랑스, 프로이센 전쟁을 말함, 이 전쟁에서 프랑스는 패하여 알사스, 로렌 지방을 독일에 빼앗기고 전쟁 중 나폴레옹 3세는 퇴위하였으며, 제2 帝政도 붕괴되었다.

세 번째 예는 전 세계 여러 나라가 이 경우에 해당되며, 오늘날 축구가 가장 앞서 세계화 된 것도 선교사나 기술자들이 세계 곳곳으로 나갔기 때문이다. 19세기부터 영국인들은 유니언 잭(Union Jack)이 꽂히지 않은 세계 곳곳 안간 곳이 없었다. 상인·은행가·철도 및 광산 기술자·석유 탐사 기술자·목장 소유자·선교사·교사·항해사들은 전 세계에 나가서 경제적 이익을 추구해 갔으며, 그들은 가는 곳마다 영국 스포츠 문화를 이식했다. 러시아의 면화공장, 남미의 은행, 철도, 목축업, 금광 개발 관계자가 많이 나가 있었고, 그들은 어디에서나 2-3명만 모이면 그들의 게임을 하여 거주 지역에 스포츠를 전했다.

축구의 경우 정치적인 식민지만이 스포츠 보급의 필수 여건은 아니었음을 잘 보여주고 있다. 예를 들어 영국의 샤녹(Charnock) 형제가 러시아 쥬에보(Zuyevo) 면화 노동자들에게 축구를 전한 일, 토마스 쿡(Thomas Cook) 여행사의 니콜슨(Nicholson)씨가 비엔나(Vienna)에서 로스차일드(Rothschild)의 정원사들이나 채소 재배 업자들과 연합해 비엔나축구클럽(Vienna football Club)을 창립한 사실, 호건(Jimmy Hogan)이 훗날 헝가리의 국가 대표팀이 된 원더 팀(Wunder team)을 코치한 일, 아르헨티나의 부에노스아이레스(Buenos Aires)에서 영국 이민단 멤버들이 립톤 경(Sir Thomas Lipton)의 트로피를 두고 축구 경기를 벌였던 일, 브라질의 사웅파울루(São paolo)에서 영국 혈통인 밀러(Charles Miller)가 영국의 철도원·가스 기술자, 은행원들과 함께 축구 클럽을 조직한 일, 영어 교사로 갔던 존스(Johns)가 1974년 일본의 고가구료 스쿨에 축구를 소개한 일(Perkin, 1989: 149), 보시오(Edoardo Bosio)란 상인이 1887년 영국으로부터 돌아와 이탈리아에 축구 클럽 만든 일, 1897년 튜린(Turin)에 영국인이 유벤투스 축구 클럽(Juventus Football Club)을 만든 일 등이다. 그 외에도 주로 철도 건설업자와 직물 산업 관계자들에 의해 프랑스(1872)·덴마크(1874)·벨기에(1880)·러시아(1887) 그리고 우루과이(1891) 등지에 축구가 전해졌다. 오늘날의 월드컵은 이러한 영국 스포츠의 역사적 배경으로 인해 생겨난 것이다.

영국의 스포츠가 영제국의 국민과 영국인들에게만 제한적으로 행해졌던 것이라면 오늘날처럼 세계 인류의 공동 문화로 정착되지 못했을 것이다. 그러나 영국인들은 경제적인 팽창과 관련하여 식민지나 자치령이 아닌 나라에도 진출했으며, 그 결과로 전 세계에 퍼진 영어나 스포츠는 국제화를 이룩하게 되었다.

---

53) 이러한 사실에 대한 상세한 것은 하남길 "영국 신사의 스포츠와 제국주의(서울: 21세기교육사, 1996)" 참조 바람.

20세기 후반 세계 스포츠 파노라마(panorama)는 기원이 서로 다른 많은 게임과 스포츠를 보여주고 있다. 아시아 지역의 태권도·유도·폴로(polo)·북미의 라크로스(lacrosse)·유럽의 사이클과 펠로타(pelota) 등 등…… 그럼에도 불구하고 현재 세계적으로 행하여지고 있는 보다 대중적이고 인기 있는 많은 스포츠 종목들은 영국으로부터 수출된 것이거나 적어도 영국에서 재 조직화된 것으로 영국과 깊은 관계를 가진 종목들이 많다. 미식축구가 1882년 영국의 럭비를 깨뜨리고 나타났지만 그 기원은 영국의 럭비에 있고, 야구가 미국의 국민 스포츠로 자존심의 상징처럼 되어 있었으나 영국의 게임에 기원을 두고 있음이 밝혀졌다.[54] 그리고 배드민턴·폴로·라크로스와 같은 종목들처럼 그 기원은 다른 대륙에 있었을지라도 많은 스포츠 종목들이 영국에 의해 표준화 규칙화라는 조직화의 단계를 거쳐 세계 각지에 보급되는 문화 재생산의 과정을 통하여 국제화되었다.

제1회 아테네 올림픽이 1896년 프랑스의 쿠베르탱(Baron Pierre de Coubertin)의 주도아래 열렸지만 국제적인 룰은 영국 아마추어 경기 협회(Amateur Athletic Association: AAA)의 것이 이용될 수밖에 없었고, 1906년 세계적인 최초의 축구 기구인 FIFA (Fédération Internationale de Football Associations)의 규칙도 영국의 축구로부터 제공된 것이다. 20세기를 전후 유럽의 어떤 나라도 영국의 스포츠를 받아들이지 않은 나라가 없었으며, 미국의 스포츠도 일부 종목을 제외하면 영국과 평행선상에서 발전해 갔다. 튜르넨(Turnen)으로 상징되는 체조와 야외교육을 중심으로 국가주의 체육의 대표적인 나라였던 독일이나 체조의 나라 스웨덴도 영국 스포츠에 동화되는 사회화 현상을 막을 수는 없었다.(表참조)

영국의 스포츠가 국제적으로 확산된 배경에는 영국의 팀 게임들이 체조 중심의 유럽 체육보다 더 흥미로웠다는 데에 있었다. 그리고 오만한 영국인을 영국의 게임으로 누른다는 어떤 심리적인 이유 즉, 내셔널리즘도 영향을 미쳤다. 예를 들어 오스트리아와 스페인의 축구, 프랑스의 럭비 같은 것이 그 예다. 그러나 영국 스포츠가 세계화된 가장 큰 정치·사회적 배경은 영국의 제국주의적 팽창의 산물이었다. 정치·경제·문화·종교적 팽창의 결과로 영어는 국제 공용어의 위치를 굳혀 갔고, 영국의 크리켓이나 축구 그라운드는 해가 지지 않았다. 다른 민족이나 국가가 영국과 유사한 스포츠 문화를 소유하고 있었을

54) 야구는 1938년까지 약 100년간은 미국의 뉴욕 쿠퍼타운(Cooperstown)에서 1839년 더블데이(Abner Doubleday)에 의해서 고안된 것으로 알려져 왔으나 1939년 뉴욕 공립 도서관의 헨드슨(Robert W. Hederson)에 의하여 영국의 라운더스(rounders)에 기원을 둔 것임이 밝혀짐. Peter McIntosh, Sport in Society(London: West Lomdon Press, 1987), p. 81.

지라도 이미 영제국이나 그 밖의 여러 나라가 영국 스포츠의 규칙을 택하고 있었기 때문에 유사한 모든 스포츠 문화는 영국의 규칙에 따를 수밖에 없었던 것이다. 국제적인 경기란 서로 통일된 경기 규칙이 없는 상황에서는 불가능한 것이기 때문에 근대올림픽의 부활이 쿠베르탱에 의한 것이지만 그 가능성의 기초는 영국에 있었고, 그 발전의 공도 영국에 돌아가게 된다. 이 모든 것은 19세기 후반과 20세기 초 영국의 제국주의적인 팽창의 결과였다.

〈표 Ⅳ-3〉. 국가별 스포츠 협회의 설립

종목 \ 국명	독 일	미 국	스웨덴	영 국
축 구	1900	-	1904	1863
수 영	1887	1878	1904	1869
사 이 클	1884	1880	1900	1878
조 정	1883	1872	1904	1879
스 케 이 팅	1888	1888	1904	1879
육 상	1898	1888	1895	1880
론 테니스	1902	1881	1906	1886
스 키	1904	1904	1908	1903

자료출처: P. McIntosh, Sport in Society, p. 84.

2. 독일 체육과 스포츠

1) 독일 체육의 발달 배경

근대 독일 체육의 발달에 큰 영향을 미친 것은 루소의 자연주의 사상이었다. 루소의 저서 『에밀』은 바세도우(John Bernhard Basedow: 1723-90)에게 절대적인 영향을 미쳤고, 바세도우와 생각을 같이 한 짤즈만(Christian Gotthilf Salzman;1744-1811), 구츠무츠(GutsMuths) 등의 공헌으로 체조의 체계가 확립되었다고 볼 수 있다. 그러나 독일의 체육 체계가 보다 혁신적인 발달하게 된 배경은 국가주의 사상이라고 볼 수 있다. 19세기 초 프랑스군이 동쪽으로 침략을 해 왔을 때 독일은 미약하고 분열된 조국의 모습만 바라보는 상황이었다. 독일은 1805년까지 나폴레옹과 평화를 유지했으나 1806년 예나(Jena) 전투에서 나폴레옹 군대에게 결정적인 패배를 안았고, 1807년에는 틸지트(Tilsit)조약에 의해 프러시아는 점령·분할되고 배상금까지 지불해야만 했다. 그 결과는 독일에 강한 국가주의(민족주의)적인 정서가 확산되었다. 독일은 민족주의 운동 과정에서 국가의 재건과 국민의 기질 회복하려는 의도와 맞물려 체조 운동이 일어나게 되었다.

2) 독일 체육과 체조 운동

(1) 얀과 독일 체조 운동

19C 나폴레옹의 독일 침략은 독일인들에게 애국적 감정의 부활을 촉진시키는 원인이 되었다. 부활한 애국심은 나폴레옹의 침략을 물리칠 수 있는 강력한 통일 독일의 꿈으로 이끌었다. 철학자 피히테(Fichte)는 이 분위기를 『독일 국민에게 고함(Addresses to the German Nation; Reden an die Deutschen)』이라는 고상하고도 정열 넘치는 웅변으로 토하며, 체육을 포함한 교육혁신으로 국민적 재생을 호소했다. 그로부터 2년 후 (1810) 얀(F.L. Jahn, 1787-1852)의 『독일 국민성(Deutsches Volkstum)』이란 저서가 출간되었고, 그 책은 독일 체조운동의 바이블(Bible)이 되었다. 이 책의 제목에 들어 있는 "폴크스튬(Volkstum)[55]은 얀이 보다 게르만적인 독일어를 만들어 보려는 의도에서 만든 신조어(新造語)였으며, 얀의 체조운동(튜른베베궁)은 그의 강력한 국가주의(민족주의) 사상을 토대로 시작되었다.

1811년 얀은 베를린 교외의 황무지 "하젠하이데(Hasenheide)"[56]에 옥외 체조장을 개설했다. 그는 체조의 명칭부터 외래어인 짐내스틱(Gymanstik) 대신 튜르넨(Turnen)이란 용어를 쓰며 범국민적인 체조 운동을 전개했다.[57] 체조 운동이 시작된 지 8년만에 얀이 시작한 국민체조운동, 튜른 베베궁(Turnbewegung)은 전 독일로 확산되었으며, 1813년 "독립전쟁"일어나자 체조인들이 대거 참전함으로써 체조운동은 공식적인 지지를 얻을 수 있었다.

체조 운동이 공식적인 지지를 얻게된 지 얼마 후 정부는 체조 단체를 탄압했다. 체조 운동 조직이 혁명훈련의 예비학교로 간주되었기 때문이었으며, 다른 한 편으로 1819년 체조가인 칼 산트(Karl Sand)가 반 자유주의 극작가 코체브(Kotzebue)를 살해함으로써 프러시아 정부의 간섭을 유도하게 된 결과였다. 결국 얀은 체포되고 체조협회는 해체되

55) 문자 그대로의 뜻은 국민성.

56) 현 베를린 템펠홉 공항 서북부.

57) 얀은 "튜르넌"이란 말이 게르만어라는 생각으로 자신 있게 붙였지만 실제는 양쪽 모두 같은 외래어였다. "짐내스틱"은 그리스어에서 "튜르넌"은 라틴어에서 나온 것이었다.

었으며, 체조도 금지되었다. 그러나 짧은 기간 동안에도 체조운동은 자유주의 사상을 확산시키는 결과를 낳았고, 그 이유로 정부는 1832년과 1848년 두 차례에 걸쳐 체조 운동 조직을 해체시켰다.

독일의 체조 운동이 다시 시작된 것은 1860년대 이후였다. 체조 지도자들이 정치로부터 떠날 것을 결의한 이후부터 독일 정부가 체조 단체를 다시 인정하게 되었다. 1868년 전국에 산재해 있던 체조 단체가 체조연맹(Deutsche Turnerschaft)으로 통합되고, 15개의 지방 산하 단체에 128,491명의 회원을 두게 되었으며, 회원 수는 계속 증가하여 1915년까지 11,769개의 지방 단체와 약 100만의 체조 운동 회원을 갖게 되었다.

(2) 체조 운동의 도덕적 성격

얀의 체조운동은 하나의 윤리적 틀이 있었다. 당시 체조 운동의 도덕적 색조는 투른플라츠(Tunplaz: 체조장)에서 사용된 실제적인 표현에서 잘 나타난다. 체조인들은 모두 회색의 두껍고, 잘 떨어지지 않는 무명을 댄 바지를 입고 다녔다. 믿을 만한 시민들은 옥외에서 항상 모자와 장갑을 착용했지만 그들은 맨손이고 모자도 쓰지 않았다. 회원들은 15그로센의 가입금을 내고 〈그림 Ⅳ-1〉과 같은 가죽 배지를 착용했다. 그 배지에는 체조술(Turnkunst: 턴컨스트)이라는 글과 9(로마 Varus장군을 패퇴시킨 해), 919(토너먼트가 실시된 해), 1515(토너먼트가 폐지된 해) 그리고 1811(체조운동이 시작된 해)이라는 연도가 새겨져 있었다. 결국 체조 운동은 자유주의적 색채가 짙은 민중적 국민운동의 성격을 지니고 있었으며, 고대 게르만의 전사 기풍이나 중세 기사(騎士) 정신을 계승하여 강력한 독일을 건설하고자 했던 민족주의적 성격을 지닌 것이었다.

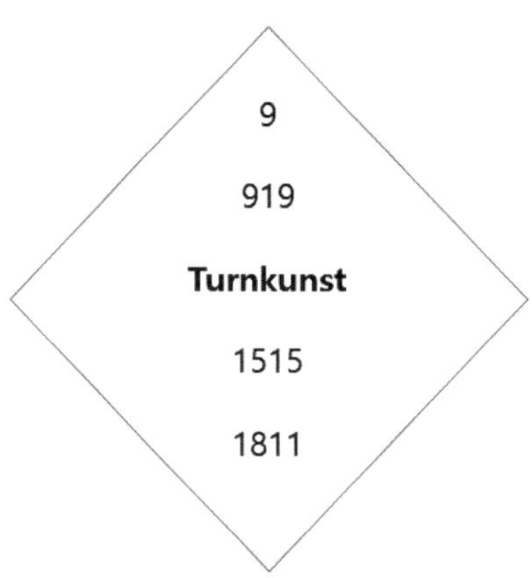

〈그림 Ⅳ-1〉. 얀의 체조운동가 배지

독일 체조 운동이 활발하게 전개되는 동안 체조 운동의 창시자였던 얀은 국내외적으로 지탄과 찬사의 대상이 되었다. 영국 역사가 테일러(A.J.P. Taylor)는 그를 "난폭한 시인"으로 묘사했다. 독일 내에서도 숭배와 비판 여론이 동시에 유지되었다. 나찌 체제에서는 얀에 대한 숭배의 열기가 오래도록 유지되어 영웅으로 칭송 받았으나 1945년 이후로 서독에서는 반대 여론이 일어 그를 지지하는 혁신주의자가 거의 나타나지 않았다. 그러나 누가 아무리 얀을 "천박한 사고의 혼합물"이라고 비판할 지리도 그가 튜르넨이라고 명명한 체육의 체계는 신체활동을 통해 신체적·도덕적 이상을 추구했다는 주장에 반론을 펼 수는 없으며, 그의 공헌을 과소 평가할 수도 없다. 독일의 체조운동이 미국을 비롯하여 전 세계에 파급되어 현대 체육교육의 기초가 되었기 때문이다.

(3) 얀 체조의 프로그램

얀이 설립한 하이젠 하이데(Hasen Heide) 체조장은 그리스의 팔레스트라를 모방한 것이었다. 당시의 체조 기구는 사다리, 높이뛰기대, 철봉, 등반봉, 경사 사다리, 평균대, 봉고조대, 줄타기, 멀리뛰기 도랑, 8자형 트랙, 트랙, 레슬링장 등이었으며, 실제로 대근 운동이 요구되는 달리기, 던지기, 걷기, 오르기, 들기, 레슬링, 수영, 뛰어넘기, 스턴츠 등과 펜싱, 석궁 등이었다(오동섭, 1992: 47).

3) 독일 학교체육의 발달

(1) 스피스의 학교 체조

얀에 의하여 시작된 체조 운동은 학교 교과과정과는 분리되어 있었다. 1804, 1809, 1917년에 걸쳐 학교에 체조 도입의 필요성이 제기되었으나 결실을 맺지 못하다가 1842년에 공식적으로 학교체계에 도입되었다(조명렬·노희덕·나영일, 1996: 190).

독일의 학교체육 발달의 공헌자는 스피스(Adolf Spiess, 1810-58)와 그의 제자들이었다. 스피스는 얀의 체조의 체계를 학교에 도입하여 변형하고, 재구성하여 교육적 체조로 발달시켰다. 그는 여자들에게도 체육을 도입함으로써 "여자체육의 창시자"라는 칭호도 얻게 되었으며, 정규교육과정에 체육이 필수가 되어야 한다고 주장했다. 결국 그는 1848년 헷세대공국으로부터 교사양성 프로그램의 수행과 관리, 그리고 체육교육의 시행 감독권을 위임받았다. 그 이후 1852년 헷세에 체조장을 개설하여 본격적인 체육 수업을 시작했다. 1860년대부터 학교체육이 본격적으로 실시되었는데, 그 내용은 철봉, 평균대, 평행봉, 늑목, 회전그네, 통나무 사다리, 로프, 평행봉, 안마, 죽마 등이었다.

(2) 로드스테인의 스웨덴 체조

육군 사관이었던 로드스타인(Rothstein, 1810-1865)은 스웨덴의 링 방식 체조를 독일에 도입하였다. 그 내용은 주로 유연체조, 병식체조, 펜싱, 총검술, 사격훈련, 교정훈련, 미적체조 등이었다.

(3) 게임과 스포츠의 도입

1870년대부터 독일 학교체육은 체조 중심의 운동에서 게임을 도입하는 큰 변화를 맞게 되었다. 독일 플레이 그라운드 운동의 개척자인 코흐(Koch)와 헤르만(Hermann)이 방과후 각종 유희와 게임을 실시한 이래 영국에서 도입된 럭비, 크리켓을 비롯한 스포츠가 도입되었다. 1895년 개정된 체육의 지침서엔 기계체조, 행진운동, 맨손체조, 달리기 게임 등 16종과 볼게임 7종이 추가됨으로써 체육은 체조와 육상, 게임 등으로 이루어지게 되었다.

(4) 학교체육의 성립

1860년부터 프러시아는 학교체육에 관한 법령이 확대되어 초등학교에서 대학에 이르기까지 모든 청소년에게 체조 수업을 부과하였으며, 1862년부터 초등학교에서는 체조가 필수 과목으로 지정되었다. 그리고 1870년대부터 각종 스포츠도 학교 교육체계에 도입되었다.

4) 레크리에이션 및 야외활동의 발달

(1) 반더포겔 운동

19세기 말이 가까워지면서 독일에서 나타났던 신체적·정신적인 레크리에이션의 각종 형식 중에서도 도덕적 입장에서 볼 때 가장 흥미롭고 복잡한 유형의 "독일 청소년 운동(The German Youth Movement)" 중 하나는 이른바 "반더포겔(Wandervogel)운동"[58] 이었다.

1897년에 시작된 혁신적인 운동의 장본인은 칼 피셔(Karl Fischer)라는 법학도였다. 슈테글리츠 고등학교(Steglitz Gymnasium) 시절 스타였던 피셔가 교장 로베르트 뤼크

58) 도보 여행과 야영으로 심신의 단련을 추구하던 독일의 청소년 운동이다. 반더포겔이란 독일어로 철새라는 뜻이다.

(Robert Lück)를 설득하여 교사의 인솔 없이 일부 학생 그룹을 이끌고 야외 활동을 나갈 수 있도록 허락을 받았다. 그 이후부터 독일의 청소년들은 베를린의 빌딩 숲을 떠나 교외의 시골로 나가 캠파이어(campfire)를 피우고, 그 주위에 모여 앉아 노래를 부르거나 서로 대화의 시간을 가졌다(Diem, 1960: 620).

"반더포겔"이란 이름은 그들이 달렘(Dahlem)의 교회 묘지에서 묘비(tombstone)에 새겨진 시(詩)에서 따온 것이었다. 그 시는 철새가 실수 없이 남쪽의 오래된 종려나무가지로 안내된 후에 다시 북쪽의 보리수 노목에 돌아오는 순간의 경이(驚異)를 표현하고 있다.

> 도대체 누가 너희 철새(Wandervögeln)에게
> 아득히 먼 육지나 바다의 저쪽으로
> 정확히 이끄는 지혜를 준 것인가.
> 너희들을 남쪽의 야자나무 고목 가지로
> 정확히 이끌어 주고
> 북쪽 아득히 먼 저쪽의
> 보리수를 다시 찾게 하는 지혜를 준 것인가

이 내용은 반더포겔 운동의 특징을 잘 나타내고 있다. 슈테글리츠 고등학교(Steglitz Gymnasium)로부터 시작된 반더포겔운동은 급속히 확산되어 유사한 그룹이 독일 전역의 고등학교에 생겨나게 되었다. 초기 반더포겔의 개척자들은 그들이 만나는 사람들과 대화를 나누며, 전국을 탐험하게 되었다. 이 도보 여행 운동은 급속히 발전하여 1911년까지 프러시아 의회가 법령을 제정하고 3,000명이 사용할 수 있는 83채의 유스 호스텔을 건립함으로써 초기 유스 호스텔 운동의 기원이되었다.

5) 독일 스포츠의 발달

스포츠란 말은 1828년 픽클러 무스카우 공작(Duke of Pücker-Muskau)이 그 말을 쓰기 전까지는 독일에 없었던 용어였다. 그러나 1870년대부터 독일에도 영국 스포츠가 확산되기 시작했다. 육상·축구·테니스·조정(漕艇)·수영 등과 같은 각종 스포츠 클럽이 독일 전역에 조직되기 시작했다. 그러자 독일의 체조 운동가들은 매우 당황해 하며, 영국 스포츠의 도입을 반대했는데, 반대한 사람들이 스포츠를 바라본 시각은 다음 몇 가지로 요약된다.[59]

첫째, 스포츠는 기록을 깰 목적으로 단일 종목에 정신을 집중하게 되는 유해함이 있다.[60)]

둘째, 스포츠는 그 목적과 대중의 요구에 의해서 점차 포악해져 갈 것이다.

셋째, 스포츠는 편협한 야심과 이기주의·탐욕심 등을 조장할 것이며, 스포츠의 챔피언은 우상화(偶像化)되고, 제멋대로 되어버린 응석받이의 특수한 신분이 될 것이다.

체조와 스포츠 옹호론의 대변자 사이에서 오간 논쟁은 1933년까지 계속되었다. 체조연맹, 튜르넨샤프트(Turnerschaft)는 비록 개인의 참여는 허락했지만 3회에 걸쳐 올림픽 참가를 거부하다가 대세를 거르지 못하고 1908년 런던올림픽의 참여를 받아들였다. 체조인들의 스포츠에 대한 논의는 일방적인 것이었고, 각종 스포츠클럽의 수는 급속히 늘어나게 되어 1888년에는 "독일 스포츠 국(局)(Deutsche Sport-behörde)"이 설치되었다. 그리고 1903년 독일 스포츠 운동은 발전과 성장의 대변자를 확보하게 되었는데 그가 바로 스포츠국의 간사를 맡게된 21세의 칼 딤(Carl Diem)이었다.

칼 딤은 스포츠에 있어서 기록의 추구를 옹호했다. 그는 단일 종목의 전문가가 되기 전에 스포츠맨은 만능이 되어야 한다는 주장으로 체조인들의 비판에 대항하며, 독일 스포츠 발달에 공헌했다. 그는 "전독경기대회"에 많은 경기종목들을 추가시켰으며, 대중을 고무시키기 위해서 "전독스포츠배지제(Reich Sports Badge)"를 도입함으로써 스포츠는 더욱 확산되었고, 후일 그는 독일 스포츠의 사도로 남게되었다.

3. 스웨덴의 체육과 스포츠

1) 스웨덴의 체육의 발달 배경

스웨덴은 17C까지 폴란드, 덴마크, 러시아 등 강대국의 세력권 속에서도 북 유럽의 강국으로 존재했으나 18세기 초 러시아와의 전쟁에서 패함으로써 발트해의 동부지역과 남부지역을 러시아에 빼앗겼고, 1805년에 일어난 나폴레옹 전쟁의 패배 결과로 1808년까지 유지했던 남부지역은 프랑스에게 핀란드는 러시아에게 빼앗김으로써 전체 국토의 1/3을 잃고 말았다. 이러한 결과는 스웨덴 국민들의 애국심을 자극했고, 많은 지식인들은 국가주의적인 사상을 바탕으로 국가재건을 외치게 되었다. 이러한 시대적 상황에서 체조 운동이 일어났다.

59) 이 문제에 관한 상세한 것은 맥인토시 지음(하남길 옮김), 페어 플레이(서울: 21세기 교육사 1997), pp. 102-5에 잘 기술되어 있다.

60) 당시 슈미트(F.A. Schmidt)는 "사람들은 스포츠를 위해 자신을 경주마(競走馬)처럼 단련시킨다"고 비판했다.

2) 링과 스웨덴 체조 운동

(1) 링의 체조 운동

스웨덴 체육은 물론 세계 체육의 발달에 지대한 공헌을 한 혁신자 중 한 사람이 스웨덴 체조를 창시한 링(Per Henrik Ring, 1776-1839)이었다. 그는 1776년 스웨덴 남부 스말랜드(Smaland)의 목사 집안에서 태어났다. 그는 1793년 룬드(Lund)에 있는 대학에 등록한 뒤 약 2학기 동안 가정교사로 일하기도 했으나 1799-1804년까지 덴마크의 코펜하겐으로 유학을 떠났다(Gerber, 1971: 155).

링은 스웨덴 체조의 창시자이기 이전에 뛰어난 문인(文人)이었다. 1835년 스웨덴 학술원 회원이 되었으며, 생애 동안 약 2,500쪽의 글을 남겼는데, 그 중 350쪽이 체조에 관한 내용이었다. 그가 체조에 관심을 갖게 된 시기는 덴마크 코펜하겐으로 유학기간이었다. 유학 기간 중 펜싱교습을 받아 팔에 부상을 입게 되었고, 그 이후 신체활동의 치료적인 효과에 관심을 갖게 되었다. 구츠무츠가 『청년을 위한 체조』를 펴낸 지 불과 몇 년 뒤였던 1799년 그는 덴마크의 나흐테갈이 설립한 사설 체육관을 방문하게 되었으며, 그 때부터 뜀틀과 같은 체조 운동에 깊은 관심을 갖고 체조 체계를 발전시키게 되었다.[61]

링이 체조에 관심을 갖게된 사상적 배경도 독일의 얀과 같이 강한 민족주의(국가주의)였다. 1808년 스웨덴이 강제로 핀랜드를 러시아에 양도할 즈음 이상주의자였던 링의 가슴은 마치 독일의 얀(Jahn)과 같이 강렬한 애국심으로 가득 차 있었다. 그의 문학 작품 중에 애국적 정서가 담겨 있었다. 그리고 국왕 찰스14세와 친교를 맺고 국왕에게 스웨덴 병사들에 대한 신체단련의 가치를 인식시켰으며, 자신의 체조운동에 대한 지원을 확보하여 왕립체조학교(RGCI: Royal Gymnastics Central Institute)의 전신이 된 체조학교를 설립했으며, 그가 확립하고 발달시킨 체조 체계는 전 세계로 확산되어 근대체육의 기초가 되었다.

(2) 스웨덴 링 체조의 특성

링의 체조는 각종 운동을 조합하여 체계화한 것으로 과학적 원리에 기초를 두고 치료

61) 이 사실에 대한 반론도 있다. 일부 학자에 의하면 링이 덴마크로 가기 전부터 스웨덴에서는 이미 체조에 대한 관심이 고조되고 있었다는 것이다. 덴마크의 Signe Pritz는 링이 나흐테갈의 영향을 크게 받았다고 주장했다. Signe Prytz, P. H. Ling Og Hans Gymanastikpaedagogiske Indsats (Copenhagen: Ejnar Munksgard, 1941); Dalen, World History of Physical Education, p. 237. 반면 스웨덴의 Albert Wiberg는 그가 스웨덴에 있을 때부터 체조에 대한 깊은 관심을 가지고 있었다고 주장한다(Wiberg, 1949; Dalen, 1970: 237).

적인 성격을 지닌 것으로 평가되어 왔는데, 1931년 룬드(Lund)의 스웨덴체조학교 교장 둘린(J. C. Thulin)은 링 체조 체계의 신체 운동은 인간 조직체계의 법칙을 기초로 한 것이어야 하며, 신체뿐만 아니라 정신에도 영향을 미친다고 주장했다. 그리고 그 기초적인 원리로 다음 네 가지를 제시했다(Thulin, 1931: 625-626).

① 신체 운동의 목적은 전 신체의 조화적인 발달에 있다.
② 가능한 한 알려진 효과와 명확한 폼(form)의 신체 운동을 기초로 해서 생물학적, 생리학적 수단을 통해 추구할 때 그 목적을 달성할 수 있다.
③ 운동은 발달적·교정적 가치가 있는 것이어야 하며, 쉽게 이해되고 (형식상) 미(美)에 대한 우리의 요구를 충족시킬 수 있어야 한다.
④ 운동은 노력이나 난이도를 점진적으로 증가시키는 방식에 따라 수행되어야 한다.

이상의 내용은 링 체조의 특성을 잘 반영하고 있는데, 링의 체조는 군사적 목적도 배제되지 않았으나 과학적 원리를 토대로 체계화했을 뿐만 아니라 군사(軍士), 의료(醫療), 교육(教育), 미적(美的) 다양한 측면의 목적을 둔 것이 특징이다. 스웨덴의 체조는 군인의 체력 향상을 목적으로 순발력, 민첩성, 인내력 등의 육성과 함양이 강조되기도 하였으나 건강한 몸을 가꾼다는 의료적 목적과 신체활동을 통해 자신의 감정, 정서, 사상을 표현하게 하는 정의적, 미적 목적도 지녔던 것으로 평가된다.

3) 학교체육의 발달

(1) 체조학교의 설립

1813년 국왕(찰스 13세)가 군대와 국가의 재건을 위해 링의 체조학교의 설립 안을 수락했고, 1814년 야포 제조 공장을 개조하여 만든 체육관에서 체조교육이 실시되었다. 그 후 25년 동안 링은 체조학교에서 체육교육 및 그 발전에 공헌했다. 그 학교는 훗날 스톡홀름 왕립체조학교(RGCI: Royal Gymnastics Central Institute)의 전신이 되었다. 링에 이어 브란팅이 교장을 맡고 있는 동안 유럽에서 매우 유명해졌으며, 그 결과 스웨덴 체조에 관심을 갖은 수많은 외국 방문객이 줄을 이었다(Dalen, 1970: 239).

(2) 학교의 체조 도입

스웨덴은 1807년 모든 교육기관이 체육활동을 실시하도록 권장하는 법규가 입안되었다.

그러나 중앙체조학교조차도 학교체육을 위한 프로그램 개발에는 소홀하였다. 학교 체조가 발달된 것은 1843년 링의 아들이었던 할마 링이 체조학교 교사로 부임한 이후였다. 그와 링의 제자들이 새롭게 체계화한 체조 운동이 여러 학교에 도입되면서 학교 체조가 더욱 발달되었다. 스웨덴은 법령에 의거 중등학교는 1820년, 초등학교는 1824년부터 체육을 필수로 실시하게되었으며, 1830년부터 학교건강관리제도, 1868년부터 신체검사제도 등이 실시되었다(비교체육연구회, 1984: 305).

① 맨손체조

19세기 후반 스웨덴 학교체육 프로그램의 기초는 링의 체조였다. 수영, 펜싱 등도 도입되었으나 가장 본질적인 프로그램은 체조였으며, 그 중에서도 맨손체조가 등장한 것이 특징이었다. 링은 룬드(lund) 대학에서 구츠무츠나 나흐테갈 방식의 체조를 지도하며, 생리·해부학적 연구를 거듭한 끝에 기구를 이용한 많은 체조 형식을 거부하고 맨손체조의 체계를 확립함으로써 학교에 도입될 수 있었는데, 당시 맨손체조를 창안한 링은 다음과 같은 맨손체조의 장점을 주장하였다.

㉮ 맨손체조는 한 교사의 지도 아래 더욱 많은 사람이 동시에 운동을 할 수 있다.
㉯ 맨손체조는 행진 중이나, 군 막사, 거리, 교실, 또는 교정 등 교정 등 매우 다양한 장소에서 할 수 있다.
㉰ 맨손체조는 기구의 구입 및 수리비용, 사고의 문제가 없다.
㉱ 맨손체조는 반이나 분대 전체가 동시에 운동을 하는 것이 가능하면서도 근력, 민첩성을 증진시키고, 신체적 조정력도 빠르게 획득할 수 있다.
㉲ 맨손체조는 구령에 맞추어 실시함으로써 엄격한 군사훈련의 효과를 재 강화시켜준다.
㉳ 맨손체조의 자유로운 움직임은 개인의 신체특성에 보다 쉽게 적응된다.
㉴ 맨손체조는 기계체조의 경직성과 어색함을 극복하는 데 더 좋다.

② 기계체조

맨손체조와 함께 스웨덴에 도입된 체조는 독일식에서 개조된 기계 체조로 그 내용은 늑목(stall bars), 붐(booms), 안마(saddles), 창사다리(window laddlers), 복합벤치(combination benches), 도약상자(vaulting boxes), 오름봉(climbing poles), 수평로프(horizontal ropes), 수직로프(vertical ropes), 경사로프(oblique lopes) 등이었다.

(3) 각종 스포츠의 도입

링의 사망 이후 그의 체조운동을 계승한 많은 교사들은 그가 여러 부문에서 창안한 체조운동을 발전시키는 데 크게 공헌하였으며, 체조는 학교 교육 체계 속에 자리를 잡았다. 그리고 1900년을 전후로 다양한 스포츠도 도입되기 시작했다.

20세기 초부터 독일의 학교 교육체계에서도 본격적으로 스포츠를 도입하기 시작했다. 1880년 영국의 스포츠를 시찰하고 돌아온 발크(V. Balck)가 스포츠 장려 단체를 조직하여 활동을 시작한 이래 영국 스포츠는 학교로도 급속히 확산되었다. 체조운동이 근대 스웨덴체육의 중심이 되어 왔으나 1940-1954년 사이 각종 스포츠도 학교체육의 일부로 자리잡게 되었다. 특히 제2차 세계대전 이후 군사체육이 폐지됨으로써 순수 한 체육활동이 이루어지게 되었다. 20세기 중반부터는 육상경기를 비롯하여 각종 게임, 수영, 무용, 구기운동 등이 교과과정에 도입되었다. 영국이나 미국에서 도입된 스포츠 중 크리켓, 럭비, 야구 등은 별 인기를 끌지 못했지만 축구, 스케이팅, 스키, 아이스하키, 밴디(하키의 일종), 오리엔티어링 등이 특히 인기를 끌게 되었다. 종합학교에서는 저학년은 야외활동과 스케이팅, 스킹, 수영 및 오리엔티어링(orienteering)[62]을 중심으로 한 프로그램을 운영하고, 5학년 이상은 전문 교사가 담당하고 있다.

(4) 야외 활동의 강화

1925년부터 스웨덴의 청소년들을 위하여 "동계스포츠휴일(midwinter sports holiday)" 제도를 도입·실시하였다. 이 제도는 "스웨덴여행자협회(the Swedish Tourist Association)", "스키보급회(the Society for the Promotion of Ski-leaping)", "국가철도청(the State Railways) 등의 후원으로 1주일간 주로 산야에서 실시되었으며, 청소년들이 저렴한 비용으로 숙박료, 식사, 교통 등의 문제를 해결하도록 배려하였다.

4) 스웨덴의 스포츠

(1) 스포츠의 도입과 발크의 역할

스웨덴은 기후나 자연 환경에 맞는 전통 스포츠가 발달되었다. 대표적인 것은 바이킹(800-1500)들의 우수한 조정술, 수영, 오리엔티어링 등이었다. 그러나 스포츠의 도입은

62) 지도와 나침반을 이용하여 산야의 루트를 찾아 출발점에서 목표점을 돌아 목적지에 도달하는 것을 다투는 게임.

다른 나라에 비해 늦었다. 그것은 독일과 마찬가지로 체조 운동의 열기로 인해 체육에 관한 관심이 체조에 집중된 탓도 있으나 춥고 긴 겨울이 지속되는 기후 탓이기도 했다.

스웨덴에 스포츠가 시작된 것은 1792년 이후였으며, 1796년 최초의 스포츠 조직인 수영협회가 설립되기도 했다. 그러나 스웨덴에 본격적인 스포츠 바람이 일기 시작한 것은 체조 교류로 인한 영국과의 접촉이 시작된 이후였다. 스웨덴 스포츠의 사도 역할을 한 인물은 빅토르 발크(Viktor G. Balck, 1844-1929)였으며, 그는 훗날 "스웨덴 스포츠의 아버지"로 불리게 되었다. 1880년 그는 스웨덴 체조단을 이끌고 영국을 순방하게 되었으며, 그 과정에서 영국의 스포츠 활동을 직접 목격하고, 스웨덴으로 돌아와 스포츠 단체를 조직하고 스포츠 잡지 『더 스포츠 타임스(The Sporting Times; Tidning fo¨r Idrott)』를 창간하게 되었으며, 군대와 학교에도 스포츠를 보급함으로써 스웨덴 스포츠 발달에 큰 공헌을 하게되었다. 그는 국제올림픽위원회(I.O.C.) 창설의 주 멤버가 되었으며, 에스트롬(J. S. Edstrom)과 함께 스웨덴 스포츠연맹(S.S.F) 창립에도 크게 공헌했다.

학자들을 비롯하여 스웨덴 국민들은 스포츠의 가치를 인정하지 않으려는 경향이 있었으나 19C 후반 도시의 발전과 중산계층의 증가로 인해 영국 스포츠가 확산될 수 있는 환경이 조성됨으로써 영국 스포츠는 점차 전국민의 생활 속으로 확산되었다.

(2) 스포츠 협회의 조직

스웨덴에서 스포츠클럽이 최초로 조직된 것은 1796년 수영협회가 창립된 것이었다. 그러나 19C 전반까지 뚜렷한 활동을 보이지는 않았다. 1900년을 전후로 각종 스포츠클럽이 조직되기 시작했는데, 그 과정은 다음과 같다.

① 1796년 수영협회

② 1903년 스웨덴 스포츠 연맹(S.S.F.: Swedish Sports Federation)[63]이 조직: 그 산하에 아마추어육상협회(AAA), 축구협회(FA), 체조협회(GA), 스키협회(SA) 등을 비롯하여 약 40개 종목의 협회에 1만개 클럽의 1백만 회원을 총괄하게 되었다(Dalen, 1970: 243).

③ 1909년 스웨덴 군(軍) 스포츠 협회 (1964년 S.S.F. 가맹)

④ 1916년 스웨덴 학교 스포츠 협회 (1916년 S.S.F. 가맹)

63) S.S.F. 즉, Sveriges Riksidrottsfo¨rbund는 정확히 1903년 5월 31일에 창립되었으며, 1912년 스톡홀름 올림픽을 주최하였다.

(3) 체육·스포츠 진흥 활동

① 스포츠 복권제도의 도입

1897년 스웨덴 "중앙스포츠진흥회(The Centeral Association for the Promotion of sports)가 설립되어 스포츠의 활성화를 촉진시켰다. 이 협회의 대표적인 사업 중 하나가 "스포츠 복권제도"의 도입이었다. 중앙스포츠진흥회가 1908년부터 시행한 복권제도는 큰 성공을 거두게 되었으며, 그 이익금은 각종 스포츠 시설의 확충사업에 활용하게 되었다. 스웨덴의 이러한 성공 사례는 유럽 여러 나라에 영향을 미쳐 각 나라마다 체육기금 모금을 위한 방안으로 활용되었다.

② 오리엔티어링의 창안

1918년 킬란더(Ernst Killander)는 육상경기의 참가 인원이 날로 줄어드는 것을 보고 스웨덴의 자연환경에 알맞은 신체활동 프로그램을 고안한다는 취지에서 오리엔티어링을 창안했다. 그 후 1935년 "스웨덴 오리엔티어링 협회"가 창립되었고, 1961년 세계 23개국 대표들이 참가하는 "국제 오리엔티어링 연맹(I.O.F.)의 창설로 이어져 오늘날 세계적인 교육 및 레저 스포츠로 각광을 받고 있다.

③ 학교 스포츠선수권대회 개최

스웨덴 스포츠 연맹은 1912년부터 매년 가을, "한번 스포츠맨은 영원한 스포츠맨"과 "만인을 위한 스포츠(Sport for all)"라는 표어를 내걸고 "학교스포츠선수권대회"를 개최하여 청소년들의 적극적인 스포츠 참여를 유도했는데, 그 결과로 1930년대부터 "스포츠 포 올(sport for all)"은 스웨덴 전국민 운동으로 이어졌다.

④ 국민체력장 제도

스웨덴은 국립체육학교와 전국 지방 곳곳에 체육·스포츠 시설을 마련하고 국민체력 향상을 위해 국가적인 지원을 해 왔으며, 1907년이래 "국민체력장(National Sports Badge)" 제도를 실시해 왔다. 더욱이 제2차 세계대전이 임박해지자 국민적인 체력증진운동이 일어났고, 각종 경기단체에서는 자체적인 체력장 제도를 도입했다.

체조협회는 표준검사에 합격한 사람에게 특별 "사자장(Lion`s Badge)"을 주었고, 스웨덴 하이킹협회는 "하이킹장(Hiker`s Badge)"을 주었으며, 1939년에는 전국경보대회의 실시와 더불어 군인과 일반시민에게 "야외스포츠장(Field Sports Badge)"도 수여하게 되었다.

2차 세계대전 이후부터 체력, 레크리에이션에 대한 관심이 증대되면서 각종 레크레이션 프로그램이 개발되었다. 그리고 1960년부터는 체력장 제도의 하나로 "스포트60(Sport60)" 제도가 시행되었으며, 스킹(skiing), 걸보(walking), 체조(gymnastics), 사이클링(cycling), 수영(swimming), 오리엔티어링(orienteering) 등 6개 종목의 최저 표준기록을 통과한 사람에게는 배지를 수여하였다.

5) 링의 스웨덴 체조와 그 체육사적 의미

스웨덴 체육의 가장 큰 공헌자는 링이었다. 링의 체조 체계를 중심으로 발달된 스웨덴 체육은 세계 체육사적으로 큰 의미를 지닌다.

첫째, 새로운 유형의 체조, 즉 "스웨덴식 체조(Swedish System of Gymnastics)"를 창안했다. 그것은 군사적, 의료적, 교육적, 미적으로 분류된 체조였으며, 과학적인 원리를 토대로 체계화를 시도했다는 측면에서 큰 의의를 지닌다.

둘째, 링으로 인해 스웨덴은 근대체육의 기초가 될 수 있는 많은 저서를 남겼다는 것이다. 링의 대표적인 저서는 1836년의 『체조교본(Manual of Gymnastics)』『총검술교본(Manual of Bayonet Fencing)』, 1838년 "『군인을 위한 체조·총검술교범"(Soldier Manual of Gymnastics and Bayonet-Fencing)』 1839년 『체조의 일반원론(General Principles of Gymnastics)』[64] 등이 있다. 이러한 저서들은 인간의 움직임 형식을 인위적으로 체계화하여 교육의 수단으로 이용하려고 했다는 측면에서 독일 구츠무츠의 저서들과 함께 근대체육사적으로 큰 의미를 지닌다.

셋째, 스웨덴 체육 및 세계 체육의 발달에 공헌했다. 링은 저서의 발간, 지도자의 육성 등 스웨덴 체육발전에 공헌했을 뿐만 아니라 스웨덴 체조가 영국, 덴마크, 벨기에, 그리스, 루마니아, 미국 등 세계 여러 나라에 도입되어 현대 체육의 기초가 됨으로써 세계 체육의 발달에 지대한 공헌을 하게되었다.

---

64) Gymnastikens Allma··nna Grunder. 이 책은 링이 1831년에 착수하였으나 그가 사망한 1839년 그의 계승자들이었던 게오르기(C. A. Georgii)와 리드백(P. J. Liedbeck)에 의하여 출판되었다.

4. 덴마크 체육과 스포츠

1) 덴마크 체육의 발달 배경

덴마크에서 근대체육이 발달된 것은 19C 초반이었으며, 그 사상적 배경은 유럽의 여러 나라와 마찬가지로 국가주의 사상이었다. 덴마크는 18세기까지 안정적인 번영을 누렸으나 나폴레옹 전쟁의 이해관계 속에 영국과 전쟁을 치르면서 노르웨이는 스웨덴에게, 헬고랜드(Helgoland)는 영국에게 빼앗기는 결과를 낳았으며, 1820년대에는 독일의 비스마르크로부터 위협을 받게 되었다. 암담한 국운을 맞은 덴마크도 국가재건운동이 전개되었으며, 교육의 혁신과 부흥 운동이 일어나게 되었다.

2) 덴마크의 체육과 체조

(1) 체조 운동의 배경

덴마크 체육의 발달은 독일·스웨덴과 마찬가지로 체조운동에서 비롯되었으며, 거기에 영향을 준 인물도 역시 바세도우(J. B. Basedow. 1724-1790)와 구츠무츠(J. F. C. Guts Muths, 1759-1839)였다. 바세도우가 학교를 세우고, 승마, 펜싱, 무용, 볼게임, 신체적성 운동 등을 실시했던 곳이 바로 코펜하겐 근처였다. 그러한 상황에서 구츠무츠는 그의 저서 『청년을 위한 체조, 1793)』를 덴마크의 프레드릭(Frederik) 왕자에게 봉정했고, 프레드릭 왕자가 체조 운동을 적극적으로 지원함으로써 나흐테갈(Frannz Nachtegall, 1977-1847)에 의해 독일 체조가 도입되어 체조가 확산되었다. 1814년 덴마크 정부는 체육을 초등학교의 정규과목으로 인정하게 되면서 덴마크 체육은 다른 나라에 비하여 일찍이 체계적으로 발달하게 되었다.

(2) 독일 체육과 나흐테갈 체조

덴마크 체육의 발달에 지대한 공헌을 한 일차적인 인물은 나흐테갈이었다. 초창기 나흐테갈의 덴마크 체조는 독일 체조 형식을 취했고, 학교체육을 통해 강건한 국민을 양성한다는 것이 목적이었으나 나폴레옹 전쟁의 소용돌이 속에서 군사적 성격으로 바뀌게 되었다.

"덴마크 체육의 아버지"로 불리는 나흐테갈(Frannz Nachtegall, 1977-1847)은 1799년 코펜하겐에서 태어나 신학을 공부하던 중 구츠무츠의 저서를 보고 영감을 받아 체조에 몰두하게 되었다. 1799년 11월 5일 그는 개인적으로 "옥외 체조장(outdoor gymnasium)"을 개설했는데, 이것이 근대 최초의 체육학교이다. 처음에는 5명에 불과했으나 1804년에는

150명의 어린이와 성인들이 등록하게 되었다(Leonard & Affleck, 1947: 181).

나흐테갈의 활동은 전적으로 프레드릭(Fredrick) 왕자의 지원에 의존했다. 프레드릭 왕자는 1801년 코펜하겐 공립학교에 체조를 도입하도록 했으며, 그가 왕으로 즉위한 1808년 이후 더욱 적극적으로 체조 운동을 지원했으며, 1809년 중등학교에 체조를 도입하도록 했고, 1814년에는 초등학교에 체조를 필수화하였다.

1821년 나흐테갈은 "육군체조학교(Military Gymnastic Academy, 1804)"와 "민간체조사범학교(The Civil Gymnastics Teacher's Institute, 1808)"의 최고 책임자로 임명되었다. 그리고 교사교육에도 관심을 돌려 각 지방에서 40-50명의 학생들을 육군체조학교에 입교시킨 뒤 훈련을 시켰다. 1828년에는 200명의 교사와 160명의 학생을 가르쳤으며, 1828년에는 여성지도자 교육에도 관심을 쏟기 시작했다.

체조 지도서의 출판도 나흐테갈의 중요한 업적 중 하나였다. 그는 1828년 공립학교 교사들로 구성된 과 공동으로 『학교체조교본(Manual of Gymnastics for the Village and Town Schools of Denmark)』을 편찬하여 모든 중등학교와 군대로 배포하였다.

그는 65세로 공직에서 물러난 뒤에도 체조의 발전에 정열적인 모습을 보였다. 그러나 크누센(Knud A. Knudsen)이 국가 장학관으로 임명되기까지 그의 업적은 무시되었다. 그러나 그가 비록 자신의 독자적인 체육(체조) 체계를 수립하지는 못했을지라도 체조를 군대와 학교로 확산시키는 등 큰 업적을 남겼다.

(3) 체조 논쟁

19C 후반 체육 부흥운동이 다시 일어난 이후 스포츠와 함께 체조도 더욱 체계적으로 발달되었으나 독일 체조와 스웨덴 체조에 대한 견해가 엇갈려 논쟁이 벌어졌다. 덴마크 체조는 구츠무츠의 이론을 바탕으로 시작되었기 때문에 독일식 체조가 주류를 이루었다. 그러나 1884년 발덴마크의 발레킬드 민중학교(Vallekilde Folk School)에 근무하던 엔지니어 출신의 라스무센(N. H. Rassmusen)이 스웨덴의 링(Ling) 체조를 도입하자 초·중등학교는 물론 사회 클럽 등으로 급속히 확산되었다. 그런데 주로 군의 장교들이 독일식 덴마크 체조를 지지하며, 스웨덴 체조의 도입에 극구 반대하였다. 그 때 정부가 중재에 나서게 되었으며, 1899년 정부에서는 스웨덴 체조에 — 독일 체조에 가까웠던 — 덴마크 체조의 특성을 가미하여 새로운 『체조교본(Manual of Gymnastics)』을 발간하여 전국의 학교와 군대에 배부하였다. 그러나 그 교본은 거의 스웨덴 링의 체조 원리를 바탕으로 했기 때문에 1900년대 초반 덴마크에서는 스웨덴 체조가 널리 확산되는 결과를 낳았다.

(4) 닐스 북의 생활(리듬)체조 탄생과 보급

초창기 덴마크의 체조는 구츠무츠의 독일식 체조가 발달되었으나 1899년부터 링의 스웨덴식 체조가 발달되었다. 그러나 1920년대부터 스웨덴식 체조의 문제점을 개선한 새로운 유형의 덴마크 체조가 체계화되어 민중학교[65]를 중심으로 도입되기 시작했다.

덴마크 생활체조를 조직화한 인물은 닐스 북(Neils Bukh, 1880-1950)이었다. 그는 덴마크 체조를 새롭게 체계화했는데, 농촌 학생들을 위하여 조직화한 체조의 특징은 다음과 같이 요약된다.

첫째, 국민(농민)을 위한 생활체조이다.

둘째, 동작의 흐름과 율동을 중시하는 이른바 토탈 무브먼트(Total Movement)의 원리에 기초를 둔 리듬체조이다.

셋째, (스웨덴 체조에) 리듬과 템포, 스윙과 부드러움을 가미하여 관절의 가동성, 근육의 탄력성, 신경계의 교치성을 향상시키려는 데 목적을 둔 것이다.

닐스 북은 올레러프(Ollerup)에 농민의 자녀를 대상으로 한 민중체조학교(Gymnastic Folk High SChool)를 세우고 체조를 조직적으로 지도해 갔으며, 1920년 네델란드 안터워프(Antwerp) 올림픽에서 은메달을 딴 후 자신이 직접 세계적인 보급운동에 나섬으로써 그의 덴마크의 체조는 전세계의 학교체조나 국민체조로 보급되었다. 그는 1923년 미국을 필두로 1924년 독일, 1925년 핀란드, 체코, 1927년 영국, 폴란드, 1930년 스웨덴, 벨기에, 오스트리아, 헝가리, 1931년 러시아 중국, 한국(서울), 일본, 캐나다 등 세계 여러 나라를 시범 순회하였다(비교체육학연구회, 1984: 393).

3) 덴마크의 학교체육의 발달

(1) 학교 체조

덴마크에서는 일찍이 체육이 발달되었으나 독자적인 체육 시스템을 갖지는 못했다. 그러나 그들은 독일·스웨덴 체조를 도입하여 덴마크식 체조로 재 조직화하여 주된 프로그램으로 활용했다.

65) 민중고등학교 또는 국민고등학교(the Folk or People's High School)는 현존하는 독특한 교육체계이다. 19C 후반 그룬트빅의 교육이념을 바탕으로 범국민운동의 하나로 덴마크 농촌 곳곳에 설립되었던 이 학교는 초등교육을 받은 18-25세 가량 청년들의 생활교육장이었다. 덴마크 체조가 농민체조라고 불린 것도 이 학교를 중심으로 체조가 보급되었기 때문이다.

① 독일식 나흐테갈 체조

구츠무츠의 체조를 재 조직화한 나흐테갈의 초창기 체조(체육) 활동은 주로 사다리 오르기, 줄사다리 오르기, 목봉 오르기(climbing mast), 도약(jump), 뜀뛰기(vaulting), 달리기, 평형운동(balancing), 수영, 줄다리기(tug-of-war), 군사훈련 등이었다. 부상의 방지를 위해 도마, 뜀뛰기 등과 같은 운동에서는 매트를 사용하게 되었으며, 후일 독일식의 링(rings), 그네(trapeze) 평행봉, 철봉 등도 실시되었다.

② 스웨덴식 체조

독일식 체조에 이어 스웨덴 체조도 학교 교육 프로그램으로 이용되었다. 라스무센(N. H. Rassmusen)에 의해 도입된 스웨덴 체조는 덴마크 체조 감독관이었던 크누센(K. A. Knudsen)에 의해 더욱 활성화되었는데, 그 체계에서 모든 운동은 준비운동, 주운동, 정리운동 3단계로 되어 있었다.[66)]

③ 덴마크식 체조

독일·스웨덴식 체조에 이어 닐스 북의 덴마크 체조가 학교에 도입되었으며, 그 내용은 8가지 영역의 운동, 즉 팔, 다리, 목, 다리, 옆구리, 등, 배, 걷기, 뜀뛰기목, 팔 운동으로 구성되어 있었다. 그 외 학생들의 기량을 겨룰 수 있는 운동경기적 성격의 활동이 도입되었으며, 기구를 사용하는 운동으로는 늑목, 벤치, 도마, 매트 운동 등이 교육의 수단으로 이용되었다.

(2) 게임과 스포츠

19C 덴마크 체육은 프레드릭(Fredric) 6세의 지원에 따른 나흐테갈의 활약으로 유럽 국가 중 가장 일찍 발달되었다. 그러나 프레드릭 6세의 서거와 함께 점차 쇠퇴하였다. 체육의 부흥이 시작된 것은 덴마크가 1864년 프러시아 전쟁에서 패배한 이후부터였으며, 그 변화의 특징은 체조와 함께 학교 체계에 스포츠가 도입되었다. 1864년 프러시아와의 전쟁에서 패한 이후 덴마크에서는 2개의 민간단체[67)]를 중심으로 "스포츠 포 올 무브먼트

66) ① 준비운동(introductory)은 다리(leg), 팔(arm), 목(neck) 운동(exercise)으로, ② 주운동(principal)은 전신 굴신(span bending), 끌어올리기(heaving), 평형(balan,cing), 옆구리(lateral), 배(abdominal), 등(dorsal) 운동(exercises)과 행진(marching), 달리기(running), 도약(jumping), 뛰어넘기(vaulting), 민첩성(agility) 운동(exercises)으로, ③ 정리운동(final)은 숨쉬기(breathing) 운동(exercises)으로 구성되었다(Dalen, 1970: 264-265).

(Sports for All Movement: 만인을 위한 스포츠 운동)라는 체육의 생활화 운동이 일어났다. 이러한 분위기 속에서 크리켓, 하키, 축구 등과 같은 스포츠가 학교에 도입되었다.

4) 덴마크의 스포츠

덴마크의 스포츠 활동은 영국은 물론 독일에 비해서도 조금 늦었다. 그러나 1864년 "덴마크사격·체조·스포츠협회(Danish Rifle·Gymnastics·Sports Association)가 조직되면서 19C 종반부터 보다 조직적으로 발달되기 시작했다. 1896년 덴마크스포츠연맹(Danish Sports Federation)이 결성되었으며, 주로 대도시 회원들로 구성된 이 연맹은 산하에 체조를 비롯하여 수영, 사격, 축구, 핸드볼, 승마, 사이클링, 오리엔티어링, 요트, 육상, 권투를 비롯한 스포츠 분과를 두게 되었다. 기타 덴마크 스포츠와 사회체육의 발달 과정을 연대별로 열거하면 다음과 같다.

① 1864년: 덴마크사격 체조·스포츠협회(Danish Rifle Gymnastics Sports Association).
② 1891년: 코펜하겐 플레이그라운드 협회(Copenhagen Playground association)가 설립되었으며, 그 영향으로 1897년 학생들의 스포츠 활성화를 위한 전국적인 위원회가 발족되어 지방 및 전국적인 청소년 스포츠 활동을 지원함.
③ 1896년: 덴마크스포츠연맹(Danish Sports Federation)[68]이 결성
④ 1902년: 청소년자원연맹(the Boy's Voluntary League)[69], 영국 소년단(English Boy's Brigade)을 모방하여 결성한 단체.
⑤ 1905년: 청소년스포츠리그(Youth's Sports League)
⑥ 1909년: 덴마크 보이스카웃(Danish Boy's Scout), 주로 YMCA에서 프로그램을 개발하여 청소년 교육에 힘씀.
⑦ 1911년: 덴마크 소년단(Danish Girl's Corps), 주로 YWCA에서 소녀들을 위한 프로그램 개발에 힘씀.
⑧ 1921년: 스포츠장제도(Sports Badge): 아동, 청소년, 성인 그룹별로 스포츠 능력 테스트에 의해 금, 은, 동 배지 수여.
⑨ 1930년: 덴마크 호스텔협회(Danish Youths Hostel): 청소년을 위한.

67) 두 민간단체는 "사격 클럽(the rifle club)과 민중학교(the folk high school)였다.
68) DIF: Dansk Idraets Forbund.
69) Frivillegt Drengeforbund

⑩ 1946년: 덴마크 직장 스포츠연맹(The Danish Federation for Company Sports), 덴마크에서 4번째로 설립된 스포츠 연합체로서 각종 기업체나 산업체에 산재해 있는 스포츠 클럽들이 모여 형성되었으며, 주된 스포츠 종목은 배드민턴, 당구, 축구, 핸드볼, 스키틀(Skittle)[70], 사격 등이다.

5) 닐스 북의 생애와 덴마크 체조의 역사적 의미

나흐테갈이 "덴마크 체조의 아버지"였다면 닐스 북(Neils Bukh, 1880-1950)은 "덴마크 체조의 개척자"였다. 그는 시골 농장에서 태어났으며, 5세가 될 무렵 그의 아버지는 발레킬드(Vallekilde)에서 교사가 되었다.[71] 그 학교에는 큰 체육장(gymnasium)이 있었고, 당시에 스웨덴식 체조가 실시되고 있었다.

청년이 된 그는 아버지가 소유했던 농장을 경영했으나 28세가 되던 해부터 체조에 헌신하기로 마음을 정하고 "코펜하겐 체조학교(State Institute of Gymnastics in Copenhagen)"에 등록하여 1년 과정의 교육을 받았으며, "테일만 체조학교(Teilmann's Institute of Gymnastics)"에도 들어가 의료체조와 맛사지에 대한 연구를 하기도 했다. 그 후에 그는 체조 연구 및 연수 경력을 인정받아 사범대학[72]에 등록했고, 1912년에는 소정의 시험을 거쳐 교사자격을 획득했다.

1912년 그는 "덴마크 사격 클럽(Danish Rifle Club)" 소속의 체조 팀을 이끌고 스콕홀름 올림픽에 참여했으며, 이듬해 덴마크 체조단 해외원정을 인솔하기도 했다. 그가 독일·스웨덴식 체조를 개조하여 덴마크식 체조 체계를 확립하기 시작한 것은 34세가 되던 해였다. 그의 누이와 매부가 "올레러프 민중학교(Ollerup Folk High School)"를 경영하고 있었다. 닐스 북은 그 학교의 빌딩 하나를 매입했고, 지도자 양성을 위해 올레러프 민중학교와 연계하여 체조학교를 설립했다. 그것이 체육사적으로 유명한 "올레러프체조학교(Ollerup Gymnastics High School)"[73]이다.

70) 구주희(九柱戲), 나무공·원반으로 9개의 핀을 쓰러뜨리는 놀이, 일명 나인핀(ninepins)

71) 정확한 그의 출생지는 Jutland의 Herning 서북부 Snejbjerg이다. Ellen W. Gerber, Innovators and Institutions in Physical Education, p. 184.

72) Vordingborg Teachers' College.

73) Gymnastictikhojskolen: 이 학교는 1914년에 설립되었으며, 공식적으로 인가된 것은 1920년 5월이다. 1923년 400m 신더(cinder) 트랙이 있는 작은 스타디움이 완성되었다. 1926년 덴마크 최초의 실내 수영장이 완성되었다. 제2차 세계대전 중(1943) 이 학교는 독일의 지배로 인해 피난민 수용소로 이용되면서 폐허가 되었으나 1947년 닐스 북이 다시 재건하였으며, 그가 사망한 지 3년

그는 35세가 되어 자신이 25년 동안 정열적으로 개척해온 체조 체계가 쓸모없는 것이라는 생각을 하게 되었다(Gerber, 1971: 181). 그래서 그가 새롭게 창안한 것이 덴마크 체조였는데, 그 내용은 『초보적인 체조(Primitif Gymnastik)』라는 그의 저서를 통해 널리 알려지게 되었다.

1884년 덴마크에는 라스무센(N. H. Rassmussen)이 스웨덴 체조를 도입했고, 그것은 학교와 "사격클럽(Rifle Club)"[74]으로 급속히 확산되었다. 그러나 1889년 독일식 체조와 스웨덴식 체조 사이의 논란이 벌어지자 정부가 개입하여 스웨덴식 체조를 기초로 『체조핸드북(Handbook of Gymnastics)』을 발간하여 각 학교에 공식적으로 보급하게 되었다. 그러나 닐스 북은 스웨덴 유형의 체조에 문제의식을 갖고 있었다. 그는 스웨덴식 체조의 "경직성(stiffness)과 힘의 결여(lack of power), 어색함(거북한 동작, awkwardness)" 등을 가장 큰 문제점으로 파악하고, 이동성(mobility), 힘(strength), 민첩성(agility) 등이 강조된 우아한 동작을 지향하는 체조 체계를 세워갔다.

닐스북의 체조는 비록 스웨덴 체조를 기초로 재 창안된 것이지만 심신의 조화적인 발달이라는 이상(理想)과 과학적 원리(原理)를 기초로 창안된 현대 체육의 한 형식으로서 체육사적으로 큰 의미를 지닌다. 그는 수많은 공로 훈장을 받았고, 그의 저서는 9개국어로 번역되었으며, 체조 시범을 위해 수많은 초청을 받아 해외 시범 원정을 했다. 덴마크 체조를 가르치기 위해서는 리듬감을 살리기 위해 특별한 훈련을 필요로 했기 때문에 그의 기대만큼 세계로 확산되지는 못했지만 그가 체조에 쏟은 열정과 노력은 체육사에 생생히 남아 있다.

5. 프랑스의 체육과 스포츠

1) 프랑스 체육의 발달 배경

프랑스는 1792년 최초의 공화국을 선포했다. 프랑스에서 루이 16세가 처형되자 놀란 유럽 각국은 영국을 중심으로 프랑스에 대항하여 동맹을 맺고 1793년 프랑스를 공격했다.

뒤였던 1953년 이 학교는 정부로부터 독립적인 기관으로 인정되어 지원을 받았다. 보다 상세한 것은 Ellen W. Gerber(1971). Innovators and Institutions in Physical Education, pp. 187-191 참조.

74) Skytteforeninger: 이 사격클럽은 영국사격협회(English National Rifle Association)을 본 딴 것으로 처음에는 군인들의 훈련을 위해 1961년에 설립되었다. 그러나 체조가 점차 주된 활동이 되었다. 이 클럽은 전국 지방에 사회문화센터 역할을 했고, 체육관 라운지, 커피 룸 등이 마련되었다. 이 조직은 1864년 사격·체조, 스포츠 협회로 발전했다.

국내적으로는 반혁명 세력의 반란으로 정세가 혼미해졌다. 이런 때 이탈리아와 이집트 원정에서 공을 세운 나폴레옹은 1799년 쿠데타로 정권을 장악한 이래 프랑스는 국력을 유지하고 유럽의 패권을 강화하기 위하여 국가주의 사상을 강화시켜 갔다. 특히 나폴레옹이 집권한 이래 국가주의적인 원칙에 입각한 중앙집권적인 교육 제도를 확립하고, 모든 교과의 수업은 국가주의를 주제로 가르쳤다. 프랑스 체육도 다른 유럽 여러 나라와 마찬가지로 국가주의적인 사상을 토대로 발달되었다. 특히 19C 후반부터 국가주의적 국방 체육에 바탕을 둔 체육을 실시하게 되었으며, 쿠베르탱, 데물랭 등이 청소년의 활력과 강력한 국가의 건설을 위해 체육·스포츠의 필요성을 강력히 호소함으로서 체계적으로 발달되었다.

2) 프랑스 체조 운동

(1) 아모로스의 체조

프랑스에 가장 먼저 체조가 도입된 곳은 군대였다. 워터루(Waterloo) 전쟁과 1848년 2월 혁명 사이 스페인으로부터 망명한 아모로스(Clolonel Francisco Amoros)는 1817년 두르당(Durdan) 사립학교에 최초의 체육관을 건립했다. 프랑스 국방상은 아모로스가 주최한 공개 시범 연기를 보고, 군인의 단련을 위해 체조를 도입하기로 결정하고 군인들을 선발하여 아모로스의 체조장에 파견하였다. 아모로스는 1820년 야외체조장을 갖춘 육군 및 시민 체조 학교를 설립하고, 군인은 물론 일반 시민을 위한 체조 교육을 실시하게 됨으로써 프랑스 최초의 체조 운동은 군사훈련의 성격을 띤 채 발달되었다

아모로스는 모든 운동은 체계적으로 배열되어 순서에 따라 실시해야 한다는 입장을 취했다. 그는 유연성을 위해 도수체조를 실시했으며, 기계체조, 아령운동, 평형운동, 행진, 도약 등을 주된 프로그램으로 채택하였다.

(2) 클리아스의 체조

아모로스의 뒤를 이어 프랑스 체조 운동에 공헌한 인물은 클리아스(P.H. Clias, 1728-1854)였다. 그는 스위스인으로 영국에서 군사용 체육프로그램을 입안했던 체조가였다. 그는 1814년 프랑스에 초청되어 여러 학교와 군대의 체조 지도자로 활동하다가 1848년 스위스로 돌아갔다. 그의 저서인 『체조 연습의 초보』는 구츠무츠와 얀의 체계를 기초로 저술되었는데, 그의 공헌으로 프랑스의 체조 운동은 점차 확산되었다.

3) 프랑스 학교체육의 발달

(1) 체조의 도입

1848년부터 1870년까지는 프랑스 체조의 침체기였으나 1870년 보불(普佛) 전쟁에서 패한 후 체육에 대한 관심이 증대되기 시작했다. 많은 지식인들은 신체적·도덕적인 무관심이 프랑스를 약화시켰다고 비난하자 1870년대부터 많은 체조 단체가 조직되었고, 학교체육도 활성화되기 시작했다. 체조의 교육과정 편성 요구 법령이 1872년, 1880년, 1887년, 1925년에 각각 통과되었다. 체조 수업은 처음에는 남자만 필수로 규정하였으나, 점차 공립학교 체계에서 여자에게도 필수로 실시되다가 모든 학교에서 필수로 지정되는 과정을 거치며 교육 체계 속에 자리를 잡게 되었다.

(2) 게임과 스포츠의 도입

프랑스에서 스포츠에 대한 인식이 바뀌고 각종 스포츠의 교육적 가치를 인정하게 된 것은 19C 종반이었다. 1886년 11월 쿠베르탱은 『사회 개혁』잡지에 영국 학교교육과정에 대한 보고를 실었고, 이듬해 4월에는 영국 중등학교 교육 원리를 프랑스의 것과 비교했는데, 그 보고서에서 그는 영국 중등교육제도의 원리를 "자유와 스포츠"라고 기술한 것을 비롯하여 프랑스의 교육을 개혁하고 청소년들의 기질과 기풍, 도덕성 등의 함양을 위해 스포츠를 도입해야 한다는 입장을 여러 차례 밝혔다. 그는 특히 『체육의 신형식, 1902』, 『실용체조, 1906』등과 같은 저서를 통해 시용 체조의 영역을 구조, 방어, 이동 3영역으로 분류하고 그 틀 속에 스포츠 종목을 넣었다.[75] 그리고 1895년 데물랭(Damolins)는 『앵글로색슨족의 우수성은 무엇에 유래하는가』라는 저서가 출판되어 스포츠 교육의 중요성을 일깨웠다. 이러한 사회적 분위기 속에 각종 스포츠가 학교에 도입되기 시작했으며, 1920년 4월 학생 스포츠 경기단체에 대한 면세, 운동장과 교사 양성 등에 관한 법령이 통과되었다.

4) 프랑스의 스포츠

프랑스에는 전통적으로 사냥을 비롯한 각종 필드 스포츠(field sport)와 게임이 발달되

75) 구조를 구성하는 운동: 달리기, 뛰기, 오르기, 던지기의 지상운동과 수영. 방어를 구성하는 운동: 공격, 방어 레슬링, 복싱, 봉술, 플러레, 에베. 이동을 구성하는 운동: 달리기, 평형, 자전거, 조정, 요트, 스키 등(김상순, 1992: 438).

었으며, 특히 사이클링의 경우 1869년 최초의 경기대회가 열렸다(Holt, 1981: 81-103). 그러나 전반적으로 조직화된 스포츠의 확산 속도는 느렸다. 영국에서 조직화된 테니스, 축구 등과 같은 스포츠는 대개 프랑스를 통해 유럽 대륙의 신체 문화가 브리튼 섬으로 전해져 다시 재 조직화된 것으로 프랑스는 자국의 전통 스포츠만을 즐겼다. 그러나 1870년대 프랑스의 엘리트들은 그들의 "군사적인 패배"[76]에 큰 충격을 받고 영국의 교육제도에 대하여 관심을 갖기 시작했다. 영국이 팀 게임을 통해서 통치계급이 될 엘리트들에게 집단의 충성심을 길러 간다는 사실을 통해 그들도 단체경기를 통한 팀 스피리트(team spirit)의 함양에 대한 중요성을 인식하고 스포츠를 수용하게 되었다.

영국 스포츠의 도입에 대한 비판도 많았다. 1888년 일련의 지식인들은 스포츠 활동의 가치를 인정하면서도 반 영국적 애국주의적인 입장을 취하며, "전국체육연합(Ligue Nationale de l'Education Physiqu)"을 결성해 애국주의적인 경향을 드러냈다. 그러나 쿠베르탱(Pierre de Coubertin), 친영 상류계급이자 한 때 에딘버러(Edinburgh) 영사였던 셍뜨케르(Georges de Saint-Cair) 등과 같은 인물들의 주도로 영국 스포츠는 프랑스에서 급속히 확산되었으며, 1889년 "프랑스 스포츠 경기 연맹(Union de Societes Francaises de Sport Athletique: USFSA)가 결성되었으며, 프랑스 스포츠의 발달과 관련이 있다.

5) 쿠베르탱의 생애와 근대올림픽의 부활

(1) 쿠베르탱과 올림픽의 꿈

쿠베르탱(Baron Pierre de Coubertin, 1863-1937)은 1863년 파리에서 귀족 가문에서 태어났다. 고전적인 교육을 받으며 성장했던 그는 12세가 되던 1875년 토마스 휴즈의 자서전적 소설 『톰 브라운의 학창시절(Tom Brown's Schooldays)』을 읽고 큰 감명을 받게 되었다. 청년이 된 그는 영국 스포츠 교육에 큰 관심을 갖고 1883년부터 1887년 사이 12번이나 영국의 현황을 시찰하면서 영국 스포츠에 관심을 기울였다.

쿠베르탱에게 정신적으로 가장 큰 영향을 준 것은 영국 럭비교(Rugby School) 교장을 지낸 토마스 아놀드(Thomas Arnold)였다. 그는 럭비 스쿨에서는 19C 중반부터 스포츠를 통해 종교적으로 강건한 기독교도의 육성과 도덕적으로 신사도의 함양을 기도했다는

76) 이 군사적인 패배는 1870-1871년 사이 프랑스, 프로이센 전쟁을 말함, 이 전쟁에서 프랑스는 패하여 알사스, 로렌 지방을 독일에 빼앗기고 전쟁 중 나폴레옹 3세는 퇴위하였으며, 제2 帝政도 붕괴되었다.

사실에 깊은 의미를 두었다. 결국 그는 19C 후반 제국주의의 선두 주자였던 영국의 진보와 발전이 영국 퍼블릭스쿨(public school)의 교육 결과로 간주하고 스포츠 교육의 가치를 높이 평가하게 되었다. 평소 고대 그리스의 정신과 심신의 조화적 발달을 꾀한 그리스 교육을 높이 평가하고 있었던 그는 영국 스포츠 교육에 대한 이해를 계기로 고대 올림피아제와 같은 세계 스포츠 제전은 그에게 종교이자 미의 숭배 및 세계평화를 위한 도구로 인식되게 되었고, 그것은 근대올림픽의 제창과 부활로 이어지게 되었다.

(2) 쿠베르탱의 올림픽 부활 운동

1889년 6월 8일 파리에서 스포츠 교육의 발전을 위한 국제회의가 열렸고, 쿠베르탱은 그 회장으로 참석했다. 같은 해 가을 미국 보스톤에서 개최된 "신체 트레이닝 협의회"에 참석한 쿠베르탱은 아놀드를 "근대의 가장 위대한 스승"이라고 칭송하며, 각국은 영국의 운동경기 체제를 받아들여야 한다고 강조했다.

쿠베르탱은 국내에서도 학교체육 및 스포츠의 보급을 위해 심혈을 기울였다. 그는 독일인에 비해 프랑스인이 체조협회에 대하여 무관심하고, 프랑스에서는 영국과 같은 스포츠의 육성 운동을 전혀 볼 수 없음을 안타깝게 여기고 있었다. 영국의 교육체계에서 럭비, 축구, 크리켓, 육상 등의 시합에 큰 감명을 받은 그는 프랑스에서도 스포츠 운동을 전개했다. 그의 영도 하에 프랑스 스포츠 경기 연맹이 조직되었고, 약 200여 개의 프랑스 스포츠 클럽을 통합했으며, 1892년 처음으로 프랑스와 영국간의 국제 경기 대회의 기초를 닦기도 했다.

올림픽의 제창을 위해 중요한 해는 1892년부터였다. 그해 11월 25일 소르본(Sorbonne) 회의가 열렸다. 본래 그 회의의 목적은 프랑스 운동 클럽의 발전을 기념하는 회의였으나 쿠베르탱은 그 회의를 고대 올림픽 경기를 부활시키기 위한 계기로 생각했다. 그는 인상적인 연설을 했으나 사람들의 인식은 부족했다. 그래도 올림픽을 향한 그의 집념은 약화되지 않았다. 1893년 가을, 그는 미국 뉴욕으로 가서 올림픽의 부활은 꿈이 아니란 것을 역설했다. 그는 1894년 소르본 국제 회의를 다시 소집했고, 세계 스포츠 협회와 교육기관을 대표하는 79명의 대표단이 8일간의 회의를 거쳐 국제 경기는 고대 그리스의 올림피아제와 같이 4년마다 개최되어야 한다는 것과 아마추어리즘에 대한 결의를 완료함으로써 쿠베르탱의 올림픽 운동은 실현되게 되었다.

6. 러시아(구 소련)의 체육과 스포츠

1) 러시아 체육의 발달 배경

구 소비에트사회주의연방공화국(USSR: Union of Soviet Socialist Republics)은 전 세계 육지의 1/6을 차지하고 있었다. 제정 러시아 시대의 교육은 소수 특권층을 대상으로 한 엘리트 교육이었으며, 공산주의 교육은 국토 확장 및 과학발달의 욕망과 결합된 마르크스-레닌주의를 지침으로 삼아왔다. 개인은 항상 국가를 이루는 사회유기체의 일부분으로 취급되었기 때문에 체육은 모든 청소년이 투사, 개척자, 군인으로서 훈련되어야 한다는 목적 개념을 바탕으로 발달되었다.

1917년 개혁 이후 수년 동안 신 정부 지도자들은 자신들의 정권을 존속시키고, 세계에서 가장 긴 국경을 가진 국토를 방위하기 위하여 제일 먼저 군사훈련에 주력했으며, 체육의 목적도 국방력의 강화와 연계되었으며, 다른 한편으로는 노동생산성을 향상시키기 위해 노동자의 건강 유지와 체력 향상이라는 목표 개념과 연계되었다. 그리고 2차 대전 이후부터 스포츠를 통해 사회주의가 체제가 자본주의보다 우수함을 입증하려는 노력을 경주함으로써 체육이 더욱 발달하는 계기가 되었다.

2) 러시아 학교체육의 발달

(1) 유럽 체조의 도입

1914년까지 구 소련은 유럽이나 미국 등에 비하여 체육이 체계적으로 발달되지 않았으나 1923년 "체육최고회의"를 설치하였으며, 그 체계는 점차 각 지방 행정 단위로 확대 설치되었는데, 학교체육은 일반 스포츠 활동과 분리하여 연방공화국 교육부가 관장했다.

혁명 전 러시아 교육은 봉건시대의 귀족적, 주지적 교육 형태에 의존하였기 때문에 체조나 스포츠는 교육활동으로 주목받지 못하였다. 이 시대에 학교체육은 평소 외래 영향을 반대했음에도 불구하고 스웨덴 체조와 유사한 내용의 체육활동이 이루어지고 있었다. 학교체육의 이론적 기초는 레스가프트와 파블로프의 학설에 두고 있지만 실제 내용은 외국의 다양한 체조 운동을 선별적으로 도입한 것이었다. 주로 독일 체조, 덴마크 체조, 스웨덴 체조 등이 혼합된 유형의 체조가 행하여졌다.

(2) 스포츠의 도입

러시아 혁명 이후 모든 학교에서는 영국과 미국의 스포츠를 도입하여 스포츠 활동을 매우 강화했다. 방과후에도 과반수 이상의 학생들은 체육교사의 지도아래 매주 여러 차례 운동부의 활동에 적극 참가했다. 이들 운동부 선수들은 15개 종목에 한하여 4개 연령별로 개최되는 경기대회에 참가했다. 15개 경기종목은 농구, 배구, 수구, 사이클, 체조, 육상경기, 수영, 다이빙, 탁구, 축구, 사격, 카누, 장기, 팀 핸드볼 등이었다. 경기는 학급대회부터 시작하여 각급 대회를 거쳐 전연방대회에까지 출전하는 체계로 되어 있었다.

체육에서 특수한 재능을 가진 12-18세 학생들은 약 2천여 개의 체육학교에 입교하여 특정 스포츠에 대하여 고도의 전문교사로부터 특수지도를 받았다. 이 학생들은 방과 후 주당 2-4시간, 방학중엔 매일 5시간씩 주당 5일간 훈련을 받았다. 또 체육에 천부적 재능을 가진 학생을 위하여 기숙사가 설치된 체육학교를 운영했고, 중등학교 마지막 2년을 이 학교에서 보내며 각자 전문직종에 대한 훈련을 받았다.

대학생들은 2학년까지 각종 스포츠수업을 받으며 아울러 수영도 배운다. 학생들은 체조, 수영, 농구, 육상, 테니스, 스키, 축구, 사이클, 등산 중에서 자신이 이수한 종목을 선택하며 각 대학은 여러 종목에 걸쳐 운동부를 두고 각종 대회에 참가했다.

3) 사회주의적 체육교육의 성립

국가적 체육정책에 힘입어 체육은 일반 교육체계에서 중요한 위치를 차지하였으며, 각급 학교의 모든 학년에 필수 교과로 실시되었다. 학교의 체육활동은 정규 수업시간표상의 체육수업과 매일 아침 수업시작 전 15분간의 아침체조로 이루어졌다. 아침 체조는 실기가 허용되면 옥외에서 실시되었으며, 정규 체육 수업에서 배운 체조 운동을 근거로 하였다. 저 학년 학생은 학급담임이나 기능이 우수한 상급학생의 지도를 받았고 5학년부터 체육교사가 체육수업을 담당하였다.

1945년 이후 소련 교육을 연구한 많은 사람들은 유치원에서 대학교육에 이르기까지 전 과정에서 체육이 정규과목으로 실시되었다. 취학 전의 아동 체육은 아동의 자연적인 흥미에 따라 활동적인 게임을 기본으로 하고 1-2학년 아동은 율동적 운동이 포함된 체조와 스포츠로 구성되었다. 3-4학년 아동은 육상경기 기본 운동을 비롯하여 스키, 농구 등의 기초 기술을 배우고 바른 보행법, 근력, 저항력, 유연성 증강운동을 하며, 가끔 스포츠도 가끔 즐기는 정도였다.

중등학교의 체육내용은 맨손체조, 육상경기, 스키, 농구, 배구, 핸드볼 등으로 구성되어 있으며 시설이 허용되면 크로스컨트리스키와 수영도 포함되었다. 남학생과 여학생은 별도로 수업을 하며 여학생은 무용, 남학생은 군사 교련을 받았다. 각 학교는 소재 공화국 교육부에서 규정한 교육과정에 따라서 교육을 하지만 지역에 따라 다소 차이는 있었다.

3) 러시아의 스포츠

(1) 스포츠 클럽과 단체

러시아 스포츠는 지방 스포츠클럽을 기초 단위로 발달되었다. 스포츠클럽이 제일 먼저 생긴 것은 1860년대로서 모스크바와 성피터스버그의 부유층 시민과 귀족들이 스케이트, 요트, 크리켓 체조 등과 같은 종목의 클럽을 결성한 것이었다. 1887년 테니스, 수영, 사이클 등의 운동에서 성피터스버그 아마추어체육회가 결성되었다.

모톤에 의하면 러시아에서는 1905년까지 스포츠 및 체조와 관련된 자생 단체가 약 100개 정도 되었다고 한다. 그러다가 1905년 노일전쟁(露日戰爭)에서 러시아가 패하게 되자 러시아는 학교 및 사회체육 정책에 더욱 깊은 관심을 갖게 되었으며, 스포츠 중흥 정책을 펴게되었고, 1908년 런던 올림픽에서 러시아 선수 판신(N. Panshin)은 피겨 스케이팅에서 금메달까지 획득하였다.

1913년부터 제1회 러시아 올림피아드를 키예프에서 개최하게되었는데, 러시아 혁명 이후부터 각종 스포츠클럽은 반혁명 단체로 간주되어 공산당이 흡수하거나 해체되어 사실상 체육활동은 침체상태에 빠졌다. 그러나 일부활동은 계속되었다. 1919년 군중체육대회, 1921년 국민수영대회가 개최되었고, 유일한 체육클럽인 군사체육클럽에서 스키, 수영, 복싱, 레슬링, 역도 등의 운동이 실시되었다.

스탈린 치하에서 체육단체에 대한 통제가 상당히 엄격하였는데 이 때 “전연방체육회의”가 창설되었다. 이 기구는 1936년의 신 헌법에 의하여 “전연방체육위원회(All-Union of Physical Culture)로 대체되었다가 1959년부터 흐루시초프에 의하여 하나의 민주적 단체로서 소련체육회(USSO: Union of Sports Societies and Organization of the USSR)로 개칭되었으며 여전히 공산당의 통제를 받고 있었다.

USSO는 국제대회 경기력 관리, 체육전문 대학의 기능조정, 전 스포츠단체의 규정 및 방침제정, 체육교사, 코치, 기타 지도자 양성기관의 수준 결정, 대중체육활동 등 광범위한 체육업무를 관장했다. 또 소련연방의 각료회의 산하에 체육위원회가 있으며 이 위원회는 학교체육의 주요 책임기관으로 스포츠의 활성화에 기여했다.

(2) 스포츠의 진흥과 선수 육성

소련연방이 수립되었을 무렵 소련 선수들은 부르주아 국가의 대표 선수들과의 경기를 금지하면서 공산당은 올림픽을 "노동자들의 계급투쟁을 저지하는 한편, 신 제국주의 전쟁에 대비하여 노동자들을 훈련시키기 위한 부르조아적 책략"이라고 비판하였다. 그러나 1930년대 중반부터 우수선수들에게는 주택, 직장, 호화휴가 등 특별혜택이 주어지기 시작했다. 1945년 프라우다지(紙)는 탁월한 경기실적을 올린 선수에게는 현금 부상이 수여된다고 보도했다. 이러한 스포츠 육성 정책에 힘입어 소련의 스포츠 수준은 급격히 향상되었다.

국제 무대에 참가한 소련 선수들은 승부에 대한 심한 압박을 받았는데 한 예로 1952년 유고슬라비아와의 경기에서 패한 육군선수단은 당장 해체되기도 했다. 국제 경기에서 승리하려는 야망에서 소련은 선수양성에 최대의 국가적 노력과 지원을 하였으며, 고도의 스포츠 과학기술을 총동원하였다. 이러한 체육정책이 효과를 발휘한 첫 본보기는 아이스하키였다. 하키경기가 공식적으로 처음 소련에서 실시된 것은 1946년이었는데 불과 2년 후 첫 국제 대회에 참가하였고, 1954년에 세계선수권을 획득하였으며, 1956년 올림픽에서 러시아 하키 팀이 금메달을 차지하였다.

소련 선수들은 비록 국내에서는 모두 아마추어 선수로 인정되지만 국제적으로는 국가에서 지원하기 때문에 프로선수로 비난받았다. 그러나 그들은 자기들의 우수 선수 지원이 미국이 대학선수들에게 수업료, 숙소, 식사, 교과서 등을 무상으로 제공하는 것과 다를 바 없다고 생각하며, 지원을 계속함으로써 국가 관리 하의 아마추어 스포츠 시스템인 소위 "스테이트 아마추어리즘(State Amateurism)" 정책을 고수하여 구 소련의 사회주의 체제가 붕괴되기 전까지는 올림픽에서 서방 진영 국가들의 기록을 앞지르는 성과를 올렸다.

4) 러시아의 체육 제도

(1) GTO 제도

"GTO"[77]제도는 국민의 체력수준을 향상시키기 위한 체력장 제도의 일종이었다. 1930년 공산주의 청년단이 발안하여 1931년 소련정부의 승인을 받아 실시되었다. 그러나 본래의 GTO 안은 해가 거듭되면서 수 차례 변화와 발전하였다. 처음엔 단일 검사 종목에 단일 뱃지(章)만 두었으나, 1932년에 2개 등급으로 나누어졌으며 이에 따라 2급의 난이도가 상향되었으며, 소련의 국가발전과 교육제도의 변화에 따라 GTO제도의 프로그램도 그 때마다 새로 조정되어 더 힘들고 더 높은 수준의 요건이 추가되었는데, 1972년 주요 체육

77) GTO(gotov k trudu I oborone)란 노동과 국방을 위한 준비라는 의미이다.

기구, 노동조합 중앙회의, 공산주의 청년동맹이 함께 참여하여 GTO制를 전면 수정하여 실시케 하였다. 그래서 GTO결합프로그램은 10-60세의 남자와 10-55세의 여성에 적합하도록 5개종으로 분류되었다.

① GTO 제Ⅰ종(용맹과 민첩): 10-11세 소년과 12-13세 소녀들에게 해당되며 주목적은 신체기본기술과 체육활동에 대한 애착과 흥미 유도를 목표로 했다.
② GTO 제Ⅱ종(예비 스포츠맨): 14-15세 남녀를 대상으로 하며 체력을 향상과 기본적 운동기능의 숙달에 목표를 두었다.
③ GTO 제Ⅲ종(근력과 용기): 16-18세의 청소년이 그 대상이며, 미래의 노동활동과 군복무에 부응하는 청소년의 체력수준을 향상시키는 데 목표를 두었다.
④ GTO 제Ⅳ종(身體完成): 19-39세의 남자, 19-34세의 여자를 대상으로 하며 이들을 다시 2개 부류로 나누어 남자는 19-28세와 29-39세, 여자는 19-28세와 29-34세로 구분했다. 전체 국민의 체력 수준 향상과 이에 따른 노동생산성, 국방력 강화가 그 목적이었다.
⑤ GTO 제Ⅴ종(활력과 건강): 60세까지의 남자와 55세까지의 여자를 대상으로 하며 역시 연령에 따라 다시 2개 분류로 나누어 남자는 40-49세와 50-56세, 여자는 35-44세와 45-55세로 구분되며 전체 인구의 건강유지와 노동생산성과 국방력을 유지하는 것이 목적이었다.

GTO 5종은 각각 이론 부분과 실기부분으로 되어 있으며 이 두 부분의 일정한 기준을 통과하면 은장(銀章) 또는 금장(金章)을 수여했다. 이론은 소련체육, 스포츠제도에 대한 지식, 개인 및 공중위생에 대한 지식과 그 적응 능력, 민방위 기술, 아침체조 등에 대한 요건을 요구한다. 실기부분은 체력의 발달 수준(근력, 지구력, 민첩성, 순발력)과 운동기능의 발달(달리기, 뛰기, 던지기, 수영, 스키 등)을 검사한다.

(2) 전 연방 스포츠 등급제

스포츠 등급제는 우수 선수의 양성을 위한 제도였다. 1937년 최초의 등급제에는 소련에서 실시되는 거의 모든 스포츠가 포함된 총 42개 종목에 한하여 실시되었으나 1948년부터 소련선수의 세계기록 갱신과 세계선수권대회 승리를 목적으로 매 4년마다 재조정되었다.

스포츠 등급제는 선수의 공적에 따라 등급, 칭호, 분류(種)가 주어지는 자격기준과 구비요건 체계였다. 최고 등급인 국제스포츠마스터와 국내급 스포츠마스터는 명예칭호로서 종신까지 주어진다. 소련체육인으로서 제일 열망하는 최고의 칭호는 공훈(功勳)스포츠마스터(공훈예술가, 공훈교사 등과 동급)로 국가 서훈제도에 의해 수여되었고, 하위 마스터 등급과 주니어 마스터 등급은 해당 스포츠상임위원회에서 수여했다.

6. 미국의 체육과 스포츠

미국은 역사가 짧은 나라이다. 19세기초까지 북아메리카는 길고 긴 식민지 개척과 이민의 역사가 계속되었다. 15·16세기는 스페인과 프랑스, 17세기는 네덜란드 등 유럽의 여러 나라로부터 많은 인구가 이주해 왔으며, 노예무역을 통해서 아프리카에서도 상당한 인구가 유입되었다. 다양한 인종이 유입된 북아메리카에서는 다양한 문화가 형성되었으며, 19C 후반부터 체육·스포츠도 급속히 발달되었는데, 미국은 유럽 대륙 국가들의 체조와 영국 스포츠를 도입하여 융화시켜 오늘날 우리가 채용하고 있는 신체육(New Physical Education)의 체계를 확립했으며, 농구, 배구, 야구 등과 같은 스포츠를 조직화했다. 따라서 미국 체육·스포츠의 역사는 영국, 독일, 스웨덴, 덴마크 등과 같은 유럽 국가들의 체육사와 함께 매우 중요한 위치를 점하고 있다.

1) 미국 체육과 유럽 체조 운동

(1) 독일 체조의 도입

미국 학교에 체육의 진흥이 시작된 것은 1820-50년 사이로 얀의 독일 체조가 미국에 소개되었기 때문이었다. 미국에 독일 체조를 소개한 중심 인물들은 메테르니히(Metternich)의 억압[78]을 견디지 못해 미국으로 망명한 얀의 제자들 칼 베크(Karl Beck)와 칼 폴렌(Karl Follen)[79]이었다.

베크는 1825-30년, 라운드 힐교(Round Hill School)의 교사진으로 가담하게 됨으로써 미국에서 최초로 체조가 시작되었다. 그러나 라운드 힐 스쿨도 재정적인 문제로 실패했다.

폴렌은 하버드 대학(Harvard University)의 교원(1826-28)이 되었다. 하버드 대학은

78) 1819년, 프러시아(Prussia)에서 코체브(Kotzebue)가 살해된 후, 얀(F.C.L. Jahn)과 얀이 설립한 체조연맹(Turnvereine: gymnstic clubs)에 그 혐의가 씌어졌기 때문에 그 회원들의 대부분은 프러시아로부터 다른 나라로 망명길에 올랐다.

79) 이들의 명칭은 영어식으로는 Charles Beck, Charles Follen이다.

체조의 아버지인 얀에게 교원이 되어 줄 것을 요청했는데 얀의 요구가 지나쳤기 때문에 칼 폴렌을 대신 임명했다. 폴렌은 보스톤에 공공 체육관(Boston Gymnasium)의 책임자로 임명되었으나 1826년 사임했고, 그의 일은 1827년 독일계 이주민 프란시스 레이버(Francis Leiber)가 계승했다. 그러나 체조의 생명은 길지 않았다. 1826년 보스톤 체조장 또한 문을 닫아야 했는데, 초창기 독일 체조가 실패한 이유는 몇 가지로 요약된다(Barrow, 1988: 77).

첫째, 체조 프로그램을 운영하던 사람들이 다른 일로 생계를 이어가야 할 처지여서 전적으로 체조 보급에만 매달릴 수 없었기 때문이다. 베크는 고전학자였고, 폴렌은 교사였으며, 레이버는 역사가로 후일 미국백과사전을 편찬한 인물이었다.

둘째, 대학이나 공립학교가 체조를 정규 교육과정의 일부로 취급하지 않았다. 일부 사립학교와 여자 학교에서 체조를 채택했을 뿐 많은 학교의 교육은 사회생활을 위한 준비에 치중했고, 방과 후에는 각종 흥미로운 게임과 스포츠를 즐기고 있었기 때문이었다.

셋째, 독일 체조에는 고상함이 없었다. 많은 미국 사람들의 요구나 목적과 얀 체조의 목적과 정신 사이에 일치감이 형성되지 않았기 때문이었다.[80]

미국 이주민들의 그들의 민주적 환경에서 선택의 자유와 개인적 자유에 심취해 있었다. 그래서 독일 체조의 도입을 위한 일차적인 노력은 실패로 돌아갔으며, 정치적 문제로 많은 독일 인구가 유입된 중서부 지역에서만 융성하게 발달했다. 그러나 이러한 노력의 결과가 완전히 헛된 것만은 아니었다. 독일 체조는 1866년 북아메리카 체조연맹학교(Normal School of the North America Gymnastic Union)의 설립으로 이어졌기 때문이다.

(2) 스웨덴 체조의 도입

미국에서 받아들인 유럽의 체조는 독일 얀의 체조 중심이었으나 19C 말 스웨덴의 체조 체계로 미국에 도입되었다. 1883년 니센(Hartvig Nissen)이 보스톤 공립학교(Boston Public School)에 체조를 도입했다. 그리고 포세(Nile Posse)와 그를 계승한 헤밍웨이(Mary Hemenway)에 의해 재차 소개되었는데, 이들은 각각 보스톤체조학교(Boston Normal School of Gymnastic, 1889)와 호먼스보스톤체조학교(Army Morris Homans

80) 구체적인 것은 맥인토시 지음(하남길 역), 페어 플레이(서울: 21세기 교육사, 1997), 미국 스포츠 편 참조.

Boston Normal School of Gymnastics, 1889)를 개설·운영함으로써 스웨덴 체조의 보급에 공헌했다.

2) 학교 스포츠의 도입

(1) 강건한 기독교주의의 확산과 스포츠의 도입

19세기 미국 사회에서 교육 체계에 체육이 필요하다는 인식을 심어주고, 스포츠에 대하여 새로운 태도를 형성하게 된 것은 영국의 영향이었다. 영국은 19C 후반부터 퍼블릭 스쿨(Public School)과 옥스브리지(Oxbridge)를 중심으로 애슬레티시즘(Athleticism)이 확산되면서 스포츠교육 열풍이 불기 시작했다. 그 사상적 배경이 된 것은 남성다움(manliness)을 추구했던 강건한 기독교주의(Muscular Christianity)였다. 강건한 기독교주의 체육 사조가 미국에 확산됨으로써 미국인들의 의식을 개조시켰다.

영국을 비롯하여 유럽에서 아메리카 대륙으로 이어진 이민 물결에는 청교도들이 주를 이루고 있었고, 미국의 모든 제도는 청교도주의(Puritanism)에 바탕을 두고 있었다. 따라서 초기의 미국 사회에서는 체육·스포츠를 금기시하는 경향이 짙었다. 그러나 19세기 중반부터 청교도주의의 영향력이 쇠퇴하고 영국의 "강건한 기독교주의(Muscular Christianity)"[81] 사상이 확산되었다.

강건한 기독교주의라는 하나의 스포츠 이데올로기를 미국에 확산시킨 인물은 에머슨(Ralph Waldo Emerson)이었다. 그는 영국의 문인이자 법조인이었던 킹슬리의 사상과 럭비 스쿨의 아놀드(Thomas Arnold)식 스포츠교육 방식을 확산시킴으로써 체조, 스포츠 등이 미국 교육에 있어서 핵심적인 영역의 지위를 부여받는데 결정적인 역할을 했다. "그는 강연과 집필을 통하여 윤리적·지적·신체적 측면이 모두 동일하게 중시되는 새로운 종교적 인간상을 전파해 나갔으며(Lucas & Smith, 1978; 최의창, 2000: 10), 그 결과 미국에서는 19세기 후반부터 스포츠가 빠른 속도로 발달될 수 있었고, 학교체육에도 스포츠가 자리 잡을 수 있는 기초가 마련되었다.

---

81) Muscular Christianity를 일부 서적에서는 "건강 중심적 기독교주의"로 번역했다. 그러나 그 의미로 볼 때 "강건한 기독교주의"로 번역하는 것이 옳다. 이 말은 19C 후반 찰스 킹즐리(Charles Kingsley)가 강한 영국인의 양성을 위해 주창한 것으로 하나의 조어(造語)였다. 그 핵심적인 개념은 "남성다움(Manliness)"이었으며, 남성다움은 튼튼한 신체, 강인한 정신력, 지고한 도덕성 등과 같은 인격 특성을 의미하는 매우 포괄적인 개념으로 사용되었다. 따라서 건강 중심적이라고 할 경우 도덕적인 개념이 포함되지 않게 된다. "강건한 기독교주의"에 관한 상세한 것은 정의진· 하남길, "스포츠와 모래러티: 남성다움과 스포츠교육", 2001 한국체육학회학술발표대회논문집 참조.

강건한 기독교주의 사상의 확산은 악영향도 있었다. 강건한 기독교주의의 핵심적인 개념은 스포츠를 통한 남성다움의 추구였기 때문에 모든 스포츠는 남성 중심적 활동으로 생각했고, 여성의 참여는 무시되었다. 따라서 미국에서 여자를 위한 체육프로그램은 19세기부터 개발되기 시작했으나 남자에 비하면 아주 느렸고, 남성과 여성 체육이 균형적으로 발달되지 못하는 결과를 초래하기도 했다.

(2) 학교 스포츠의 발달

19세기 중엽, 학교에서 체육 수업을 시작했을 때 학습내용은 체조와 미용체조의 형태였으며, 각종 게임과 스포츠의 교육적 가치를 인정하려들지 않았다. 그리고 대학 스포츠가 격렬한 도덕적 문제를 야기했기 때문에 경쟁적인 스포츠가 고등학교에 도입된 것은 19C 종반이었다.

1889년 33인의 참석자가 학교 교육과정을 다룬 체육협의회의 보고서 내용에는 경쟁적 스포츠에 관해서 단 두 번의 언급이 있을 뿐이었다. 대학 경기가 활성화되었을 때 중등학교에서는 체조가 학생들의 요구에 가장 적합한 것으로 생각되었고, 각종 스포츠는 과외 시간의 오락 정도로 간주되었다.

미국의 공립교육 체계에서 스포츠가 점차 중요한 위치를 차지하며 급속히 확산된 것은 20세기 초였다. 스포츠가 고등학교에 출현하자 교사들은 스포츠를 교육의 목적에 부합되도록 하려는 노력을 했다. 1903년부터 1908년까지 뉴욕 공립 고등학교의 체육 주임이었던 귤릭(L. H. Gulic)은 Y.M.C.A. 활동을 통해 "우리는 스포츠를 통해서 기독교적 특질이 발휘되고 배양되도록 해야 함을 알아야 한다"고 주장했다. 1903년 "뉴욕공립학교경기연맹(New York Public School Athletic League)"[82] 설립되었고, 운동경기는 학생들의 정서 순화에 기여할 것이라는 인식이 확산되었다. 1904-5년까지 미국 555개 조사 대상 도시 중 345개의 도시에 고등학교경기협회가 있었다. 더욱이 상당히 많은 교회들까지도 뒤늦게 강건한 기독교주의(Muscular Christianity)를 추구하게 되었다. 1904년 브루크린(Brooklyn)에 주일 학교(Sunday school) 경기 연맹이 결성되는 등 학교 스포츠는 사회 스포츠의 발달과 함께 중요한 교육의 수단으로 자리잡게 되었다.

82) 당시 연맹에서 인정한 종목은 육상, 풋볼, 축구, 야구, 농구, 수영, 크로스 컨트리, 아이스 스케이팅, 롤러 스케이팅, 사격 등이었다.

3) 미국 체육의 체계적인 발달 과정

(1) 미국 체육의 선구자들

미국의 체육에서 초창기 체조 운동은 실패로 끝났으나 유럽 체육·스포츠의 영향으로 체육이 체계적인 발달의 토대를 구축하기 시작했으며, 1820-1850 사이 독자적인 체육 체계가 발달되기도 했는데, 미국 근대체육의 선구자는 존 와렌과 캐더린 비처였다.

첫 번째 공헌자는 하버드의학교(Harvard Medical School)의 존 와렌 박사(Dr. J.C. Warren)였다. 그는 운동의 필요성을 인식하고 여가시간의 체육활동을 촉진했으며, 체조와 스포츠 등 다양한 체육활동을 소개했다. 그리고 하버드와 보스톤의 체육관 설립을 도왔으며, 여성을 위한 적절한 운동을 주장하기도 했다. 그는 "체육(Physical Education)"이란 용어를 처음 사용했다. 그리고 그리스어로 아름다운 힘(beautiful strength)이란 의미의 미용체조법(Calisthenics)란 말도 사용했다.

두 번째 공헌자는 코네티컷 주(州) 핫포드(Hartford) 여학교의 캐더린 비처(Catherine Beecher)였다. 그는 교과과정에 체육을 포함시키되 그 프로그램을 젊은 여성의 욕구를 충족할 수 있는 방향으로 변형시켰다. 그녀가 새롭게 창안한 것은 없었으나 체육의 체계를 새로운 방향으로 개발하려는 노력을 하였으며, 그의 체육에 대한 아이디어를 한 권의 책으로 출판했다. 그러나 그의 체육 체계가 널리 받아들여지는 않았다. 그것은 미국에서 여성 차별에 대한 의식적 갈등과 여성의 역할에 대한 인식의 부족 때문이었다.

(2) 체육 체계의 확립

1860년대는 미국 체육의 새 시대로 기록된다. 1825-50년 사이 체조(gymnastics), 스포츠(sports), 운동(exercise)이 학교 체계 속에 들어가기도 했으나 1848년부터 독일의 체조가 다시 시작되었기 때문이다. 1848년 유럽 혁명이 실패로 돌아가자 "48년의 사람들"로 불려진 망명 이민의 새로운 물결이 미국에 도달했다. 그들 중에 많은 체조가(Turner)들도 있었고,[83] 그들이 다시 체조 운동(Turnverein)을 시작했다. 초창기 베크, 폴렌 레이버 등이 실패했던 것과는 달리 매우 성공적이었다.

---

83) 남부 독일의 바덴(Baden) 주(州)가 자유주의적인 헌법을 채택하려고 했을 때 프러시아와 다른 큰 주(州)는 바덴주를 침공했고, 체조연맹(Hanau Turnvereine)은 바덴 주의 입장에 서서 싸웠으나 실패하자 많은 체조가들은 처형당하고 약 600명의 체조가들은 스위스를 거쳐 미국으로 망명했는데, 그 중의 몇 명이 미국에서 체조 클럽을 재건하여 그들의 원칙을 고수했다. 맥킨토시 지음, 하남길 옮김, "페어 플레이" 참조.

남북전쟁을 전후로 미국 체조의 체계를 확립하고 미국 체육 발전사에서 캐드린 비처의 계보를 이어간 인물은 루이스(Dioclesian Lewis)였다. 그의 신 체조(New Gymnastics, 또는 Light gymnastics)[84]는 매우 인기를 얻어 공립학교에 받아들여졌고, 그는 체육 발전에 큰 족적을 남겼다. 그는 체조교사 훈련의 필요성을 인식하고 1861년 보스톤 정규체육연구소(Boston Normal Institute for P.E, 1861-1868)를 설립했으며, 최초의 미국 저널을 창간하기도 했다.

(3) 체육의 체계적인 발달

남북전쟁(the Civil war, 1861-65)이 끝나자 체육의 모습은 보다 뚜렷이 나타났다. 비록 교육의 수준은 낮았으나 스포츠의 급속한 발달에 따라 체조도 진보된 모습으로 나타났다. 베크, 폴렌, 레이버, 비처, 루이스 등이 뿌린 씨앗이 열매를 맺기 시작했다. 공립학교와 대학에서 스포츠 열풍이 일어남으로 인해 체조를 프로그램으로 인정하지 않는 곳도 많았으나 많은 학교에서 체조와 스포츠가 동시에 학교체육 프로그램의 부분이 되었다.

체조의 내용은 비처가 변형시킨 것들과 루이스의 "신체조(New Gymnastics)"에 스웨덴 체조와 델사르트 시스템(Delsarte System)이 추가된 것이었다. 체조의 확산은 지도자 훈련의 필요성이 제기되었고, 1861년 보스톤정규체육연구소(Boston Normal Institute for P.E)가 설립되었으나 전쟁으로 인해 큰 기능을 하지는 못했다. 그러나 그것을 기초로 1966년 미국정규체조학교(the Normal College of the American Turnerbund)"[85]가 설립되었다.

1860년대부터 미국적인 체육의 체계가 확립된 것은 히치콕(Dr. Edward Hitchcock), 서전트(Dr. Dudly Allen Sergent), 앤더슨(William G. Anderson) 등과 같은 학자들의 공헌에 의한 것이었다. 그들은 링, 얀, 나흐테갈 체조를 기초로 미국 체육의 체계를 잡아갔다. 히치콕은 생리학자로 암허스터 대학에서 최초의 체육학과 주임이 되었다.[86] 당시 대학에서 체육 강의를 한 곳은 암허스터 대학뿐이었는데, 그는 미용체조와 스포츠 중심의 체육체계를 개척한 선구자였다(Welch, 1962: 35.)

서전트는 1879년 하버드 대학 헤밍웨이 체육관 주임(1879-1919)으로 근무하며, 교사

---

84) 그의 신체조는 으로 불렸으며, Normal Institute for Physical Education에서 실시되었다.

85) 이 기관은 현재 "Health, Physical Education and Recreation of Indiana University"의 전신이 되었다.

86) 당시 학과의 명칭은 Department of Hygiene and Physical Education at Amherst College였다.

교육 및 체육의 과학적 체계를 확립하였는데, 그는 체육의 목적을 위생적, 교육적, 레크리에이션적, 치료적 목적으로 분류하여 방향을 설정하였다.87)

안더슨은 YMCA 활동을 통해 체육에 관심을 갖게 된 이래 부루클린에 있는 아델피아 아카데미(Adelphia Academy)의 체육주임(Director of P.E)과 예일대학의 체육과 교수를 지내면서 체육분야의 체계를 확립하는데 크게 기여하였다. 그는 YMCA 체육운동을 통해 체육을 교육, 사회, 종교적 목적으로 분류하고 체육의 중요성을 설파하였으며, 1838년 미국 체육진흥협회(Association for Advancement of P.E.)를 설립하였다.88)

또 하나 미국 체육의 발달에 견인차 역할을 한 것은 YMCA와 YWCA 운동이었다. 1885년 YMCA는 스프링필드 칼리지(Springfield College)를 설립했으며, 이 대학은 국제적인 YWCA 지도자 양성 학교가 되었다. 그리고 1887년에는 YMCA에 체육부를 설치하였으며, 네이스미스(Naismith)가 농구를 창안하게 된 것도 YMCA의 공헌 중 하나이다.

미국 체육의 체계적인 발전과 관련하여 가장 큰 변화가 시작된 것은 1880-1900년 사이 20년간이었다. 그것은 체육의 전문화를 의미하는 것으로 학술단체가 설립되고 학술회의가 열리기 시작하면서 체육의 과학적 기초가 마련되기 시작했다. 1899년 보스톤 학술회의(Boston Conference) 개최, 1897년 대학체육관장협의회(The Society of College Gymnasium Director) 설립, 1896년 체육·레크리에이션·무용저널(The Journal of Physical Education and Recreation and Dance) 창간, 1924년 국가대학여성체육협회(The National Association of P.E. for College Women) 조직, 등은 체육의 과학적, 학문적 발전을 잘 나타내어 주는 것들이다.

4) 진보주의 교육과 신 체육

(1) 신 체육의 발달

역사적으로 전쟁은 국력과 체력의 필요성을 절감하게 한다. 제 1차 세계대전이 끝난

---

87) (1) 위생적 목적: 신체의 조화적인 발달, 신체의 해부,생리학적 기능을 증대할 수 있는 운동(식사, 수면, 호흡, 목욕, 의복 등 일상생활에 대한 공부. (2) 교육적 목적: 골프, 수영 스케이팅 등과 같은 기능 향상과 신체 능력을 기르기 위한 특수한 체력의 단련. (3) 레크리에이션 목적: 일상의 직무를 활기차고 편안하게 수행하기 위한 개인 에너지의 활성화. (4) 치료적 목적: 신체의 이상이나 결함을 교정하고 손상된 기능을 회복할 수 있는 활동.

88) 이 기구는 1838년 “미국 건강, 체육, 레크레이션협회(AAHPER)”가 되었으며, 그 기구는 현재는 AAHPERD(American Association for Health, Physical Education, Recreation and Dance)가 되었다.

직후부터 신체적성(Physical Fitness)과 관련된 프로그램에 대한 관심이 높아졌고, 스웨덴 체조와 독일 체조 사이의 논쟁이 일기도 했다. 그러한 과정에서 19C 종반과 20세기 초반 미국 체육에는 큰 변화가 일기 시작했다. 그것은 진보주의 교육사상의 영향으로 인해 체육이 "신체의 교육"이란 개념에서 "신체를 통한 교육"이란 전인교육의 개념으로 전환된 것을 의미하며, 이 새로운 체육 개념의 등장을 신 체육(New Physical Education)이라고 부르게 되었다.

죤 듀이(John Dewey)[89]가 진보주의 교육이론을 통해 사회적 교육과, 창조적인 경험에 의한 학습을 강조하게 되자 신체적인 활동이 단순히 신체적인 것뿐만 아니라 정신적, 사회적인 발달에도 기여할 수 있다는 주장이 받아들여질 수 있는 여건이 조성되었던 것이다. "신체활동을 통한 교육"이라는 입장은 체육교육이 교육과정에 직접적으로 공헌할 수 있으며, 교육과정에 스포츠나 게임, 놀이, 야외활동도 도입할 수 있는 당위성을 확보하게 됨으로서 1925년까지 체육은 전체적인 교육과정의 통합적인 한 부분으로 자리잡게 되었다.

(2) 신 체육의 선구자

소위 신 체육 시대를 연 것은 우드(Thomas Denison Wood, 1865-1951), 귤릭(Luther H. Gulick, 1865-1918), 헤더링턴(Clark W. Htherington, 1870-1942) 등과 같은 학자들의 영향이었다. 이들은 죤 듀이의 진보주의 교육사상에 영향을 받아 신체의 단련이라는 종래 체육 개념을 신체활동을 통한 인격 형성이라는 개념으로 전환시켰으며, 특히 우드와 헤더링턴은 신체를 통한 교육(education through the physical)의 개념을 널리 확산시킨 장본인들이었다.

① 토마스 우드

우드는 헤더링턴과 함께 스탠포드에 재직했으며, 그 후 미국 체육을 이끈 콜럼비아 사

89) 그는 존스 홉킨스 대학을 졸업한 후 시카고 대학으로 옮겨갔다. 그 곳에서 실험학교를 운영했으며, 1899년 『학교와 사회』라는 저서를 출판했으며, 아동 중심적이고 자연적인 교육을 통하여 사회의 개선을 가져와야 한다는 주장을 했다. 그의 철학의 기초는 하는 것(doing)과 아는 것(knowing)이 동일하게 중시되며 인간의 총체성(the unity of man)을 강조함으로서 신체와 정신을 분리하지 않는 입장을 취했다. 그는 1904년 시카고 대학에서 콜롬비아 대학 교수로 옮겨가게 되었으며, 그 결과가 신 체육의 탄생으로 이어졌다. 1901년 스탠포드 대학에 재직하던 토마스 우드와 제시 윌리엄스 교수가 이 학교에 재직하게 됨으로써 진보주의 영향을 직접적으로 받아 신 체육의 개념이 확립되었다고 볼 수 있다.

범대학 체육과에서 연구했다. 그는 지혜와 통찰력을 강조하며, 종래 체육의 문제점을 비판하고 "신체육(New Physical Educatoon)"의 체계를 창안했다. 그는 신체적 건강에만 목적을 둔 운동은 실패하며, 건강은 하나의 부산물이지 체육의 목적은 아니라는 입장에서 유럽 체조를 비판했으며, 체육의 주된 프로그램 내용으로 스포츠와 게임, 덤블링(tumbling) 등을 들었다.

② 헤더링턴

헤더링턴(C.W. Htherington)은 미국 근대체육의 아버지로 불린다. 그는 미주리대, 위스컨신대 등을 거쳐 뉴욕 대학에서 연구했다. 일찍이 스탠포드에서 토마스 우드를 만나 우드의 "신체육" 사상을 접하게 되었다. 그의 주된 이론적 기초는 놀이(play)가 행동의 변화에 영향을 미친다는 논리였다. 그는 스포츠와 게임을 인격발달의 주된 요소로 보고, 사냥 타입의 각종 놀이를 프로그램으로 도입했다. 그는 명저 《학교체육프로글그램(School Program in Physical Education)》을 출판했고, 이 책은 지금도 체육의 고전처럼 중시되고 있다.

1차대전이 끝난 뒤 우드, 귤릭, 헤더링턴의 "신체육"은 윌리엄스(Jesse Feiring Williams)와 내시(Jay B. Nash) 등에 의해 지지를 받는다. 윌리엄즈는 콜럼비아 사범대학에서 우드의 계승자가 되었으며, 내시는 헤더링턴이 오클랜드에서 뉴욕대학으로 데려옴으로써 그의 계승자가 되었는데, 체육은 신체의 교육이 아니라 신체활동을 통한 교육라는 윌리엄스의 주장은 바로 현대 체육의 철학적 완성을 의미하는 것이다.

③ 귤릭

귤릭(L.H. Gulick)는 스프링필드 대학에서 YMCA 트레이닝 스쿨에 큰 공헌을 한 인물로 알려져 있으며, 토마스 우드와 비슷한 신념을 갖고 스포츠, 게임, 야외활동(outdoor activities)은 물론 캠핑을 매우 권장하였다. "소녀캠파이어운동(Camp Fire Girls Movement)"을 주창했으며, 체육의 사회적 가치를 매우 강조하였다.

④ 윌리엄스

우드와 헤더링턴의 사상은 1930-1950년 사이 윌리엄스(Jesse Feiring Williams)와 내쉬(Jay B. Nash) 등과 같은 체육학자로부터 지지를 받게 되었다. 윌리엄스는 우드처럼 콜럼비아 대학에 근무했으며, 그의 사상을 이어받아 "체육은 신체의 교육이 아니라 신체활동을 통한 교육"이라는 말을 남김으로써 1900년대 중반 미국의 체육은 새로운 목적 개념이 확립되었다.

5) 인간 움직임 철학의 출현과 확산

1950년대까지 진보주의 교육의 영향으로 성립된 "신체를 통한 교육"이라는 이론에 바탕을 둔 소위 "신 체육"이란 체육 철학은 특별한 도전을 받지 않았다. 그러나 1950년대부터 체육에 대한 철학적 사고도 다양하게 제기되었다. 그 최초의 도전이 "인간 움직임(human movement)" 철학 사조의 출현이었다. 인간 움직임(인간 운동)의 개념은 움직임교육의 개념으로 나타났다.

움직임 교육 개념의 확산은 루돌프 라반(Rudolph Laban)이 1930년대 후반부터 주장한 개념으로 1940년대 영국에서 확산되기 시작했다. 이 개념은 움직임 교육이라는 교육적 개념과 움직임 예술과학이라는 학문적 개념 성립의 기초가 되었다.

1948년 라반은 그의 저서 『현대교육무용(Modern Educational Dance)』을 통하여 인간 움직임 철학의 이론적 기반을 제시했고, 1952년 영국의 교육부는 영국 학교에서 이용될 수 있는 새로운 체육교육과정 『움직이며 성장하기(Moving and Growing)』를 출판하면서 움직임 교육의 개념은 미국을 비롯하여 세계로 확산되었다.

(1) 인간 움직임 예술과학

인간 움직임의 체육 철학 사조를 미국 내에서 가장 분명하게 발전시킨 학자는 캐시디(Rosiland Cassidy)였다. 언제부터 이 개념이 미국 내에서 중하게 받아들여졌는지는 명확하지 않으나 1950년대 후반부터 활발하게 소개되기 시작했다. 캐시디는 일찍이 1937년부터 "움직임(movement)"이 바로 체육분야의 가장 기본적 내용이라고 주장하였다. 이 철학을 가장 강력하게 주장한 학자는 메스니(Eleanor Methney)였으며, 1958년부터 UCLA의 체육 교수들은 인간 움직임 개념을 토대로 전문 체육인을 양성하는 학부 교육과정을 개발하기 시작했다. 그것은 체육의 학문적 성격을 정당화하기 위한 것이기도 했다. 즉, "신체를 통한 교육"이란 개념은 교육의 한 영역으로서 인정할 수 있는 개념이지만 체육이 하나의 학문적 영역으로 인정받기 위해서는 교육의 개념에 국한된 "체육(physical education)"이란 명칭에는 문제가 있다는 생각에 따라 "인간 움직임(운동) 예술(기술) 과학(The Arts and Science of Human Movement)"라는 용어가 등장하게 되었다. 그 결과로 스포츠심리학, 스포츠생리학, 스포츠사회학 등과 같은 체육학의 하위 학문 분야들이 발전하기 시작했으며, 그 영향으로 최근에는 스포츠과학 또는 스포츠의학 등과 같은 명칭이 체육과의 공식명칭으로 이용되고 있는 사례가 계속 늘어나는 경향을 보여주고 있다.

(2) 움직임 교육

"인간 움직임(Movement education)" 이론은 강한 설득력을 지니고 있었으며, 교육체계 속에서는 초·중·고 체육의 개선을 위한 토대를 제공했다. 그것은 특히 초등학교 어린이를 위한 체육의 성격을 새롭게 하는데 기여했으며, "신체를 통한 교육"으로서의 체육에 대한 대안적 방법이 되었다. 움직임 교육은 교육과정, 교육방법, 교사의 역할 등에 있어서 체육교육과 달랐다.

체육교육에서는 특정한 종목(배구, 농구, 육상, 체조, 무용) 그 자체가 교육과정을 구성에 있어서 구조적 기초가 된다. 배우는 운동기능은 단순한 것으로부터 복잡한 것으로 계열화되며, 교사는 주로 학습의 주체가 된다. 그러나 "움직임 교육은 신체적 지각, 공간, 그리고 움직임의 질과 같은 기본 원리 및 개념들이 모든 움직임을 이해하기 위한 기초로 이용되는 구조적 조직 형태를 가지고 있다. 그리고 어떠한 활동이든 개념, 신체적 인지, 공간, 움직임의 질이라는 측면에서 그것이 움직임 원리들을 얼마나 잘 개발시켜 주는가에 기초해서 선정되며, 교사는 조력자의 위치에 서게된다(최의창, 2000: 24)."

움직임교육의 교육과정은 교육체조, 교육무용, 교육게임으로 구분되기 시작하였다. 교육방법은 탐색(exploration)과 발견(guided discovery)이라는 개념으로 제시되었다. 수업의 분위기는 비 경쟁적이고 성취감을 얻을 수 있는 방향으로 운영되며, 현재 미국 내 대학에서 이용하는 초등학교체육지도법 책들은 대부분 이 관점이 반영된 것들이다(최의창, 2000: 24). 그리고 최근에는 스포츠라는 개념을 그 연결고리로서 이용하는 경향이 점차 일고 있다.

6) 인간주의 체육과 스포츠교육

(1) 인간주의 체육교육

1960년대와 70년대에 걸쳐 미국에서는 "인간주의 철학(humanistic philosophy)" 사조가 대두되기 시작했다. 그것으로 인해 열린교육, 정서교육, 가치관 교육 등이 강조되었는데, 이러한 사조의 영향으로 체육 분야에서도 새로운 움직임이 일어났다. 1973년 헬리슨(Donald Hellison)이 『인간주의적 체육교육(Humanistic Physical Education)』이라는 저서를 출판하여 이 분야의 이론적 토대를 제공하였다. 그러나 이러한 사조는 1970년대 후반부터 점차 사라졌다.

(2) 스포츠 교육

1970년대 들어 일부 학자들이 체육활동은 그 자체로서 가치를 지녀야 한다는 입장을 제기하기 시작했다. 그것은 체육을 놀이교육의 개념으로 받아들이자는 움직임이었다. 시든탑(Daryl Siedentop)과 같은 학자도 놀이교육이란 개념을 제시했다. 놀이를 통하여 운동 기능을 습득하고 신체적인 활동에 대하여 애정을 갖도록 조력한다는 개념이 내재된 것이었는데, 이와 비슷한 개념이 스포츠 교육론이었으며, 이 이론은 다음과 같은 몇 가지 가정을 기초로 한 이론이었다(최의창, 2000: 27).

① 스포츠는 놀이로부터 유래했다는 것이며, 경쟁성을 띤 운동(신체적) 놀이가 제도화된 형태다.
② 스포츠는 문화의 중요한 한 영역이며, 문화의 건강과 생명력에 영향을 미치는 중요한 역할을 한다. 즉 많은 사람들이 좋은 스포츠에 참여하면 할수록, 문화는 점점 강화된다.
③ 스포츠는 놀이가 한 단계 발전된 형태이며, 만약 스포츠가 문화의 건강한 발달에 어떤 역할을 할 수 있으려면 체육교육의 내용은 스포츠가 되어야 한다. 즉, 체육교육의 핵심 과제는 훌륭한 스포츠맨의 양성과 훌륭한 스포츠 문화를 발전시키는 것이 되어야 한다.

이러한 가정을 토대로 한 스포츠 교육의 특징은 몇 가지로 요약된다.

① 학생들은 한 학기동안 특정한 팀의 성원이 된다.
② 한 학기 동안 각 팀은 경기 일정에 따라 경기에 참여하고 기말에 챔피언이 결정된다.
③ 경기의 실적과 개인의 기록을 보존하며 학생들에게 흥미롭고 의미 있는 경험을 제공한다.
④ 모든 경기는 체육수업의 형식을 유지하는 틀 속에서 이루어진다.
⑤ 학생들에게는 기술과 전술에 대한 연습 시간을 가지면서 동시에 경기에도 참여한다.
⑥ 모든 연습은 팀을 단위로 실시하고 한 팀은 한 학기 동안 동일한 구성원으로 이루어진다.
⑦ 학기가 진행됨에 따라 기술 연습 시간은 점차 줄이고 경기참여와 진행 시간을 점차 늘려간다.

7) 미국의 국민체력 진흥 운동

(1) 신체적성 운동

2차 세계대전을 겪으면서 미국은 청소년 및 국민 체력 강화 프로그램의 필요성을 깊이 인식하게 되었다. 중고등학교와 대학에서는 체력향상을 위한 체력 검사가 시행되었으며, 주된 종목은 턱걸이, 팔굽혀펴기, 줄오르기, 달리기, 바(bar) 뛰어넘기, 평행봉 등이었다. 1958년 이래 주로 AAHPER 청소년 체력 검사가 실시되었으며, 1963년 조사보고에 의하면 미국의 30개 주(州)에는 주체력위원회가 설치되었다고 한다.

(2) AAHPER 청소년 체력 검사

미국건강·체육·레크리에이션협회 청소년 체력 검사(The AAHPER Youth Fitness Test)는 7개 종목으로 구성되었으며, 1957-1958년에 걸쳐 미시건 대학의 폴 헌시커(Paul Humsicker)의 감독 아래 작성되었으며, 43개 주가 이 검사를 채택·시행하였다.

(3) 대통령청소년 체력위원회

미국 국민 체력 진흥에 지대한 관심을 가졌던 대표적인 대통령은 케네디(John F. Kennedy)였다. 그는 스포츠 『일러스트레이티드(Sports Illustrated)』지(誌)에 기고한 "연약한 미국인(Soft American)"이란 기고 문에서 "대통령을 비롯한 모든 부처는 체육 진흥과 체력 증진이 미국의 기본적이고 일관된 정책임을 분명히 알아야 한다(오동섭·하남길·정삼현, 2001: 383)."고 선언했다. 그리고 1962에는 국민 체육의 필요성에 대하여 다음과 같이 웅변했다.

> 국가 건설에 있어서 정신적, 지적 자질에 건강과 신체적인 활력이 필수적으로 함께 해야 한다는 신념이 진리라는 것은 어떤 다른 거대한 나라의 역사보다 우리의 역사가 생생하게 증명하고 있다(Sports Illustrated, 1962. 6. 16).

그는 미국의 모든 학교에 체력 운동의 참가를 촉구하는 서한을 보냈으며, "대통령직속 체력 평의회(President's Council on Youth Fitness)위원회를 설치했다. 이 위원회는 대통령의 후원과 오클라호마 대학 미식축구 코치 윌킨슨(Charles Wilkinson)과 교육자 맥닐리(Simon McNeely)의 지도로 체력 운동의 활성화를 위한 홍보 활동을 전개하였다.

8) 미국의 스포츠

(1) 19세기 이전의 스포츠

미국에 스포츠 클럽이 결성되기 시작한 것은 1700년대 중반이었다. 1734년 일종의 사교 클럽이기도 한 쉴킬 낚시회사(Schuykill Fishing)가 조직되었고, 1776년 글로스터(Gloucester)에 여우 사냥클럽이 생긴 것을 비롯하여 1700년대 후반 크리켓 클럽, 골프 클럽 등과 같은 상류 계층 스포츠 클럽이 결성되었으며, 서민 사회에서는 권투시합, 곰몰이(bear-baiting), 소몰이(bull-baiting), 투계 등과 같은 영국적 유혈스포츠도 성행했다. 그리고 대학 스포츠로는 레슬링과 미조직화된 유형의 미식 축구가 아이비 리그(Ivy League: 북동부 명문 8개 대학)를 중심으로 열렸다. 특히 미식축구으 인기가 가장 높았는데, 교수들은 폭력적인 성격을 지녔던 당시의 미조직화 된 형태의 미식 축구 경기를 금지하기도 했다. 그렇지만 1850년 이전까지 미국의 스포츠는 완전히 조직화된 형태의 운동 문화는 아니었다.

(2) 스포츠의 조직화와 확산, 1850-1918

19세기 미국 사회에서 스포츠 문화의 발달에 가장 큰 영향을 끼친 것은 청교도적인 전통이었다. 1850년 이전까지 미국 사회에서 각종 스포츠나 조직화된 오락이 많지도 않았지만 각종 스포츠 활동에 참여할 경우 유죄 판정을 받아야만 했다. 영국에서는 톰 브라운(Tom Brown)[90]이 화제의 인물로 등장하고, 찰스 킹슬리(Charles Kingsley)의 "강건한 기독교주의(muscular Christianity)"라는 이데올로기가 확산되어 각종 운동경기의 도덕적 가치를 공언하고 있었는데도 뉴잉글랜드의 교단에서는 스포츠가 모든 악의 근원이라는 인식이 남아있었으나 1850년을 전후로 스포츠에 대한 인식이 변하기 시작했다.

성직자와 소수의 세인(世人)들에 의해 스포츠가 기독교의 교의나 선(善)한 생활에 상반되지 않는 정당한 긴장 해소의 형식으로써 정당화하기 위한 시도가 이루어졌다. 보스톤 유니테리언 교파의 목사였던 할레(E.E. Hale)는 경쟁적인 운동이 가치를 지지한 대표적인 인물이었다. 그는 사람들이 시(市) 당국의 지원을 받으면서 오락과 스포츠를 조정하고 관리하는 일은 오히려 기독교인들이 해야 할 의무라고 주장했다. 그리고 1858년 노인이나 젊은이 모두에게 조정(漕艇)·산보(散步)·승마(乘馬)를 권장한 홈즈(Oliver Wendell

90) 토마스 휴즈의 소설 『톰 브라운의 학교생활』에 등장하는 주인공, 이 소설은 럭비 스쿨의 생활과 스포츠에 대한 이야기로 구성되어져 있으며, 19세기 영국 스포츠의 이상을 잘 묘사하고 있다.

Hommes)를 적극 지지했다(Hogan, 1967: 122). 같은 해(1858), 미국의 생리학자 겸 문인이었던 히긴슨(T.W. Higginson)이 『애틀랜틱 먼스리(Atlantic Monthly)』지에 "성인과 성체(Saints and their Bodies)"라는 최초의 논문을 게재하여 "신체적인 활력과 정신적 고결함은 양립할 수 없다(physical vigour and spiritual sanctity are incompatible)"는 견해를 격렬하게 공격했다(Lewis, 1966: 27). 19세기 후반, 미국 사회에서 일어난 스포츠(sport)에 대한 인식의 동요가 많았지만 조직화된 스포츠의 발전이 1850년대에 시작된 것은 확실하다.

1852년에 하버드(Harvard)와 예일(Yale)의 조정(漕艇) 시합이 열리기 시작했고, 1850년대부터 야구가 국민적 오락으로 등장했다.[91] 1850년 뉴욕에서 한 클럽이 중심이 되어 국내 협회(National Association)를 구성한 야구는 급속히 발달되었다. 당시 야구 관계자였던 존 베츠(John Betts)는 연맹에 가입하고 여러 도시에서 모여든 선수들은 그 순위에 따른 계약금을 받으려 했으며, 또한 각 지역에서 연고팀을 구성하고 있었다. 그러나 다른 스포츠 종목들은 인기 면에서 뒤떨어져 있었다. 1860년 뉴욕의 동 아일랜드에서 첫 경마대회가 열렸으며, 남북전쟁이 끝난 1865년부터 직후부터 스포츠의 발달은 가속화되기 시작했다. 야구 경기에서는 1868년부터 관람료를 받기 시작했고, 1869년 프린스톤과 루트저스 대학 사이에 축구(football) 시합이 열렸다. 그리고 1894년 제1회 전미골프토너먼트, 1880년 최초의 자동차경주대회, 1881년 최초의 전미(全美) 론 테니스 토너먼트 등이 열렸다.

1870-1890년 사이 조직화된 스포츠의 확산과 발달은 더욱 빨라졌으며, 여러 가지 문제점이 노출되기 시작했다. 1888년 협회는 아마추어 경기 연맹이 인가되지 않은 종목의 경기에 참가한 아마추어 선수들에게 출전 금지령을 내리기도 했는데, 거의 매달 새로운 종목의 대회가 시작됨으로 인해 협회가 고민할 정도였다. 1880년대까지 조직화된 스포츠 종목은 야구, 크리켓, 사이클링, 테니스와 롤러 스케이팅, 폴로, 경마, 마차(coaching), 필드 스포츠(field sports) 그리고 카누, 체조, 컬링(curling), 복싱, 사냥과 궁도 등이었다(Betts, 1974: 40).

시대의 변화에 따라 많은 목사들, 특히 Y.M.C.A와 관계를 갖고 있던 목사들은 스포츠에 동참하기 시작했고, 예일(Yale)의 체육관은 "강건한 기독교주의의 학원(the Seminary

91) 야구는 원 올드 캣(one-old-cat)에 기원을 두고 있다는 설과 영국의 라운더스(rounders)에 기원을 두고 있다는 설이 있는데, 1831년 일련의 신사들이 타운볼클럽(Townball Club)에서 즐기다가 14년 뒤 니커보커 클럽(Kickerbocker Club)에서 오늘날의 모습으로 조직화되었다.

for Muscular Christianity)"이 되었다. 그러나 그 때까지 반대와 비판도 계속되었다. 일부 청교도 목사들은 크로케(Croquet)[92]나 2인 승 자전거는 훌륭한 소녀들이 파멸을 향하여 미끄러져 내려가는 출발이라며 비난을 퍼부었고, 남부의 열병과도 같은 댄스의 열기로 인한 희생자는 수천이 넘을 것이라고 비난의 목소리를 높였다(Hogan, 1967: 127).

많은 성직자들의 반대에도 불구하고 경쟁적인 스포츠 문화는 더욱 융성해졌으며, 미국 스포츠는 주로 대학을 중심으로 발달되었다. 1890년까지의 스포츠는 미국 대학 체계 속에 제도화된 하나의 문화로 성장해 갔고, 경기의 승리는 많은 대학들의 의기(意氣) 즉, 모럴(morale) 문제로 대두되었다. 1870년대 프린스톤 대학에서 교지 『더 프린스토니언(The Princetonian)』편집장을 지냈던 윌슨(Woodrow Wilson, 1913-21, 미국 28대 대통령)은 교지에 승리는 무엇보다 중요하다고 적고, 또 경기에 참여하지 않는 학생들과 시합을 위해 충분한 연습을 하지 않는 팀을 공공연히 비난했다. 그리고 미식 축구를 예찬하여 인생에 있어서 도덕적 성격의 함양, 남성다움, 용기, 극기력의 함양에 대한 스포츠의 가치를 강조했다.

경쟁적인 스포츠가 발달되는 과정에서 도덕성과 연관된 문제로 인해 논란도 많았다. 승리를 중시하는 풍조가 강해지자 대학간 경기에 대한 비판도 점차 강해졌다. 교수들은 대학간의 경기가 갖는 도덕적인 뉘앙스를 곧 알아차렸고, 1883년 교수단이 대학간 경기의 조정권을 확보하기 위한 회의를 소집했다. 그러나 그 안에 동의한 대학은 불과 3개 대학밖에 되지 않았다. 교수회 구성원들의 가장 큰 염려는 관중의 난폭한 행동(rowdyism)과 폭력화의 상징적인 용어인 훌리거니즘(hooliganism) 그리고 학생 선수의 프로화라는 것이었다. 그래서 학생은 그저 이름만 학생일 뿐 시합을 위해서 대학에 불려온 존재로 취급되었다. 도박과 타락, 게다가 미식축구의 경우는 폭력이 심해 많은 사상자가 속출하자 대학 스포츠는 국가적인 관심사로 떠올랐다. 1885년에는 하버드 대학 교수회가 1년 간 미식축구를 금지시키는 사태로까지 이어졌다.

하버드 대학의 엘리엇(Charles Eliot) 총장은 뉴욕대학 총장으로부터 축구를 개혁할 것인가 아니면 폐지할 것인가 라는 문제를 해 왔을 때 개혁은 불가능하고 그렇다고 축구를 폐지할 힘도 갖지 못했다는 배경을 이유로 그 제의를 거절했다. 그는 "사망과 부상이 축구에 있어서 가장 강력한 논의의 대상이 아니다. 속임수와 잔인성이 경기에 유리하게 작

92) 잔디 위에서 하는 볼 게임의 한 종류.

용하고 있다는 점이 주된 악(惡)이다(Lewis, 720)"라고 말했다. 1907년 퀘이커 종파의 연구 기관인 스와드모어(Swarthmore) 대학은 영구히 대학간 경기를 폐지하는 조건으로 많은 돈을 기부하려는 자의 제의를 거절했다.

대학 스포츠, 특히 축구로 인한 논쟁이 거세게 일었던 1905년 대통령 루즈벨트(Theodore Roosevelt, 26대, 1901-9)는 미식축구 논쟁에 직접 개입했다. 하버드·예일·프린스튼 대학의 대표자회의를 소집한 루즈벨트 자신은 "용기, 인내, 신체적인 숙련을 위해서 청소년들에게 여러 가지 거친 스포츠가 필요하다(Lewis, 1969)"라는 결론을 내리고 경쟁적인 대학 스포츠의 확산을 지지하는 입장을 취했다. 많은 논란을 거듭한 끝에 1906년 "대학간경기협회(Intercolligeate Athletic Association)"[93]가 결성되었다.

(3) 1차 대전 이후의 스포츠

미국 역사에서 1919-1930년까지를 스포츠의 황금시대라고 표현한다. 이 시대는 사회적 변화에 따라 아마추어 스포츠뿐만 아니라 프로페셔널 스포츠가 급속히 발달되었다. 야구에서는 베이브 루스(Babe Ruth), 권투의 조 루이스(Joe Louis)와 진 튜니(Gene Tunny) 등을 비롯하여 골프, 테니스, 폴로, 풋볼 등에서 유명한 선수들이 출현하기 시작했다. 그리고 아마추어 스포츠에서 제시 오웬스가 올림픽(1936) 4관왕의 영웅으로 등장하고, 1940년대 후반 부루클린 다저스(Brooklyn Dogers)의 구단주가 흑인 선수 재키 로빈슨(Jackie Robinson)과의 입단 계약을 함으로써 인종차별의 벽도 무너지기 시작했다. 이와 같은 스포츠의 발달은 모두가 사회적 변화의 산물이었으며, 20C 중반 미국 스포츠의 발달 배경은 경제 발전으로 인한 풍요로운 환경의 조성, 산업화와 교통의 발달, 매스컴의 발달 등으로 요약된다.

① 산업화와 스포츠

산업화로 인한 기술 혁명은 스포츠에 다양한 영향을 미쳤다. 무엇보다 교통의 발달로 인해 경기장의 대중 참여가 가능해지면서 1840-1850년대에 걸쳐 요트, 조정, 크리켓, 야구, 권투 등과 같은 스포츠에 관중이 몰리기 시작했다. 예를 들면 1869년 루저대학과 프린스튼 대학의 미식축구 경기에 수 많은 관중이 몰린 것은 철도 교통의 발달로 인해 가능했던 결과였다. 그리고 기술 혁명은 스포츠 용품에도 변화를 가져왔다. 1876년에는

93) 이 단체는 1910년 N.C.A.A(National Colligeate Athletic Association)로 명칭이 변경되었다.

스팔딩(Albert Spalding)과 같은 스포츠 용품회사가 출현하여 스포츠의 발달을 촉진시켰다. 야구에서 1920년대부터 사용된 호주산 재크래빗볼(jack-rabbit ball)의 등장은 탄력의 증가로 인해 관중들의 홈런 구경 기회를 증가시켰다.94) 그리고 1879년 에디슨(Thomas Edison)의 백열전등 발명은 주간에 국한되었던 스포츠 경기를 야간에도 가능케하여 1885년 뉴욕의 메디슨 스퀘어 가든(Medison Square Garden)에는 조명시설이 갖추어졌다. 그리고 1946년에는 메이저 리그 야구 사상 처음으로 야간 경기도 열리게 되었다.

② 매스컴과 스포츠

통신수단과 매스컴의 발달은 대중이 스포츠에 직·간접으로 노출되는 시간을 증가시켰다. 1830년 대 신문의 출현, 1920년대 라디오의 출현, 1940년 텔레비전 방송의 시작 등은 스포츠의 발달에 큰 영향을 끼치게 되었다. 세계 도처의 경기를 중계할 수 있게 됨으로써 국민의 스포츠 사회화 현상이 가속화 되었다.

(3) 도시화와 스포츠

미국독립전쟁(1775-1783) 전후 미국 인구 3천5백만 중 약 5%만이 도시에 거주하였다. 그러나 1860년대부터 인구의 도시 집중이 가속화되기 시작했다. 1890년 6천 2백만 인구의 35%가 도시에 거주했고, 20세기 초에는 50%, 1985년에는 2억 3천 중 75%가 도시민이 되었다. 이러한 현상으로 인하여 도시를 중심으로 프로 스포츠 구단이 급증하고 스포츠 인구도 급격히 늘어남으로써 미국 스포츠의 발달을 촉진시켰다.

94) 1900-1919년가지 미국 야구에서 홈런 수는 4게임에 하나 정도였다. 그러나 1920-1945까지는 한 게임에 2개 정도로 거의 8배 증가하였다.

V. 근대올림픽의 역사

1. 근대올림픽의 역사

1) 고대 올림픽의 종말

고대 그리스인들의 제전경기는 제우스를 비롯한 여러 신들을 찬미하기 위한 종교적 축제로 행해졌으나 기원전 4-5세기경에는 전통적 종교에 대한 신앙이 미약해지면서부터 행사의 규모도 줄어들었다. 또한 후기 그리스 시대에는 직업선수가 등장하여 고대 올림피아제는 점차 승리지상주의를 표방하면서 상업화 되어갔으며, 기원전 5세기경에는 경기 배후에 잔재했던 아테네와 주변국들과의 외교적 대립 상황도 고대 올림피아제의 쇠퇴에 큰 몫을 한 것으로 보인다. 예컨대, 올림픽 제전경기 동안 엘리스인들이 경기의 통제권을 차지했던 것은 그들의 정치적 중립성 때문이었고 전시 상황에는 아테네의 편을 들어 스파르타의 올림피아제 참가를 금지했던 상황은 이데올로기가 고대 제전경기의 배후에 존재했음을 시사하고 있다(김병화 역, 2004: 177-180). 더욱이 AD 393년, 아테네의 데오도시우스(Theodosius I) 황제가 즉위하면서 기독교가 사회전반에 걸쳐 받아들여지게 되어 그리스 신들을 숭배한 종교의식은 미약해지고 이와 연관된 올림피아의 제전경기도 금지되었다. 결국, 그리스는 로마의 지배에 들어감으로써 고대 올림피아제는 그 종말을 맞고 말았다. 고대 올림픽의 종말에 영향을 끼친 요인들은 기독교에 대한 보호 정책, 올림픽 제전경기를 통해 나타난 상업 및 승리지상주의, 아테네의 주변국들과의 정치적 대립 상황 등으로 요약 될 수 있다.

2) 올림픽의 근대적 부활

근대올림픽 경기는 프랑스 귀족출신의 피에르 쿠베르탱 남작(Baron Pierre de Coubertin, 1863-1937)의 제창으로 1896년 1회 대회가 아테네에서 개최되었다. 근대올림픽의 아버지로도 일컬어지는 쿠베르탱은 파리의 귀족 가문 태생이었으며 고전적인 교육을 받고 성장했다. 12세가 되던 해인 1875년, 쿠베르탱은 토마스 휴즈의 자서전적 소설 "톰 브라운의 학창시절(Tom Brown's Schooldays)"을 읽고 큰 감명을 받아 퍼블릭 스쿨을 중심으로 일어났던 영국의 스포츠 교육에 관심을 갖게 되었다. 그는 19세기 중반부터 강건한 기독교사상을 토대로 청년들의 신사도 함양을 기도했던 영국 스포츠 교육에 대한 이해를 계기로 고대 올림피아제와 같은 스포츠 제전은 그에게 종교이자 미의 숭배 및 세계평화를 위한 도구로 인식되게 되었고, 그것은 결국 그가 근대올림픽을 제창한 결과로 20세기가 가장 중요한 문화적 힘의 하나로 인식 하게 된 현대 올림픽으로 이어지게 되었다.

쿠베르탱이 올림픽 부활을 제창한 이후 시대와 문화사회에 따라 올림픽은 다양한 이슈를 불러일으켜왔다. 그러나 올림픽을 둘러싼 수많은 이슈거리에도 불구하고 올림픽위원회와 참가국은 변함없는 올림픽 정신을 옹호하여 왔다고 볼 수 있다. 올림픽 이념은 제자리를 굳건히 지키고 있으며 그것과 관련된 운동은 매 년 발전하고 있다. 배타적인 것에 반대하고 포용한다는 올림픽의 이념은 타 조직체에서 인식될 수 있는 것 보다 훨씬 강한 형태로 나타나고 있다(Mechikoff & Estes, c2002: 270).

쿠베르탱이 올림픽을 부활했던 19세기 말 이전까지 올림픽과 유사한 대회들이 영국과 그리스를 중심으로 지방 스포츠 축제의 성격으로 개최되었다는 것이 최근 10년 사이 국외의 몇몇 스포츠 사학자들의 연구로 밝혀진 바 있다. 이러한 올림픽 형태의 대규모 스포츠 대회를 모의 또는 유사 (Pseudo) 올림픽이라 하여 쿠베르탱이 근대올림픽을 부활하는데 지대한 영향을 끼쳤다는 것도 선행연구를 통해 보고되었다.[95] 이러한 유사 올림픽에는 '코츠월드 (Cotswold's Olympicks)', '머치 웬록 (Much Wenlock Olympic Games)', '자파스 (Zappas Olympic Games)', '리버풀 (Liverpool Olympic Games)', '대영제국 올림픽 대회(Greater Britian Olympic Games)'등이 있다. 이들 중 올림픽의 근대적 부활에 가장 지대한 공헌을 한 경기는 웬록과 자파스 경기대회라고 볼 수 있다.

웬록 경기대회는 윌리암 페니 부룩스(Dr. William P. Brooks, 1809-1895)의 제창으로 1850년 부룩스와 웬록지역의 올림픽을 연구하는 학자들이 몇 가지 육상종목과 크리켓, 고리던지기 등의 종목을 채택하여 최초의 웬록 올림픽 대회를 개최하였다. 관계자와 참가선수들은 초기에 지역적 관심을 불러일으켰으며 이후 영국 전역에 알려져 각지의 선수들이 참가하게 될 만큼 발전하였던 것으로 보인다. 웬록 올림픽의 관계자들로 구성된 이들은 1860년대 이러러 웬록 올림픽 사회로 일컬어지게 되었다(Mechikoff & Estes, c2002: 270-271).

95) 이러한 연구를 한 학자들은 Ruhl, Messinesi, Gardiner, Mandell, Carr, Girginov 등이 있으며, 이들의 연구는 공통적으로 쿠베르탱의 올림픽 부활에 초석은 pseudo 올림픽을 통해 받은 영감에서 부터라 논하고 있다(정성태 · 김창규 공역, 1984: 22-43).

1859년 부룩스는 그리스의 상인가문 출신으로 알려진 자파스(Evangelios Zappas)에게 잉글랜드에서 올림픽 경기를 개최하고 있다고 전해주게 되었고, 자파스는 부룩스의 전철을 밟아 그리스에서 유사한 경기대회를 개최하게 되었다. 그는 1859년 자파스 올림픽이라는 이름으로 스포츠 경기 대회를 개최 할 준비를 하게 되는데, 그 첫 번째 사업으로, 고대 그리스의 아테네 근처에 거대한 경기장을 건립하고, 고대 올림피아제의 형식을 본 따 4년마다 개최하기 위해 국왕의 동의를 얻는 노력을 기울였다. 마침내 당시 그리스의 국왕이 승낙하게 되었고 그리스의 플레이스 루이스(Place Louise)에서 자파스 경기대회가 열리게 되었다. 이 경기대회의 종목들로는 단거리 경주와 장거리 경주, 스탠딩 점프와 런닝점프, 하이점프, 투창, 밧줄타기, 레슬링 등이 채택되었고 1870년에서 1888년 사이 간헐적으로 이러한 대회가 개최되었다고 한다. 또한 1870년대에는 체조·조정·수영·전차경주·승마·장대높이뛰기·줄 당기기 등의 종목들이 추가 되었으며 관중이 가장 많았을 때는 3만여 명이 넘었다고도 전해진다(정성태·김창규 공역, 1984: 22-43). 그러나 잉글랜드의 웬록 경기대회보다는 성공적이지 못했던 것으로 판단된다.

쿠베르탱이 이러한 유사 올림픽 대회에서 영감을 갖게 되고 프랑스에서 세계적 규모의 올림픽을 부활하게 되는 배경은 프랑스에서의 그의 공식적인 학업이 끝난 이후의 행적을 통해 엿 볼 수 있다. 그는 프랑스에서의 교육을 마치고 영국과 미국으로 여행을 나서게 되었다. 먼저, 영국에서 그는 제국의 성공적인 경제와 정치의 토대가 된 교육과 사회개혁에 관심을 갖게 된다. 또한 그러한 영국의 성공적인 사례가 미국 대륙에 고스란히 전수되었음을 인식하게 되었다. 결국 그는 영국을 애호하는 인물로 성장하였고, 1889년 그를 후원하던 교육가들의 지지에 의해 미국 보스톤 체육양성 위원회에 참석하기에 이른다. 보스톤 위원회는 미국사회에 알맞은 학교체육의 체계를 선정하는 단체였고 쿠베르탱은 이 위원회에 참석한 이후 미국의 학교체육에 대단한 관심을 갖게 되었다. 그는 프린스턴 대학의 역사·정치학 교수였으며 스포츠 애호가였던 윌리암 슬로안(Dr. William M. Sloane)과 친분을 쌓았고 프랑스로 돌아와 발표회를 가졌다. 그의 발표회 내용은 영국 언론에 알려지게 되었고 잉글랜드의 부룩스 박사는 쿠베르탱에게 웬록 올림픽 경기대회를 소개하게 된다. 당시 부룩스 박사의 나이는 81세, 쿠베르탱은 27세의 젊은이 였다. 부룩스는 올림픽 부활에 대한 그의 열정을 쿠베르탱에게 설파하였고 쿠베르탱은 자신의 운명이 올림픽을 부활하는 것이라는 것을 깨닫게 되었다(Mechikoff & Estes, c2002: 272).

프랑스로 돌아와 부룩스 박사의 열정에 대한 찬사를 공표했고 그 또한 각계의 강한 반대에도 불구하고 세계적 운동경기대회를 조직할 의사를 표명했다. 1892년 11월 소르본에서의 "스포츠 운동경기 연합회(Unions des Sports Athletiques)"의 회의에서 고대 올림픽을 재활할 것을 제안했고, 2년 뒤 파리 국제 위원회를 조직하여 스포츠의 아마추어리즘에 대해 역설하였다. 그는 이러한 그의 열정적인 의지를 담은 편지를 전 세계 스포츠 단체연합에 보내었고 그들의 지지를 끌어낼 수 있었다. 일주일간 지속된 국제 위원회의 토론 끝에 투표에 의해 올림픽 경기의 부활이 결정되기에 이른다. 첫 대회로 올림픽의 성지인 아테네에서 1896년에 열 것을 확정하였다. 국제 올림픽 위원회의 첫 의장으로 비켈라스(Demetrius Vikelas, 1894-1896)가 선출되었고 쿠베르탱은 IOC의 초대 총무에 위임되었다. 이후 14명의 IOC 준비단이 조직되었고 첫 현대 올림픽 경기가 개최되기에 이른다. IOC는 쿠베르탱의 뜻을 받아들여 그에게 올림픽 부활의 큰 뜻을 설파한 영국의 부룩스 박사를 명예회원으로 추대하였다(Mechikoff & Estes, c2002: 273).

평화와 화합을 올림픽의 주요 이념으로 내세웠던 쿠베르탱은 아이러니하게도 여성의 올림픽 참가를 반대했다고 한다. 또한 IOC의 주요 임원들은 회원국의 귀족들과 고위층 출신들로 구성 되었고 IOC가 여성 회원 자격과 선수로서의 참가를 수락한 것은 1981년 이후였다(Mechikoff & Estes, c2002: 273).

3) 2차 세계대전 이전의 올림픽

〈표 V-1〉. 2차 세계대전 이전의 올림픽

횟수	개최년월일	국가명	개최지역	1위국	참가국	규모
제1회	1896.04.06-04.15	그리스	아테네	미국	13	311
제2회	1900.05.18-10.28	프랑스	파 리	미국	22	1,319
제3회	1904.07.01-11.23	미국	세인트루이스	미국	12	681
제4회	1908.04.27-10.31	영국	런던	영국	22	1,999
제5회	1912.05.05-07.22	스웨덴	스톡홀름	스웨덴	28	2,490
제7회	1920.07.07-09.12	벨기에	앤트워프	미국	29	2,686
제8회	1924.05.04-07.27	프랑스	파리	미국	44	2,956
제9회	1928.05.17-08.12	네덜란드	암스테르담	미국	46	2,724
제10회	1932.07.30-08.14	미국	로스앤젤레스	미국	37	1,281
제11회	1936.08.01-08.16	독일	베를린	독일	49	3,738

① 제1회 올림픽, 그리스 아테네(Greece Athens), 1896. 04. 06. - 04. 15.

근대올림픽을 부활하여 개최할 것을 결의한 후 올림픽 위원회의 중심에 있던 쿠베르탱 남작은 제1회 아테네 올림픽을 위한 각국의 정부를 비롯한 다양한 사회단체와 기업으로부터 재정을 확보하기 위해 전력 다하였다. 그리스 아테네가 첫 현대 올림픽을 개최하는 것에 기뻐하였지만 재정적으로 준비가 되지 못했던 실정에서 개최지 확정 후 2년 동안의 준비기간은 상당히 짧은 일정이었다. 우여곡절 끝에 쿠베르탱의 제안과 요청으로 준비위원회 명예의장인 콘스탄틴 왕자(Prince Constantine)는 주경기장 건설을 결정하기에 이르렀다. 또한 아테네 올림픽이 실제 정통성이 있다는 인식을 세계와 주요 스포츠 연합회에 확산시키는 것도 중요한 부분이었다. 당시 최고의 운동단체였던 뉴욕운동클럽(The New York Athletic Club)과 보스톤 운동 연합회(The Boston Athletic Association)에서는 개최국 위원들의 미국 대표 선수를 보내달라는 요청에 조소를 보내며 불응했지만, 역사적인 제1회 올림픽은 성대한 막을 오렸다. 첫 올림픽 경기 종목은 12개의 육상 종목, 8개의 체조경기, 5개의 표적 사격, 그리고 3개의 펜싱경기로 제한되었다. 아테네 올림픽 첫 메달을 획득한 선수는 미국인인 제임스 코놀리(James Connolly)로 3단 높이뛰기에서 우승을 하였다. 13개국 올림픽 위원회를 대표하는 311명의 남자 운동선수들이 아테네 올림픽에 참가했다(Mechikoff & Estes, c2002: 273-274).

② 제2회 올림픽, 프랑스 파리(France Paris), 1900. 05. 18. - 10. 28.

아테네 올림픽 이후 그리스인들은 이후의 모든 올림픽 경기는 아테네에서만 열려야 한다는 주장을 했지만 IOC위원들과 각국의 관계자들은 이러한 인식을 불식시키고 세계의 대제전으로 발전시켜 나가기위한 준비를 하였다. 관계자들과 쿠베르탱의 노력으로 두 번째 경기는 프랑스에서 개최되기에 이른다. 그러나 프랑스 스포츠 운동 연합(The Union des Sports Athletiques of France)은 IOC와 협력할 의사가 없었고 통제권 공유를 원치 않았으며, 올림픽 운동에 그다지 확신도 갖고 있지 않았다. 쉽게 말해 프랑스인들은 올림픽경기에는 무관심했으며 에펠탑의 경이로움과 올림픽 전시회에서 벌어지는 전통 오락이나 놀이를 선호하였다. 시설확보는 어려웠고 올림픽 경기는 들러리에 불과하였다. 이 굴욕적인 상황에서 쿠베르탱은 자동차 경주, 소방사 경기 등의 종목을 올림픽에 포함하자는 것에 할 수 없이 동의 하였고 줄다리기가 올림픽 경기의 하이라이트가 되었다. 그리고 공식적 비공식적 행사가 있었다는 것이 문제였다. 파리 올림픽동안 여자운동선수들이 처음으로 참가 하였다. 잉글랜드의 샤롯 쿠퍼(Charlotte Cooper)는 테니스 종목에서 첫 번째 여성우승자가 되었다. 22개국 올림픽위원회를 대표하는 1,319명 선수가 파리 올림픽에 참가 하였으며, 쿠베르탱에게 파리 올림픽은 아주 실망스러운 것이었다(Mechikoff & Estes, c2002: 274-275).

③ 제3회 올림픽, 미국 세인트 루이스(St. Louis), 1904. 07. 01 - 11. 23.

3회 대회 개최지 선정 공모에서 IOC는 시카고(Chicago)와 세인트루이스(St. Louis)로부터 개최지 신청을 받았다. 1901년 시카고에서 올림픽경기 확보를 위한 사절단이 IOC를 방문하여 적극적인 개최의사를 표명했으나 세인트루이스는 다소 소극적인 태도로 개최지 경쟁에 임했다. 이로 인해 시카코는 제3회 올림픽 개최지로 선정되는가 했지만 상황은 세인트루이스의 세계박람회 개최를 빌미로 미국 정부와 시의 관계자들은 개최지 변경을 요구하기에 이른다. 미국이 개최국으로 선정되자 IOC는 루즈벨트 대통령(President Roosevelt)에게 올림픽의장직을 맡아 달라는 제의를 하게 되었고 루즈벨트 대통령은 의장직을 수락했다. 시카고가 올림픽 개최지로 확정이 되자, 세인트루이스를 옹호하던 단체들은 세인트루이스 세계박람회가 개최되는 시기와 겹쳐 올림픽이 시카고에서 열리면 그에 대항하는 체육박람회를 개최하겠다고 협박하는 사태도 벌어졌다. 이러한 상황에서 시카고 조직위원회는 IOC의 동의를 구하고 올림픽경기를 세인트루이스 박람회가 끝나는 1905년까지 연기하기로 하였다. 그러나 세인트루이스시의 입장을 받아들여 루즈벨트 대통령도 올림픽 경기가 세인트루이스 박람회와 함께 열려야만 한다는 자신의 바램을 IOC에 알렸다. 이에 IOC는 회의를 갖고 투표를 하여 경기 개최지를 세인트루이스로 옮기는 것을 결정하였다. 세인트루이스 조직원들은 환영했지만 시카고 시민들과 각국의 사회단체들은 IOC가 미국 정부의 정치적 영향력을 무시하지 못하고 개최지 선정을 변경한 것을 보고 비난을 보냈다. 그리하여 1094년 세인트루이스에서 개최된 올림픽경기는 최악의 경기가 되었다. 전 세계의 국가에서 온 대표선수들이 거의 없었기 때문에 미국 팀은 기본적으로 자신들끼리 경기를 가졌다. 순수한 미국인의 행사가 되어버렸다. 12개국의 올림픽 위원회를 대표하는 681명의 운동선수들이 올림픽경기에 참여했다. 6명의 미국 여성운동 선수가 참가하여 양궁경기를 펼쳐 모든 종목을 휩쓸었다. 2회 연속 올림픽경기는 더 우월하고 영예로운 국제 박람회에 의해 빛이 가려져 단지 하나의 촌극으로 전락하게 되었다(Mechikoff & Estes, c2002: 275-276).

④ 제4회 올림픽, 영국 런던(London), 1908. 04. 27. - 10. 31.

1904년 런던회의에서 IOC는 1908년 올림픽 개최지를 로마로 확정하였지만 1906년 베스비우스 화산(Mt. Vesuvius)의 폭발로 로마는 재정적 부담이 상당하였다. 이탈리아인들은 자신들의 올림픽 개최가 불가능함을 알렸다. 런던은 1908년 게임을 개최하겠다고 IOC에 제안하고 이 제안은 받아들여졌다. 1908년 올림픽은 프랑스-영국 박람회와 함께 열려 대중의 관심을 나눠가져야만 했다. 런던올림픽은 가장 큰 올림픽이었는데, 22개국 올림픽 위원회를 대표하여 1,999명의 운동선수가 참가하였다. 영국과 미국의 치열한 경쟁이 일어났고, 정치적 소요와 국수주의에 의해 혼란스러웠다. 올림픽 경기는 1908년 7월 25일 경쟁자간 그리고 국가간 혼란과 논쟁과 함께 종결이 되었다. 발전적으로 4개국을 대표하는 36명의 여성이 테니스, 양궁, 그리고 피겨스케이팅에 참가 했다. 여성 운동선수들은 수영, 다이빙, 그리고 체조 시범에서 그들의 재능을 보여주었다.

⑤ 제5회 올림픽, 스웨덴 스톡홀름(Sweden Stockholm), 1912. 05. 05. - 07. 22.

스톡홀름 올림픽은 여러 가지 이유에서 중요하다. 소련이 1952년 전까지 러시아가 참가했던 마지막 올림픽 경기였다. 처음으로 여자 선수들이 올림픽 경기 수영 종목에 참가할 수 있었다. 영국과 미국 팀들의 대립이 최대한 발생하지 않도록 노력하였고 쿠베르탱의 희망과 꿈이 현실로 나타났다. 스톡홀름 올림픽은 28개국에서 2,490명의 선수들이 참가 했다. 미국 선수단의 유일한 흑인계였던 드르우(H. P. Drew)는 100미터 참가 자격을 획득하고, 짐서어페(Jim Thorpe)는 스톡홀름 경기 5종 경기와 10종 경기에서 우승을 하였다. 스톡홀름 올림픽에는 11개국을 대표하는 57명의 여자 선수들이 있었다. 여성 수영 종목이외에도 마장마술 경기가 처음으로 열렸으며 근대5종 경기가 새로운 종목으로 채택되었다. 스톡홀름 올림픽 게임은 아주 훌륭한 성공을 거두었다. 그러나 세계 1차 대전은 1916년 올림픽 경기를 가로막았다(*Official website of the Olympic Movement*, 2007년 6월 19일).

⑥ 제7회 올림픽, 벨기에 앤트어프(Antwerp), 1920. 07. 07. - 09. 12.

1차 대전이 끝이 난후에 1920년 벨기에 앤투어프에서 제 7회 올림픽 경기가 개최되었다. 1차 대전의 여파로 1919년 앤투어프가 개최지로 선정이 되었다. 앤투어프 올림픽은 두 가지 올림픽 전통을 시작했다. 바로 운동선수들이 일반 대중 앞에서 올림픽 선서를 했으며, 5륜기가 경기에 첫 선을 보였다. 5륜기는 모든 국가의 국기들 색깔 중 적어도 한 개를 지니고 있었으며, 고리는 전 세계 운동선수들의 결합을 상징했다. 올림픽 경기에 여성의 참여의 증가는 주목받을 만한 중요한 사회적 관심사였다. IOC가 훨씬 더 많은 여성들의 운동 참여 프로그램을 개항하는 것에 관해 수립한 본보기는 여성 권리를 증진시키는 촉매제가 되었고 세계 각국의 여성들이 스포츠의 기쁨을 경험할 수 있게 하였다. 결과적으로 여성이 스포츠에 참가할 수 있도록 하거나 기회를 확대하는 과정은 느리지만 지속적으로 진행되었다. 20개국을 대표하는 2,686명의 선수들이 게임에 참가하였고 이 선수들 중 77명은 13개국을 대표하는 여성 운동선수였다(*Official website of the Olympic Movement*, 2007년 6월 19일).

⑦ 제8회 올림픽, 프랑스 파리(France Paris), 1924. 05. 04. - 07. 27.

1924년 파리 올림픽은 파리가 1900년 게임을 주최했을 때의 대실패와는 아주 다른 대성공이었다. 1900년의 게임결과를 기억하며 파리 조직 위원회는 밤낮으로 일하여 성공을 이끌었다. 44개국을 대표하는 2,956명들의 운동선수들이 참가 하였고 여성 운동선수들은 136명으로 수영(7개 종목), 펜싱(1개 종목), 그리고 잔디 테니스(2개 종목)에 참가 하였다. 이전 이후의 올림픽처럼 파리 올림픽에서는 많은 문제들이 있었다. 올림픽 경기로 2백만 프랑의 적자를 보았고, 스포츠 지식이 없는 프랑스 관중들로 인해 종종 불쾌한 행동을 보여 프랑스 관중과 다른 관중사이에 언쟁과 싸움이 있었다. 미국 선수들에 대한 불공정한 제시로 영국선수들의 항의가 발생하였다. 직업선수에 대한 문제는 IOC가 처리해야 될 주제가 되었다(*Official website of the Olympic Movement*, 2007년 6월 19일).

⑧ 제9회 올림픽, 네덜란드 암스테르담(Amsterdam), 1928. 05. 17. - 08. 12.

네덜란드는 올림픽 경기 유치를 위하여 많은 노력을 하였다. 이 노력의 결과 1921년 암스테르담의 1928년 올림픽 경기 개최가 확정이 되었다. 그러나 재정적인 문제가 크게 부각이 되었다. 필요한 시설들과 새로운 스타디움이 절대적으로 필요한 상황이었다. 이 문제를 수많은 사람들과 단체들에 의한 암스테르담 올림픽의 대중적 재정지원은 사람들이 스포츠, 특히 올림픽 게임에 부여하는 사회적 중요성을 다시 한 번 나타냈다. 46개국을 대표하는 2,74명의 올림픽 선수들이 참여 하였고, 290명의 여자선수들이 출전을 하였다. 독일은 1차 세계대전의 참전으로 인해 1912년 이래 처음으로 참가를 하였다. 필드하키가 처음으로 채택이 되었다. 1928년 올림픽은 올림픽 경기에서 훌륭한 본보기였다. 이전보다 더 많은 나라들이 참가하고 운동능력에서 의심스럽다고 생각되는 나라들이 훌륭하게 해냈으며 아주 큰 어려움이 없이 경기에 참가했다(Mechikoff & Estes, c2002: 283).

⑨ 제10회 올림픽, 미국 로스앤젤레스(Los Angeles), 1932. 07. 30. - 08. 14.

남부 켈리포니아의 이상적이 기후조건과 열광하는 팬들과 함께 37개국을 대표하는 1,281명의 세계적인 우수선수들을 환영하였다. 18개국을 대표하는 127명의 올림픽 선수들이 참가하였다. 이 올림픽은 현대 역사에 있어 가장 웅장한 스포츠 축제였다. 로스앤젤레스 올림픽 위원회는 잘 구성되었고 재정적으로 안정이 되었다. 10만 관중을 수용할 수 있는 콜로세움은 행사동안 가득 찼다. 역사적으로 볼 때 경기 면에서 가장 경쟁적이었으며, 육상에서는 기존의 거의 모든 기록을 갱신했다. 그러나 경기진행의 문제와 규칙의 변형으로 문제점은 있었다. 로스앤젤레스 올림픽 동안 운동선수, 심판 그리고 팬들 사이의 올림픽 정신과 협력은 최상의 것이었다(Mechikoff & Estes, c2002: 283).

⑩ 제11회 올림픽, 독일 베를린(Berlin), 1936. 08. 01. - 08. 16.

1936년 올림픽은 세계가 알고 있는 가장 가혹한 정치가인 히틀러(Adolf Hitler)에 의해 시작된 공포정치로 올림픽이 개최가 되었다. 그는 1936년 올림픽 게임의 성공에 관심이 있었다. 히틀러는 올림픽을 정치적 사회적 장으로 구상했고 나찌의 우월성에 관한 의사를 전달하기 위해 올림픽을 이용하려는 정치적 구상을 구체화 하였다. 베를린 올림픽 개최를 위해 두 명의 남자가 노력했다. 독일 올림픽 위원회 의장이었던 더오도어 레왈드 박사(Dr. Theodor Lewald)와 당시 훌륭한 스포츠 역사가인 칼 디엠 박사(Dr. Carl Diem)가 올림픽을 발전시키고, 조직하고, 무대에 올리는 중요한 역할을 했다. 게임에 참가하기 위해 49개국 3,738명에 이르는 운동선수 들이 참가하고, 328명은 26개국을 대표하는 여자 선수들이었다. 베를린 게임은 역사상 기술적으로 가장 우수한 것이었으며, 그 어떤 것도 11회 올림픽의 거대한 범주를 능가하지 못하였다(Mechikoff & Estes, c2002: 286-290).

4) 2차 세계대전 이후의 올림픽

2차 대전 종전이후의 1948년 제14회 올림픽부터 1988년 제24회 대한민국의 서울 올림픽까지 이데올로기의 극한대립이 올림픽에서도 그대로 나타났다. 미국을 중심으로 한 자유진영과 구소련을 중심으로 한 공산진영과의 대립이 격렬한 상황에서 올림픽에서도 그 대립이 나타났다. 미국은 5회 종합우승 소련은 6회 종합우승을 하면서 올림픽에서의 순위가 국력의 기준이 되어 총성 없는 전쟁으로 변하여 정치적 대립 못지않게 극한 대립을 보였다.

1992년 제25회 대회를 기점으로 구소련의 경제적인 몰락으로 인하여 자유진영의 미국의 주도하에 중화인민공화국의 부상과 유럽연합의 탄생으로 자유경제체제의 자본에 의한 올림픽의 주도가 뚜렷하게 나타났다.

① 第14회 올림픽, 영국 런던(London), 1948. 07. 29 - 08. 14

2차 세계대전으로 12회와 13회 올림픽대회가 열리지 못했다. 14회 올림픽을 즈음하여 공산진영을 중심으로 한 동구와 자유세계를 목표로 하는 서구의 세력다툼은 움틀 거리기 시작하여 두정치적진영이 형성되어 끊임없는 세력다툼이 진행 중에 소련도 참가하지 않았고 이러한 상황이 동서 냉전의 기류를 더욱더 찬 기운으로 몰고 가게 된 것이다. 또한, 민족적 대립으로 유대민족이 이스라엘 이라는 국가를 중동에 건국하고 런던 올림픽에 참가하기 위해 적극 노력하였으나 아랍 국가들의 절대적인 반발로 IOC에서는 이스라엘에게 참가 자격을 주지 않았다. 이리하여 개최된 59개국이 참가하여 운동선수 3,738명이 참가하였으며 여자운동선수들도 385명이라는 올림픽 사상 가장 많은 선수가 참가 하였던 것이다. 올림픽의 주요기록으로는 17세의 고등학생인 밥 마시아스(Bob Mathias)는 5종경기에서 금메달을 획득하였으며 네덜란드여성선수 패니블랭커즈 코엔(Blankers Koen)은 여자육상에서 4관왕의 영광을 차지하였다(*Official website of the Olympic Movement*, 2007년 6월 19일).

② 第15회 올림픽, 핀란드 헬싱키(Helsinki), 1952. 07. 19 - 08. 03.

세계의 정치상황은 계속해서 동구와 서구의 이데올로기의 차이가 더욱 심화 되었고 미국과 소련은 냉전 상태에 있었으며 이는 올림픽에서도 스포츠냉전(Cold War of Sports)이라는 용어를 낳게 하였다. 핀란드는 올림픽의 성공적인 개최를 위하여 올림픽 휴전협정을 선포하였다. 이는 고대 올림픽 게임기간 동안 전쟁의 중단 선포를 근대올림픽에서 처음으로 올림픽정신을 계승하여 실시한 조치였으나 이는 올림픽위원회와 주최국만의 생각이었지 전혀 호응이 없었다. 헬싱키올림픽은 69개국에서 4,407명의 선수가 참가하여 냉전 속에서 개최되어 성공한 하나의 올림픽으로 기록되고 있다(Mechikoff & Estes, c2002: 294-297).

③ 第16회 올림픽, 오스트레일리아 멜버른(Melbourne), 1956. 11. 22 - 12. 08.

자유진영을 표방하는 미국과 연합국, 사회주의를 대표하는 소련과 소련의 연합국사이의 냉전은 수그러들지 아니하고 더더욱 강세를 보였다. 중동지역에서는 이집트의 나써 대통령(President Nasser)이 소련과 미국양국의 원조를 받는 양다리 정책을 펴나가면서 미국에게 아스완댐 건설을 요청하면서 수에즈 운하를 봉쇄조치를 단행하자 영국, 프랑스, 그리고 이스라엘은 이에 대한 조치로 이집트에 대하여 군사행동을 감행함으로써 세계를 또 다른 전쟁의 위기로 몰았다. 남아공을 비롯한 아프리카 등에서는 백인우월주의 정책은 흑인폭등을 낳게 하였고 이로 인하여 케냐에서는 마우마우(Mau Mau)폭등이 일어나 15,000명이 살해되는 참사를 낳게 하였다. 올림픽 도중 이집트, 스페인, 네덜란드, 중국, 이라크 5개국이 철수하였다. 중국은 대만의 참석으로, 이라크는 수에즈운하로 인한 이집트와 행동을 같이 하기 위한 것이 불참 사유였던 것이다. 16회 올림픽은 67개국 2,813명의 선수가 참가한 가운데 막을 내렸다(Mechikoff & Estes, c2002: 297-298).

④ 제17회 올림픽, 이탈리아 로마(Rome), 1960. 08. 25. - 09. 11.

쿠바의 피델카스트로(Fidel Castro)에 의한 미사일배치사건, 미국의 소련 영공상에서 정찰기를 이용한 첩보활동 중 추락사건등으로 미소양국은 외국인 학생외교관 등을 추방시키면서 냉전의 골을 깊어만 갔다. 올림픽은 물론 모든 스포츠를 냉전의 도구로 활용하게 되었다. 2차 대전 전범국인 동독과 서독은 단일국가로 출전하게 되었으며, 대만과중국은 자신들의 정치적 차이를 보이며 대만의 참석이유로 중국이 불참하였고, 공산권선수들끼리 특정국가 선수를 탈락시키기 위하여 일부러 져주는 행위와 편파판정에 대한 이의를 제기하여 15명의 심판이 무능력하다는 이유로 해고되기도 한 올림픽 이었다 그럼에도 불구하고 모든 길이 로마로 통한다는 말이 있듯이 83개국 4,738명의 선수가 참가하여 화려한 로마의 휴일을 만들 수 있었다.

〈표 V-2〉. 2차 세계대전 이후 하계올림픽 (개최지, 1위 국가, 참가국수, 주요사건)

횟수	개최년월일	국가명	개최지역	1위국	참가국	규모	주요사건
제14회	1948.07.29-08.14	영국	런던	미국	59	4,099	
제15회	1952.07.19-08.03	핀란드	헬싱키	미국	69	4,925	휴전협정
제16회	1956.11.22-12.08	오스트레일리아	멜버른	소련	67	3,184	인종전쟁
제17회	1960.08.25-09.11	이탈리아	로마	소련	83	5,348	독일통합팀
제18회	1964.10.10-10.24	일본	동경	미국	93	5,140	
제19회	1968.09.12-10.27	멕시코	멕시코시티	미국	112	5,530	마스코트 학생집회

횟수	개최년월일	국가명	개최지역	1위국	참가국	규모	주요사건
제20회	1972.08.26-09.11	서독	뮌헨	소련	121	7,173	뮌헨대참사
제21회	1976.07.17-08.01	캐나다	몬트리올	소련	92	6,028	
제22회	1980.07.19-08.03	소련	모스크바	소련	80	5,217	미국불참
제23회	1984.07.28-08.12	미국	LA	미국	140	6,797	소련불참
제24회	1988.09.17-10.02	대한민국	서울	소련	159	8,465	
제25회	1992.07.25-08.09	스페인	바르셀로나	EUN	169	9,367	
제26회	1996.07.19-08.04	미국	애틀란타	미국	197	10,318	100주년
제27회	2000.09.15-10.01	호주	시드니	미국	199	10,651	
제28회	2004.08.13-08.28	그리스	아테네	미국	202	18,553	전국가참석

출처: 대한올림픽위원회 국제부 내부 자료.

⑤ 第18회 올림픽, 일본 도쿄(Tokyo), 1964. 10. 10. - 10. 24.

경찰국가를 자처한 미국이 베트남전쟁에 관여하면서 막대한 인명과 재산 피해를 입고 있었고, 중국은 첫 원자폭탄을 만들고, 소련은 니키타크루쉬체프(Nikita Khrushchev)가 미국은 린돈 존슨(Lyndon Johnson)이 각각 국가원수로 선출되었다. 인도네시아와 북한은 출전 정지된 선수들의 항의 표시로 올림픽에서 철수했다. 그리고 인도네시아 수카르노 대통령은 모든 언론에 대하여 올림픽관련보도를 통제하였다. 또한, 올림픽을 이용한 동서양진영으로 정치목적을 달성하기 위한 망명(Defection)사건이 발생했다. 이러한 국제정세의 변화 속에 도쿄는 역대올림픽역사상 가장 많은 돈을 투자하여 스타디움 등의 준비에 완벽을 구하여 93개국 5,000여명이 참전하여 성황리에 끝마칠 수가 있었고 일본이 경제대국으로 가는 결정적인 역할을 하게 된 것이다(*Official website of the Olympic Movement*, 2007년 6월 19일).

⑥ 第19회 올림픽, 멕시코 멕시코시티(Maxico City), 1968. 09. 12. - 10. 27.

올림픽의 경기대회의 행운의 상징물인 마스코트가 비공식적으로 처음 사용되어 마스코트의 역사를 만들어 간다. 세계정치상황은 미국케네디 대통령의 암살, 동남아시아, 아프리카, 중동에서의 생명과 재산약탈, 소련군대의 체코슬로바키아의 유혈반란진압 학생집회의 적극성 어지러운 국제정세 속에서 올림픽은 선수들의 건강문제를 염려한 채 해발 7,000m의 고지대인 멕시코시티에서 개최하게 된 것이다. 올림픽 기간 동안 인종차별의 문제가 대두되었고 학생시위가 발생하였고, 올림픽 스타디움을 놓고 150,000명의 학생들이 3일간 폭등을 일으켜 도시를 황폐화시키기도 했다. 어지러운 국제정세에 맞게 19회 올림픽은 112개국 4,750명이 참가한 가운데 가장논란과 논쟁이 많았고 1948년 이후 역대올림픽 중 45일이라는 가장 긴 기간 동안 개최된 올림픽의 하나였다(*Official website of the Olympic Movement*, 2007년 6월 19일).

⑦ 제20회 올림픽, 독일 뮌헨(Munich), 1972. 08. 26. - 09. 11.

베트남 전쟁은 진행중이였고 태국, 캄보디아도 전쟁에 휩싸이게 되었다. 영국은 종교 갈등으로 인한 테러의 위협에 시달려야 했고 전 세계의 갈등이 이데올로기와 이스라엘과 중동의 국가들처럼 종교와 민족 갈등이 혼재하였다. 또한 인종갈등역시 문제가 대두되면서 우간다 대통령 이디 아민은 우간다에서 모든 아시아인을 추방하였다. 올림픽 기간 중 아랍 게릴라들이 이스라엘 운동선수들을 테러하여 17명이 사망하는 사건이 발생하였다. 이는 유색인종갈등으로 발생한 현상인데 1936년 독일 베를린 올림픽에서 나찌에 의하여 유대인 및 유색인종 참여 배제를 시도 하였고 36년 후 유대인은 또 한 번의 독일 땅에서 타깃이 되어야 했다. 이로 인하여 보복을 염려한 아랍국의 선수들은 출국하였고 올림픽은 축제의 장에서 공포와 두려움의 장으로 바뀌게 되었다. 뮌헨 대회는 121개국 7,173명이 참가한 가장 큰 대회였으며 소련의 발레리 보르조브는 100, 200m에서 금메달을 획득하여 이 종목의 미국흑인선수들의 독식에 막을 내렸다(Mechikoff & Estes, c2002: 321-325).

⑧ 제21회 올림픽, 캐나다 몬트리올(Montreal), 1976. 07. 17. - 08. 01.

경제논리에 따라 무역규모의 대소에 따라 국교단절로 발생한 대만의 올림픽 철수 문제, 올림픽을 이용하여 남아프리카공화국을 고립시키려는 인종문제, 정치적 망명, 사회문제 등으로 인하여 몬트리올 올림픽은 정치적 혼란으로 뒤엉켰다. 20회 뮌헨 올림픽의 테러로 인하여 몬트리올은 안전보장에 각별한 조치를 취하였고, 이로 인하여 역대올림픽 중 가장 테러로부터 안전올림픽이 되었다. 몬트리올올림픽은 영국의 엘리자베스 여왕이 개회를 선언하였고, 88개국에서 6,026명의 선수들이 참가하였으며 루마니아의 14세 체조선수 나디아 코마네치(Nadia Comaneci)는 이전의 올림픽경기에서는 없었던 만점을 기록하기도 하였다(대한올림픽위원회, 2006).

⑨ 제22회 올림픽, 소련 모스크바(Moscow), 1980. 07. 19. - 08. 03.

소련의 아프카니스탄 침공과 처형으로 미국 카터행정부의 정치적 영향을 받아 올림픽 개최 이래 3번째로 미국은 올림픽의 참가를 거부하게 되었고 이로 인하여 31개국이 참가를 거부하여 81개국 5,217명이 참석하여 반쪽자리 올림픽이 되었다.

⑩ 제23회 올림픽, 미국 로스앤젤레스(Los Angeles), 1984. 07. 28. - 08. 12.

제22회 올림픽의 미국의 불참은 LA올림픽에 소련과 동독, 쿠바 스포츠강국의 불참을 만들었다. 올림픽을 이용한 냉전의 벽은 활용되었고 정치적 선전 또한 수그러들지 않았다. 제23회 올림픽은 최초로 올림픽을 상업화의 기준에 맞게 설계하고 활용하였던 올림픽이다. 이로 인하여 역대올림픽이 사상 이윤을 남기는 기업식 올림픽을 만들었다. 140개국 6,797명이 참가하였다.

⑪ 제24회 올림픽, 대한민국 서울(Seoul), 1988. 09. 17. - 10. 02.

159개국 8,465명이 참가한 제24회 서울 올림픽은 대한항공민간항공기 폭파사건 북한의 미사일 전진 배치로 서울 올림픽은 테러의 위협으로부터 완벽해야 했다. 서울 올림픽은 선수들의 약물사용금지를 철저히 규명하였다. 그리하여 캐나다 선수 밴 존슨(Ben Johnson)이 100M 달리기에서 금메달을 차지하였으나 약물복용사실이 밝혀져 금메달은 존슨의 라이벌 칼 루이스(Carl Lewis)에게 돌아갔다. 미국의 고등학교에 재학 중이던 17세 자넷 에반스(Janet Evans)는 400, 500M 자유형과 400M 혼영에서 금메달을 차지하였으며 동독수영선수 크리스틴 오토(Kristin Otto)는 6개의 금메달을 획득하여 동독의 여자 수영의 강국으로 인정받았다. 한국인이 출전한 복싱에서 편파판정으로 한국 관중들의 분노가 폭발되었던 사건이 있었고, 서울 올림픽은 평화롭게 진행되었다.

⑫ 제25회 올림픽, 스페인 바르셀로나(Barcelona), 1992. 07. 25 - 08. 09

독일의 통일, 예멘의 통일 단일 민족의 통일이 진행되었고, 탈 이데올로기가 움트기 시작하였고 경제를 중심으로 한 스포츠가 발전하기 시작하였다. 올림픽은 정치적 목적을 달성하기 위한 테러로부터의 안전보장과 경제적 가치를 높이는 완벽한 경제논리에 운영되었다. 바르셀로나 올림픽에는 170개국 9,364명이 참가하였다(대한올림픽위원회, 2006).

⑬ 제26회 올림픽(100주년), 미국 애틀랜타(Atlanta), 1996. 07. 19 - 08. 04.

근대올림픽 개최 100주년의 상징성으로 인하여 1회 개최지인 아테네와 애틀랜타 두 도시를 놓고 결정된 100주년을 기념하는 의미 있는 대회였다. 26회 올림픽은 고도로 발전된 상업화 속에서 시작되었고 막을 내렸다 천문학전 숫자의 방송중계료, 광고료를 지불하여야 했다. 올림픽 위원회는 약물복용으로부터 자유로울 수 없었으며 수영에서 무명 선수가 여러 개의 메달을 획득 하였을 때에도 약물복용사실이 드러나 이슈가 되기도 하였다. 이러한 약물복용의 법률분쟁을 대신 할 스포츠중재재판소가 12인으로 구성되어 약물복용사건들을 취급하게 되었다. 또한, 올림픽공원에서 폭발사고가 발생하여 2명이 목숨을 잃고 100명이 부상당하는 사고가 발생하였다. 미국의 칼 루이스는 멀리뛰기에서 금메달을 획득함으로써 올림픽 역사상 경기에서 총 9개의 메달을 목에 걸음으로서 올림픽 역사상 가장 위대한 선수가 되었다. 사마란치 IOC위원장은 1960년 로마 대회 때 권투에서 금메달을 획득하고 분실했던 무하마드 알리 대체 금메달을 만들어 수여하기도 하였다(*Official website of the Olympic Movement*, 2007년 6월 19일).

⑭ 제27회 올림픽, 호주 시드니(Sydney), 2000. 09. 15 - 10. 01.

원주민의 시위, 오사마 빈라덴의 테러의 위협 속에서도 상업화, 컴퓨터정보화를 활용한 시드니 올림픽은 LA올림픽을 벤치마킹하여 막대한 이익을 남겼고 급속도로 발달 한 정보통신은 인터넷을 통하여 실시간으로 올림픽 경기를 시청할 수 있었던 첨단올림픽이었다. 시드니 올림픽의 특징은 약물복용, 심판의 편파판정이나 오심으로 인하여 부당하고 억울한 조치를 받은 사람들에 대하여 구제 할 수 있는 중재재판이 기구의 활용이 증가하였다. 이는 스포츠의 상업화에 입각한 경제적 이익을 위하여 생기는 결실이라 할 것이다.

⑮ 제28회 올림픽, 그리스 아테네(Athens), 2004. 08. 13 - 08. 28.

고대 올림픽의 발상지이자 1896년 제1회 근대올림픽을 열었던 그리스 아테네가 2004년 8월13일 제 28회 하계 올림픽을 개최하였다. 그리스는 근대올림픽 탄생 100주년을 기념해 96년 올림픽 개최를 희망했었지만 유일 강대국으로 떠오른 미국의 상업자본에 휩쓸려 고배를 마셨고 8년 후인 2004년 대회 개최권을 따내게 됐다.

한 세기를 건너뛰어 열리는 아테네올림픽은 정치경제사회의 모든 분야에서 영향을 미치며 그리스인들의 스포츠였던 육상과 레슬링, 권투를 비롯해 28개 종목 총 301개의 금메달을 놓였다. 이번 대회는 사상 처음으로 IOC가맹국인 202개국이 모두 참가해 역대 최다 규모를 기록하였다. 이 대회를 계기로 올림픽은 이제 하나의 지구촌 축제가 되었다(대한올림픽위원회, 2006).

5) 올림픽의 미래

고대와 근대의 올림픽 운동은 이상주의의 실현에 목적을 두고 있으나 현실주의에 따른 많은 문제점들을 노출시키고 있지만, 올림픽운동은 국제 평화와 우호증진에 크게 기여하여 왔으며 미래에도 그러할 것으로 본다. 1,200년 동안 한 번도 중단됨이 없이 계속 되었던 고대 올림픽에 비해 근대올림픽은 1896년 쿠베르탱(Pierre de Coubertin)에 의해 그리스 아테네에서 부활된 이래 전쟁, 정치, 테러, 이데올로기의 대립 등으로 인해서 그동안 중단 내지 보이콧 소동등 순탄한 길을 걸어오지 못했다. 그러나 쿠베르탱에 의해 주창된 올림픽의 근본정신은 국제간의 정치, 사상, 인종, 종교를 초월하여 스포츠를 통해서 서로 우호관계를 넓히고 친선을 도모하여 스포츠로써 세계평화에 이바지함을 목적으로 하고 있다. 따라서 쿠베르탱의 교육철학을 중심으로 한 올림피즘(Olympism)이 세계의 모든 국가들에 의해 잘 이해되고 실행될 때 올림픽 운동은 국제적인 이해를 위해 크게 기여하게 될 것으로 본다.

IOC는 올림픽 경기를 정치와 같은 세속적 관심을 초월할 수 있는 철학을 지닌 스포츠 행사라고 생각해왔다. 그러나 현대 올림픽은 순수한 이상만을 주장함으로써 목적을 달성할 수 있는 것이 국가 혹은 민족공동체의 현실적 이해를 고려해야 한다는 것을 일깨워주고 있다. 정치적 영역으로부터 올림픽의 분리와 정치적 순수성을 계속 주장해 왔음에도 불구하고 IOC가 정치적 문제로부터 벗어나 본적은 거의 없었다. 이와 같이 올림픽은 많은 문제점을 안고 있기도 하다.

결국 올림픽은 1896년 근대올림픽의 시작에서 오늘에 이르기까지 그 본질적 이상과 실제적 양상은 현실적으로 많은 잡음과 논란의 대상이 되고 있는 것이다. 쿠베르탱의 숭고한 근대올림픽 정신을 바탕으로 부활된 근대올림픽대회를 전개하여 오는 과정에서 과열된 국가 간의 메달경쟁을 유발하는 민족주의적 표현과 아마추어리즘의 위기, 정치적 이데올로기의 대립, 제국주의자들의 무모한 야심에 의하여 발발했던 두 번에 걸친 세계대전 및 자본주의의 발달에 따른 극심한 상업주의에의 오염 등으로 지금 까지 28회가 개최되는 동안 올림픽의 이상이나 본질이 얼마나 훼손되고 변질되어 왔는지는 자명하다. 그러나 IOC의 역할, 기능, 올림피즘의 형성, 민족주의의 대두, 산업화 사회와 매스미디어의 발달, 그리고 상업주의 등은 올림픽의 변화 발전에 커다란 영향을 주는 또 하나의 기능으로 작용하였음은 시사 하는 바가 크다고 볼 수 있다.

21세기 올림픽이 사회적, 교육철학적 입장에서 발전을 거듭하기 위해서는 새로운 시대에 맞는 올림피즘의 구현이 요구된다. 즉, 본질과 실제, 이상과 현실이 공존할 수 있도록 새로운 제도나 이념을 제시하고 검토하는 것은 올림픽의 성공적이고 합리적인 발전을 도모하는 길잡이가 될 것으로 본다.

3부

한국의 체육·스포츠사

Ⅰ. 갑오경장 이전의 체육·스포츠

어느 국가나 민족을 막론하고 고대 사회부터 근대 사회에 이르기까지 자국의 고유한 신체 문화가 있었을 것이다. 한반도에도 부족국가시대부터 조선시대에 이르기까지 우리 고유의 독특한 신체 문화가 발달되어 왔다. 그러나 19세기 종반 서구 여러 나라의 제국주의적 팽창과 함께 유럽대륙의 체조나 영·미 스포츠 등과 같은 서구 신체 문화가 도입됨으로써 점차 우리나라의 체육·스포츠도 서구화되어갔다. 따라서 한국 체육·스포츠 역사는 시대적으로 갑오경장 이전과 이후로 구분할 수 있다.

오늘날 우리나라 교육 및 여가 활동 수단이 되는 체육활동이나 스포츠는 서구 문화 일색이다. 우리의 국력이 약했던 탓에 앞서 근대화를 이룩한 서구 여러 나라의 문화를 수용하게 됨으로써 그들의 신체 문화가 우리의 외래문화로써 정착된 까닭이다. 그러나 부족국가시대부터 삼국·고려·조선시대에 이르기까지 우리나라에도 화랑도 체육을 비롯한 자랑스런 신체 문화가 있었다. 그것은 주로 군사적 성격의 무예, 민속적 성격의 놀이(스포츠), 의료체조 등이다.

1. 부족국가 시대의 체육과 스포츠

1) 제천행사와 체육·스포츠

군사적 성격의 무예나 고구려의 동맹(同盟),[96] 부여의 영고(迎鼓)[97], 예의 무천(舞天),[98] 신라의 가배(嘉俳),[99] 등과 같은 제천 의식과 관련된 놀이나 경기는 기마, 덕견이, 수박,

96) 10월의 추수 감사제, 하늘에 제사하고 춤과 노래를 즐김.

97) 섣달에 지내던 추수 감사제.

98) 삼한 시대 예의 10월 제천 의식.

99) 신라 유리왕 때 한가윗날 궁중에서 벌인 놀이. 7월 열엿샛날부터 두 왕녀가 아낙네들을 두 편으로 갈라, 한 편씩 거느리고 8월 열나흗날까지 남낮 길쌈 짜기를 겨뤄 거 대소를 판정하면, 진 편에서 보름날 음식을 내어 춤과 노래, 그외 여러 가지 놀이를 즐김.

격겸, 사예(궁술), 씰흠(씨름), 윷놀이 등이 있었다. 그 중 가장 대표적인 무예나 귀족의 스포츠라고 할 수 있는 것은 궁술이었으며, 저포(윷놀이)100)는 이 시대부터 민속적 유희로 조직화되어 가장 오래된 우리의 민속놀이가 되었다.

2) 성인식과 신체적 고행

부족국가 시대 성인식에는 신체적 고통을 참고 이겨야 하는 행위들이 보인다. 중국의 사서인 삼국지와 후한서의 동이전에는 소년들이 신체적 고행을 하는 성인식 행위가 묘사되어 있다. 이러한 사실은 부족국가 시대에 성인으로 또는 강한자로 군림하기 위해서는 강한 신체가 필요했을 것이며, 그러한 인식이 지배적인 사회였다는 것을 증명해 준다.

2. 삼국시대의 체육과 민속 스포츠

1) 삼국시대의 교육과 체육

삼국시대의 교육적, 군사적 성격을 지닌 신체활동은 신라와 고구려의 역사를 통해서 엿볼 수 있는데, 신라의 화랑제도와 고구려의 경당이다.

6세기를 전후로 진흥왕(眞興王다, 540-575)때 화랑도가 조직되었던 것으로 추정된다. 화랑의 교육체계에는 체육적 성격의 신체단련과 군사적 성격의 무예, 유희적 성격의 놀이문화가 있었다. 화랑도의 교육훈련 과정에는 입산수행, 신체고행, 각종 무예, 편력, 가무, 축국, 수렵 등이 포함되어 있었다. 화랑의 체육사는 고대 사회에서 서양의 기사제도와 같은 체육의 체계가 확립되었다는 측면에서 매우 중요하기 때문에 어느 부분보다 깊은 고찰과 이해를 필요로 한다.

고구려의 교육기관으로는 태학(太學)과 경당(扃堂)이 있었다. 태학은 귀족의 교육을 담당했고, 경당은 고구려가 평양으로 도읍을 옮긴 뒤 각 지방에 둔 사학(私學)이었다. 경당에서는 평민층의 자제에게 경학(經學)·문학·무예를 가르쳤다.

---

100) 윷놀이는 정월 초하루부터 보름날까지만 행하였는데, 이 민속놀이는 "도·개·걸·윷·모"라는 호칭을 붙여 실시하는 놀이로 도[돈: 豚]·개[견: 犬]·걸[우: 牛]·모[마: 馬]는 짐승의 크기와 빠르기를 따라 판에서 노는 놀이이다. 이 놀이는 부여의 사출도(四出道)라는 관직 이름에서 연유되었다고 한다(조명렬·노희덕·나영일, 1996: 296).

2) 삼국시대의 무예

삼국 중 신라 시대의 무예는 화랑도에 대한 다양한 기록을 통해서, 고려시대의 무예는 무용총 등과 같은 사료를 통해서 확인된다. 화랑의 교육체계 속에는 체육적 성격의 신체단련, 군사적 성격의 무예, 유희적 성격의 놀이 문화들이 나타나는데, 무예로는 궁술, 창술, 검술, 기마술, 수박(手搏), 석전(石戰) 등이 있었다.

고구려의 교육기관으로는 태학(太學)과 경당(扃堂)이 있었다. 태학은 귀족의 교육을 담당했고, 경당은 고구려가 평양으로 도읍을 옮긴 뒤 각 지방에 둔 사학(私學)이었다. 경당에서는 평민층의 자제에게 경학(經學)·문학·무예를 가르쳤다. 이 과정에서 각종 무예가 성행했던 것으로 추정된다. 그 중 대표적인 것은 활쏘기였으며, 고구려시대의 무용총을 비롯한 여러 사료를 종합해 볼 때 기마술, 검술, 창술, 각저(角抵), 수박(手搏), 권법 등이 활성화 된 것으로 추정된다.

3) 삼국시대의 무예적 스포츠와 오락

삼국시대부터 통일 신라시대에 걸쳐 서양의 스포츠와 같은 성격을 지닌 각종 민속적 게임과 오락이 성행하였는데, 그 유형을 간략히 요약하면 다음과 같다.

(1) 각저

각저(角抵)는 두 사람이 서로 맞잡고 힘과 기를 겨루는 경기로 오늘날 씨름의 한 유형이었을 것으로 본다. 각저는 몇몇 나라간에 어원의 유사성을 보이고 있는데, 한국은 씨름(Ssirum), 몽고는 썰렘(Ssulrem), 중국은 쎄기유(Ssegiu), 러시아는 삼보(Sambo), 일본은 스모(Sumo)라고 부르고 있다(조명렬·노희덕·나영일, 1996: 309). 이들 간에는 발음상 유사성을 찾을 수 있어 그 기원이 같은 것이 아니가 추정된다. 각저에서 발달되어 온 우리의 씨름은 왼씨름·오른씨름 등이 있었으나 1932년에 왼씨름으로 통일되었다(한이혁, 1998: 275).

(2) 수박

수박(手搏)이 행하여 진 사실은 고구려 무용총과 안악 3호 고분 등을 통해 확인된다. 그 곳에는 두 사람이 일정한 거리를 두고 겨루는 자세가 나타나 있다. 거기에는 손을 편 상태로 무릎을 구부린 동작을 취하고 있다. 여러 가지 점으로 미루어보아 수박은 맨손과 발을 이용한 격투기로 보이며, 후일 태권의 원형이었던 것으로 추정된다.

(3) 축국

축국(蹴鞠)은 가죽주머니에 겨를 넣거나 공기를 불어넣어 만든 공을 발로 차고 노는 게임이었다. 기구(氣球)라고도 하며, 삼국시대에는 주로 상류층에서 즐기던 레저 스포츠였다. 특히 신라의 귀족들이 즐겼던 것으로『삼국 사기』에는 유신과 춘추가 축국을 했던 기록이 남아 있고, 『동국세시기(東國歲時記)』에는 크기가 탄환만하고, 그 위에 꿩털을 꽂아서 발로 차는 것이라고 기록되어 있다.

(4) 석전

석전(石戰)은 변전, 편전, 편쌈이라고도 한다. 한 부락이 동편 서편으로 나뉘어 돌팔매질을 하는 전투적 성격의 놀이로 돌팔매질을 피하여 달아나는 쪽이 패하는 경기였다. 신라의 문무왕 때에는 석투당(石鬪幢)이라는 석전 부대를 설치하기도 하였다.

(5) 방응

방응(放鷹)이란 매사냥이다. 『삼국 유사』의 가락국기(駕락洛國記)나 『삼국 사기』의 백제 아신왕조에 방응의 활성화 상황이 엿보이는데, 사나운 매를 길러 꿩이나 기타 조류를 사냥하는 수렵이었다. 방응은 고려조에 들어서는 "응방(鷹坊)이란 관서까지 설치할 정도로 널리 확산된 수렵활동이었다.

(6) 투호(投壺)

화살 같은 막대기를 일정한 거리에 있는 항아리 안에 던져 넣는 게임으로 여성들도 많이 참여했다. 여가 시간에 행해지던 단순한 놀이의 성격도 있었으나 인격 수양이나 예절 교육과도 관련이 있었던 놀이이다. 사서오경의 하나인『예기』에 그 형식이 수록되어 있다는 것은 투호와 예절 교육의 상관성을 증명하는 것이라 하겠다.

(7) 추천

추천(鞦韆, 秋天)은 그네뛰기로 제(劑)나라에서 전래된 유희였으며, 고구려에서 매우 유행하였다.

(8) 기타

그 외 각종 오락으로는 저포(樗蒲), 위기(圍棋), 쌍육(雙육六), 악삭(握槊) 등이 있었다. 저포는 백제 때부터 성행했던 윷놀이와 비슷한 놀이였다. 윷놀이의 "도·개·걸·윷·모"는 "돈(豚는)·견(犬)·양(洋)·우(牛)·마(馬)"을 의미하며, 짐승의 크기와 빠르기 등이 고려되어 조직화된 놀이다. 위기는 혁기(奕棋), 박혁(博奕), 바둑이라고 하며, 오늘날 바둑과 같이 흑백의 돌로 집 싸움을 하던 것이며, 악삭과 쌍육은 주사위를 던져 나는 사위대로 말(馬)을 써서 겨루는 것이었다. 쌍육은 주로 양반층의 오락이었고, 평민들은 통제했다는 기록이 있다(조명렬·노희덕·나영일, 1996).

4) 신라 화랑의 체육과 사상

(1) 화랑도의 체육활동

신라 화랑도들이 행군, 승마, 궁도 또는 각종 무예와 같은 신체활동을 통하여 심신의 단련했던 사실은 잘 알려져 있다. 화랑도의 기본 정신은 '세속오계(世俗五戒)'에 잘 나타나 있는데, 화랑의 체육은 효(孝)와 신(信) 등의 국민적 윤리를 강조하는 도의체육(道義體育)으로써 심신 일원론적인 신체관을 바탕으로 신체의 덕(德)을 함양하는데 목적을 두고 있었다. 그것은 화랑의 기본 사상인 광명정대사상(光明正大思想)을 기초로 신체적 단련을 통해 심신의 조화로운 발달을 추구했기 때문에 화랑도의 교육 이상은 현대 전인교육의 이상과 일치하는 것으로 볼 수 있다(李鎭洙, 1990: 297-301).

화랑들은 신체에 직접적인 고통을 가하고, 이 신체적 고행(苦行)을 통해 체력의 강화는 물론 자신의 강인한 내면 세계를 구축하고자 했다. 그리고 가무(歌舞)·편력(遍歷)[101]·축국(蹴鞠)·수렵 등을 통해 보다 폭넓은 인간 교육이 행하여졌으며, 검술·기창술(騎槍術)·궁술·기마술 등과 같은 무예의 수련 또한 필수적으로 행하여졌다.

화랑도의 편력은 독특한 야외활동 형식이었으며, 입산수행과 편력은 천신(天神)과 산신(山神)의 숭배라는 종교 의식과도 연관된 활동이었다. 이는 국토를 신성하고 존엄하게 여기며 국가에 충성을 다해 나를 지켜낸다는 불국토(佛國土) 사상과도 연결된 것이었다(하남길, 2014: 582).

101) 명산대천(名山大川)을 두루 돌아다님.

(2) 화랑도 체육의 이념적 배경

초기의 화랑도는 고대 한국의 신라시대 청소년의 수행을 위한 민간단체의 성격을 띠고 있었기 때문에 심신의 수양을 위한 신체적인 활동은 교육적·오락적 성격을 지닌 것이었다. 깊은 산 속으로 들어가 기도를 하며 수양을 하던 "입산수행"이나 명산대천을 두루 돌아다니며 강인한 신체와 정신을 단련하던 수양 활동은 샤마니즘적 전통 신앙인 "선교"에 토대를 둔 것으로 보인다. 그것은 산악에 대한 숭배의식과 연관된 것으로 신체적 고행을 통하여 신선(神仙)의 경지에 도달하려는 교육적 활동으로 정의할 수 있다.

그러나 6세기초부터 화랑도는 국가적인 제도로 성립되면서 교육적 기능이 강화됨과 동시에 전사단체의 성격을 띤 조직으로 변화되었다. 6세기 전후의 한반도는 고구려·백제·신라가 서로 팽창을 위한 대립이 가속화되고 있었다. 이러한 시대적인 상황에서 신라는 국가의 부흥을 위해서는 탁월한 지도자와 전사의 육성이 절실하게 요구되었고, 이러한 맥락에서 궁술(弓術), 마술(馬術), 기마(騎馬), 검술(劍術), 창술(槍術) 등과 같은 무예 중심의 스포츠가 발달되었으며, 사냥, 검무, 축국(蹴鞠), 편력(遍歷) 등과 같은 활동도 화랑도들의 교육이나 여가활동의 수단으로 채택되었다. 화랑의 신체적인 단련활동은 충성, 효도, 신의, 용맹, 인(仁)과 같은 미덕의 함양에 있었으며, 그것은 한국의 전통 신앙과 불교, 유교의 교육 이념이 결합된 것으로 나타난다.

신라는 화랑제도를 확립하여 엘리트들에게 지배계급으로서의 교양을 닦음은 물론 국가를 위해 자신을 바칠 수 있는 전사들을 양성하여 676년 삼국을 통일하였다. 화랑도는 통일의 주체세력이었다. 따라서 오늘날까지 한국에서는 화랑이란 말은 교양과 신체적 정신적 용맹성을 두루 갖추고, 국가에 대한 충성심을 갖은 젊은 엘리트의 대명사로 사용된다. 화랑들에게 무예나 스포츠는 단순히 체력의 육성이나 전사로서의 기능 숙달을 위한 수단을 의미하는 것이 아니라 그 활동 자체를 통합적인 인간교육의 수단으로 보았다. 따라서 화랑도의 무예나 스포츠는 심신 일원론적 사상을 기반으로 발달된 것이며, 6세기 한국 고대 사회에서 성립된 화랑도란 독특한 제도와 맞물려 발달이 촉진되었다. 이러한 사실은 화랑도 체육이 6-9세기 동양의 신체적 단련활동과 스포츠가 심신 일체적 사고를 바탕으로 교육의 중요한 영역으로 취급되었다는 사실을 밝혀주고 있다.

(3) 화랑 체육의 체육사적 의미

영국의 선구적인 스포츠 사학자 스트럿트(J. Strutt)는 "특정한 국민의 특성을 정확히 평가하기 위해서는 그들 속에 가장 널리 퍼진 스포츠와 여가 활동을 조사하는 일이 절대적으로 필요하다(Strutt, 1903: X VII)."라고 말했다. 이 말은 특정 국가나 민족의 다양한 신체 문화는 그 국가나 민족의 특성을 결정한다는 것을 의미한다.

로마의 유혈스포츠(bloody sport)는 로마 후기 사회의 타락상과 로마인들의 투쟁적인 기질을 나타내는 것이며, 중세 유럽의 기사체육은 기독교적 봉건사회의 유산이었다. 그리고 근대 영국의 스포츠와 신사도(gentlemenship), 강건한 기독교주의(Muscular Christianity), 독일의 체조운동(Turnbewegung)과 국가주의, 미국의 미식축구(American football)와 프론티어 정신, 일본의 무예와 사무라이(Samurai) 정신 등이 그 예이다. 마찬가지로 한국에는 한국인의 민족적 기질을 반영하는 화랑도(Hwarangdo)의 무예와 그 정신 있었다.

화랑도는 세계적으로 내세울 만한 우리 민족의 유산이자 체육사적 유산이기도 하다. 따라서 한국 체육사에서는 매우 중요하게 다뤄야 할 영역이다. 어느 민족이나 외세에 대비하고 내적 안정을 유지하기 위해서는 무사계급이 필요했을 것이다. 그 계급의 무예나 신체 단련 수단은 체육 및 신체 문화로 성장해 왔다. 서구의 기사(騎士)들의 토나먼트나 쥬스트 등이 중세 유럽의 대표적인 신체문화였던 것과 마찬가지로 신라 화랑의 무예와 교육, 신체활동도 우리나라 고대 사회의 체계화된 체육활동이라는 측면에서 화랑도의 신체활동을 통한 교육은 체육사적으로 다음과 같은 의미를 갖는다.

① 고대 한반도에서 체육의 이념 체계가 확립되었다는 점이다.

② 고대와 중세의 서양체육이 남성중심으로 발달되었으나 화랑제도에서는 여성의 참여도 허락되었다는 점이다. 그리스에서 기원전부터 체육교육제도가 발달되었지만 남자에 국한된 것이었고, 중세의 기사제도 또한 남자에 국한 된 것이었다. 그러나 6세기경에 체계화된 화랑제도는 그 조직이 귀족자제들인 화랑과 양가(良家) 미혼 소녀들인 낭도(郎徒)로 구성되어져 있었다.

③ 중세 서양의 체육이 기독교의 심신 이원론적인 사상에 바탕을 둔 것이었다면 화랑의 체육은 심신 일원론적인 사고를 바탕으로 하고 있다는 점이다. 이러한 사상은 현대 체육교육의 이상과 일치한다는 측면에서 역사적 의미를 갖는다.

④ 화랑의 체육 정신이 현대에까지 계승되어 국민성에 영향을 미친 점이다. 비록 조선시대 유교의 영향으로 삼국시대나 고려시대의 상무정신이 쇠퇴하기는 하였으나 그 정신은 국민성에 면면히 흐르고 있으며, 특히 한국의 군사교육에서는 그 정신을 그대로 계승 발전시켜 왔다는 점이다.

3. 고려시대의 무예와 스포츠

1) 고려시대의 교육

고려시대(918-1392) 교육의 특징은 유교적 정치 이념에 입각한 문치주의(文治主義) 교육과 사학(私學)의 발달을 들 수 있다. 유교의 정치 이념은 불교의 공덕사상(公德思想)을 배격하고 도덕적 합리주의에 입각한 중앙집권적 귀족정치의 실현에 초점을 맞추었다(이기백, 1993: 181). 교육기관으로는 관학(官學)이었던 국자감(國子監, 성종 11, 992년)(高麗史)을 비롯하여 사학(私學)이었던 향교(鄕校), 동서학당(東西學堂), 오부학당(五部學堂), 십이도(十二徒) 등이 있었다.

국자감에서는 려택(麗澤: 易), 대빙(待聘: 書), 경덕(經德: 詩시), 구인(求人: 周禮), 복응(服膺: 載禮), 양정(養正: 春秋), 강예(講藝: 武學) 등 7재(齋)를 두었다. 향교는 지방의 학당들이며, 동서학당은 국도(國都)의 동·서에 설치된 서민교육기관이었다(韓國敎育史硏究會, 1998: 180). 그리고 12도는 문종(文宗, 1046-1083) 시대에 해동공자(海東孔子)로 불리던 최충(崔沖)이 9개의 전문 강좌로 나누어 강의하는 9재 학당을 만들었는데, 후일 이것을 최공도(崔公徒 또는 文憲公徒)라고 하였으며, 이 기관이 계기가 되어 최공도를 비롯한 12개의 사학이 발달되었다. 주로 전직 고관들이 설립한 이 사학에서는 주로 귀족자제들이 과거 준비를 하는 교육기관이었다. 이처럼 고려시대의 교육은 문치주의에 바탕을 둔 것으로 무학이 교과에 있었으나 주로 유학 중심의 교육이 실시되었다.

2) 고려시대의 무예

(1) 고려의 무신정권과 무예

고려시대의 정치는 문치주의(文治主義)에 입각한 귀족정치였고, 무신(武臣)의 사회·경제적 지위는 낮았다. 예컨대 유명한 강감찬(姜邯贊) 장군은 명장이었지만 무신 출신이 아니었던 것처럼 문신들도 무예 수련을 게을리하지 않았으며, 무인 집권기에는 무예가 더욱 발달되었다.

12세기 중엽, 무인 정권[102]이 출현한 배경은 뿌리깊은 숭문천무(崇文賤武) 사상 때문이었다. 군인들의 토지[軍人田]까지 관리들의 녹봉을 위해 빼앗은 일이 가장 큰 이유였으나

102) 의종 24 년(1170) 정중부 등이 무신란을 일으킨 뒤 수립하여 원종 11년(1127) 임연(林衍) 부자가 몰락할 때까지의 약 100년 동안 무신정권이 계속되었다(邊太燮, 1993: 193).

직접적인 계기는 무예 행사와 직결되어 있었다. "일찍이 무신 정중부(鄭仲夫)가 문신 김돈중(金敦中)의 수염을 태운 일이 있었다고 한다(이기백, 1990: 193)." 그런데, 직접적인 계기가 된 것을 수박희 행사였다. 의종 24년(1170) 의종이 무신들을 위로하기 위해 보현원(普賢院)으로 가던 중 오문전(五門前)에서 오병수박희(五兵手薄戲)103)를 하도록 했을 때, 대장군 이소응(李紹膺)이 수박(手搏)을 하다가 힘에 밀려 달아나자 문신인 한뢰(韓賴)가 달려가 이소응의 뺨을 때리는 사건이 발생했다. 그때 정중부, 이의방(李義方), 이고(李高) 등은 군인들에게 "무릇 문관(文冠)을 쓴 자는 모조리 죽여라"고 선동하여 반란을 일으켰다. 그 이래 무인들은 약 100년 간 정치적 영향력을 행사하게 되었으며, 무인들은 정권을 유지하기 위해 대규모의 사병 집단을 보유함으로써 무예가 더욱 발달되었다.

(2) 고려의 무예

고려시대의 무예 삼국시대의 것들이 그대로 계승된 것들이 많다. 무예로 취급할 수 있는 대표적인 것으로는 수박(手搏), 궁술(弓術), 마술[馬上才], 등이 있으며, 격구(擊毬), 방응(放鷹), 석전(石戰) 등도 무예 훈련의 성격을 지닌 유희로 볼 수 있다. 고려시대의 무인정신은 충(忠), 효(孝), 의(義)에 기반을 두고 있었다. 고려시대는 불교도 성행하였지만 정치 이념이 유교였기 때문에 무사들에게 요구되는 덕목도 유교적 성격이 짙었는데, 고려시대 대표적인 무예는 다음과 같다(최종삼, 1995: 445; 조명렬·노희덕·나영일, 1996: 320-331).

① 수박(手搏戲)

수박은 고구려 시대부터 성행하였던 것으로 맨손과 발을 이용한 격투기로 보인다. 한국의 문헌에서 수박이란 용어가 등장하는 문헌은 『고려사』이다(고려사; 이진수, 1996: 225). 고려사 제 1고려 시대에는 무인들에게 수박을 적극 권장했으며, 명종(明宗, 1170-1197) 때에는 수박을 겨루게 하여 승자에게 벼슬을 내려 수박이 출세를 위한 방법이 되기도 하였다. 고려의 인재 등용은 문과의 과거만 있었을 뿐 무과의 과거 시험은 없었으나 간혹 특별 채용 형식의 무예를 통한 인재 등용이 있었는데, 수박은 인재 선발에 이용된 무예의 하나였다. "무인 집권기 당시 최고 권력자인 최충헌(崔忠獻)은 손님을 초청하여 연회

103) 오병수박희에 대해서는 여러 가지 설이 있다. "5명이 벌이는 단체 경기(정찬모)"라는 설과 "5개의 병부, 즉 부서별 경기(이용복)"라는 설이 있다. 그러나 이진수는 단체경기가 아닌 씨름에서 볼 수 있는 것과 같은 승발시합(勝拔試合)일 것으로 추측했다(이진수, 1996: 229-233).

를 베풀고, 중방(重房)의 힘센 자들로 하여금 수박희(手搏戲)를 시켜 이긴 사람에게 즉시 교위나 대정이란 직책을 상으로 내리기도 하였다(조명렬·노희덕·나영일, 1996: 322).”

② 궁술

궁술은 고대사회부터 발달되어 왔다. 고구려 무용총의 기사도(騎射圖) 모습이 보여주듯 고려시대에도 궁술은 널리 권장되었으며, 국가에서 병사나 관료들에게 궁술을 익히도록 했다. 신라시대 궁술에 의해 인재를 뽑던 전통도 고려시대로 전승되었으며, 왕이 행차하여 궁술대회를 관람하고 상을 내리던 관사(觀射)라는 용어가 고려에서는 열사(閱射)로 바뀌어 나타난다(이진수, 1996: 133). 『고려사』에는 문종 23년(1018) 왕이 선화문에 나가서 응양군 공신의 자손과 문반 6품 이하의 무술이 있는 사람들을 모아 놓고 시험을 쳐서 등급을 정하였다(試定科等)는 기록이 있다(이진수, 1996: 136). 현종(1009-1031 재위) 20년(1029)부터 문관 4품 이상, 60세까지는 교외에 나아가 활쏘기를 하도록 명령하였으며, 선종 3년(1086)에는 양경의 무관을 서울에 불러 동정(東庭)에서 궁사(弓射)를 사열하고, 12월에는 문관의 경우도 그와 같이 하였다. 예종(1105-1122재위)은 문무 신하와 시종관들에게 활쏘기를 시키고, 잘 쏘는 자에게 물건을 상으로 주어 궁술을 장려하였다. 선종(1083-1094재위)은 8년(1091년)에 사장(射場)을 설치하여 군졸에게 궁사를 배우고자 하는 자들은 모두 익히게 하였으며, 과녁을 맞히는 자에게는 상을 주도록 하였다. 고려사 병지(兵志)의 기록을 보면 활쏘기의 능력은 관직의 녹봉과 임용에까지 영향을 미쳤는데, 궁술의 장려와 인재 등용 정책 등은 문무를 겸비한 인재 양성과 무관치 않았던 것으로 파악된다.

3) 고려 귀족 사회의 유희와 스포츠

(1) 격구

① 격구의 기원: 원래 격구는 페르시아의 폴로(Polo)에서 기원을 둔 것이며, 폴로란 말은 티베트어의 풀루(pulu)에서 왔다고 한다(Hendenson, 1974; 이진수, 1996: 22). 우리나라에도 격구가 언제 전해졌는지 명확하지는 않으나 한국에 격구가 전래된 것은 대략 8-9세기경으로 중국-한국-일본으로 전래되었다고 추측하고 있다. 최남선은 한반도 격구가 신라시대에도 성행했을 것으로 적고 있다. 또한 나현성은 고려사의 “상주 적수 아자개가 항복하여 오니 왕이 그 환영행사를 구정에서 하게 하였다.”는 기록을 들어 당시 격구

가 공식적인 행사에서도 열릴 정도로 매우 성행했던 것으로 인정했다. 실제로 고려 귀족 사회에는 격구가 매우 성행했으며, 특히 의종(1148-1170)의 격구에 대한 열정은 광적이라고 표현할 수 있을 정도였으며, 고려시대의 격구 애호 풍조는 조선시대로까지 이어졌다(이진수, 1996: 29-30).

② 고려 격구의 성행 배경: 중국은 당나라 때 태종은 격구의 운동 방식을 체계화하여 축국(蹴鞠)과 더불어 무예를 익히기 훈련의 한 방법으로 장려했다고 한다. 한반도에 전해진 격구 또한 두 가지 성격을 띠고 발달되었다.

첫째, 군사훈련으로서 주로 말타기 능력 향상을 위한 수단이었으며, 그 외 기창, 기검, 기사 능력 향상을 위한 수단으로 채택되었다는 점이 격구가 성행한 배경으로 판단된다. 고려사의 숙종 시대에 기록에 신기군에 대한 언급이 있다(고려사; 이진수, 1996: 39). 고려시대의 격구 경기는 예종 5년(1110) 신기군(神騎軍)에 의하여 처음 실시되었다(이진수, 1996: 38). 당시에는 동 여진의 침입을 막기 위하여 국가 방위에 총력을 기울이던 시기였고, 격구는 군사훈련을 위한 수단으로 채택됨으로써 그 이후부터 급속히 확산되었다.

둘째, 왕, 귀족, 무인들의 오락이나 스포츠의 성격을 띠고 발달되었으며, 격구의 오락적 특성이 격구가 성행한 배경의 하나로 추정된다. 격구는 신기군의 군사훈련을 위해 채택된 이후부터 격구는 고려사회에 급속히 확산되었으며, 예종 11년(1116)의 기록에는 여성도 격구에 참여한 기록이 보인다(이진수, 1996: 39). 그러나 격구에 참여한 계층은 주로 왕이나 귀족들이었다. 고려의 왕들 가운데 의종(1146-1170 재위)은 격구에 광적인 태도를 보인 대표적인 왕이었다. 그는 즉위 4년 9월에 북원에 격구를 위한 구장(毬場)을 축조했으며, 11월에는 궁정의 내시들까지도 격구에 참여하기를 명했다. 그 외 명종(1170-1197), 희종(1204-1211), 충렬왕(1274-1308) 등 많은 고려의 왕들과 귀족들이 격구를 즐겼던 것으로 기록되고 있다(이진수, 1996: 40-48). 특히 최씨 무인 정권기에 한층 더 성행하였다. 무인 집권기에는 무인들에 의해 권력이 유지되었고, 무인들은 그들의 기량 향상을 위해 격구를 특별히 장려하였으며, 일반 서민층에까지 확산될 정도였다.

③ 격구의 폐단: 격구는 약 200보(250m)가 되는 넓은 구정(毬庭, 毬場)에서 실시되었다. 고려사에 보이는 구정의 규모를 보면 3만 명이 식사를 할 수 있던 곳, 동서로 수백 보로 된 바둑판 같은 곳, 4백 보 정도의 규모에 둘레가 수리에 달하던 곳이었다(조명렬·노희덕·나영일, 1996: 325; 이진수, 1996: 325). 당시 부녀자들이 격구를 할 정도로 대중화 양상을 보이면서 점차 사치스런 모습으로 변해가기 시작했다. 특히 최씨 무인 정권기에는 격구의 사치성이 극에 달했다. "최이(崔怡)는 격구장을 만들기 위하여 민가 수백

채를 점탈하였으며, 이곳에서 습전(習戰)을 시키고, 습전을 마치면 주식(酒食)으로 향연하였다. 그의 아들 최항(崔沆)도 자기 집에 고관들과 연회를 하면서 격구 구경을 했는데, 당시 마별초(馬別抄) 중에는 금(金)으로 장니(障泥)를 장식하고, 금으로 만든 꽃잎(金葉羅花)를 말머리와 꼬리에 꽂은 자도 있었을 정도로 사치가 극심하였다(이진수, 1996: 49; 조명렬·노희덕·나영일, 1996: 326).” 결국 고려시대의 격구는 무예적, 요소와 유희적 요소를 지니고 발달되었으나 말[馬]이나 장비를 구할 수 있는 여건, 사치성 등으로 인하여 건전한 대중 스포츠로 자리잡지는 못했던 것으로 보인다.

(2) 방응

방응(放鷹)으로 불리는 매사냥은 삼국시대부터 성행하던 것으로 사나운 매를 길러 꿩이나 기타 조류를 사냥하는 수렵 활동이자 무예 훈련의 성격도 지녔던 스포츠였다. 방응(放鷹)은 신라시대부터 시작되었으나 특히 고려시대에는 매우 성행하였다.

고려시대 매사냥에 대한 기록에 의하면 1227년경 매사냥이 지나쳐 어사대(御史臺, 감찰관직)에서 매사냥을 금지할 정도였다(고려사; 이진수, 1996: 343). 고려 충렬왕 시대에 “왕은 공주와 함께 응방을 인솔하고 매사냥을 하고 있다(이진수, 1996: 345).”는 기록이 보이는데, 이때부터 매사냥은 매우 체계적인 관리 체계 속에서 확산된 것으로 보인다. 충렬왕 즉위 1년(1274)에 응방(鷹坊)이 설치되었으며, 4년에는 각 지역의 응방심검별감(鷹坊審檢別監)이 임명되었다. 그리고 5년에는 전라도 응방사(鷹坊使)가 임명되는 등 체계적인 관리체제를 갖추게 되었으며, 9년(1283)에는 응방도감(鷹坊都監)이 설치되어 전국의 응방이 관리 하에 들어갔다.

고려시대의 응방은 사냥과 연계되어 궁술과 같은 무예의 훈련, 체력 및 용맹성을 기르기 위한 수단이기도 하였으나 주로 왕이나 귀족들의 유희이자 스포츠였다. 고려시대의 왕실과 귀족 사회에서 응방은 매우 성행했던 스포츠였으며, 그 폐해 또한 심각하여 응방도감은 설치와 혁파가 반복되었다.[104]

(3) 투호

투호(投壺)는 화살 같은 막대기를 일정한 거리에 있는 항아리 안에 던져 넣은 게임으로 삼국통일 이전에 이미 한반도에 소개되어 고려왕조를 통해서도 계속된다. 『고려사』에는

104) 응방의 폐해에 관한 상세한 것은 이진수, 한국고대스포츠연구, pp. 349-353 참조.

예종은 즉위 11년(1116) 청년각에 행차하여 투호편을 강론케 하고, 보문각 학사들에게 폐지했던 투호를 다시 실시하려했다는 내용이 실려있다(한국학문헌연구소, 1990), p. 284; 이진수, 1996: 422). 그러나 이 기록에 나타난 것처럼 투호가 왜 폐지되었는지, 얼마나 성행했는지에 관한 자세한 기록이 없으나 고려시대에도 투호는 왕실과 귀족 사회를 중심으로 성행했을 것으로 추측하고 있다.

4) 고려 서민 사회의 유희와 스포츠

고려시대 서민들의 유희와 오락, 또는 스포츠였다고 할 수 있는 유희는 씨름, 그네, 연, 축국, 석전 투호 등을 들 수 있으며, 이러한 오락적 행사는 주로 불교 행사인 팔관회(八關會)[105]나 단오절(端午節)같은 명절에 열리는 경향이 많았다.

팔관회는 신라 진흥왕 때 시작하여 고려시대에 가장 융성하였던 민족적인 불교 축제로 금욕적 성격이 짙었으나 그 성격이 변해 음주, 가무가 곁들인 축제 행사로 변모했고, 단오절(음력 5월 5일)은 4대 명절 중 하나로 지방마다 차이가 있었으나 마을 축제가 열릴 때 씨름, 그네뛰기, 석전, 연날리기, 가면무용, 사자무, 가면극 등과 같은 다양한 문화 행사가 열렸다.

(1) 씨름

씨름은 각저(角觝), 각력(角力), 상박(相撲), 각지(角支), 각희(角戲) 등으로 불렸으며, 삼국시대부터 행하여진 한국의 민속 스포츠였다. 그러나 고려사에는 고려 전기(前期)에는 씨름에 관한 기록이 거의 나타나지 않다가 고려말 충혜왕(1330-1332, 1340-1344) 시대에 이르러 활성화 된 모습으로 나타난다. 고려사 충혜왕(忠惠王)조에 "왕이 기무를 총신에게 맡기고 날마다 내시와 더불어 각력희를 하니 상하의 예가 없다.", "충혜왕이 용사를 거느리고 각력희를 관람하였다(조명렬·노희덕·나영일, 1996: 325)."는 여러 가지 기록으로 미루어 씨름도 유희나 무예 형태로 발달되었음을 알 수 있다."

---

105) 원래 팔관회는 불교 행사의 하나로 금욕적인 수양회로써 망언을 하지 않고, 살생을 하지 않고, 도둑질을 하지 않고, 음란한 일을 하지 않고, 술을 마시지 않는 5계에다 다시 높은 자리에 앉지 않고, 사치하지 않고, 가무하며 놀지 않는다는 3계를 더한 8가지 금욕적인 계율을 하루만이라도 철저히 지켜보자는 데서 나온 말이다. 조명렬 외 2, 체육사(서울: 형설출판사, 1997), p. 328.

(2) 그네뛰기

그네뛰기 즉, 추천(秋韆)은 고려시대에도 계속되었다. 주로 단오절에 가장 많이 행하여졌으며, 남자, 여자, 혹은 남녀 혼성으로 타기도 하였으나 특히 여성의 유희,·스포츠로서의 성격을 지닌 활동이었다. 그네뛰기에 관한 최초의 기록은 고려사 열전 최충헌조에 보인다. "단오일에 권신 최충헌이 백정동궁에서 그네뛰기 모임을 베풀고, 문관 4품 이상의 선비를 초청하여 3일 동안 놀았다."는 기록과 최이(崔怡)전에는 "종실과 관원들을 초청하여 연회할 때 채붕을 매어 산같이 만들고, 수를 놓은 장막과 집 휘장을 둘러치고, 그 가운데는 그네를 매어 무늬 놓은 비단과 채색 꽃으로 꾸몄다(조명렬·노희덕·나영일, 1996: 329)." 이런 기록으로 미루어 보아 그네뛰기는 서민들의 민속적 유희나 스포츠의 성격도 지니고 있었을 것이나 공식적인 연회에서의 여흥을 위한 수단도 되었던 것으로 보인다.

(3) 석전

석전(石戰)은 고대의 것이 전승되었을 것으로 보이나 고려시대의 기록 중 석전에 대한 것은 매우 빈약하지만 석전이 성행하였던 것은 명확한 것으로 보인다. 고려 충목왕 원년(1354) 5월 조에 "단오 척석희를 금지하다."라는 기록이 보이며, 『고려사』우왕(1374-1388) 조에는 "단오에 무뢰한들이 큰 갈에 모여 좌우로 편을 가르고 돌이나 기와로 서로 치고 단봉으로 승부를 결하는데, 이것을 석전이라고 한다(이진수, 1996: 197)."는 기록 등이 보인다. 고려시대의 석전에 관한 기록은 주로 우왕과 관련하여 집중되는데, 우왕은 신하의 만류를 뿌리치면서까지 석전을 구경할 정도로 관심을 가졌던 것이었다. 또 이색(1328-1396)의 『목은집(牧隱集)』에 단오의 석전에 관해 읊은 내용에도 "석전의 싸움기세 강한 바람일듯하니 높은데서 구경해도 가슴이 서늘하군."이라는 내용과 "바야흐로 조정에서 용사를 구하니 상처투성이의 얼굴이 호한일세(이진수, 1996: 198)."라는 내용이 보인다. 이러한 내용은 고려 석전의 성격을 3가지로 규정지워준다. 첫째는 국속(國俗)[106]으로서의 석전으로 단오날이나 명절에 행하던 민속놀이의 성격을 지녔다는 것이다. 둘째는 무(武)로서의 석전으로 군사훈련의 성격을 지녔다는 것이다. 셋째는 왕이나 양반들에게 구경거리를 제공하는 관중 스포츠로서의 성격을 지녔다는 것이다. 석전의 이러한 성격은 조선시대로 가서 더욱 뚜렷하게 나타난다.

106) 국풍(國風), 즉 나라의 풍속.

(4) 연날리기

조선 후기의 기록인 『동국세시기(東國歲時記)』에 의하면 "최영(崔瑩) 장군이 탐라(耽羅)를 토벌하려 할 때 비로소 생겨 나라의 풍속으로 지금에 이르기까지 행하는 것이다(조명렬·노희덕·나영일, 1996: 330)."라고 기록하여 고려 말부터 전승되어 온 것처럼 나타나 있는데, 삼국시대부터 있었던 연날리기도 군사적 목적이나 놀이의 성격을 띠고 고려시대로 전승되었던 것으로 파악된다.

4. 조선시대의 체육과 민속 스포츠

1) 조선시대의 교육

(1) 과거와 교육

조선 전기(태조-성종, 1399-1506)에는 유교주의 국가 이념을 바탕으로 한 교육이 실시되었으며, 과거법(科擧法)을 정하였다. 양반에게 있어서 과거는 출세를 위한 문이었다. 비록 양인(良人) 신분도 응시 자격이 있었다고 하나 교육 기회가 양반에게 독점적으로 허락되고 있었기 때문에 문관(文官)의 등용시험은 양반이 독점했다. 조선시대의 과거제도는 크게 문관 채용을 위한 생진과와 문과, 무관 채용을 위한 무과, 그리고 기술관 채용을 위한 잡과(雜科)로 대별된다.

(2) 문과 교육과 과거

문관 채용시험은 생진과(生進科, 小科)와 문과(文科, 大科)의 두 단계로 나뉘었다. 생진과에는 사서(四書)·오경(五經)으로써 시험하는 생원과(生員科)와 시(詩)·부(賦)·표(表早)·책(策) 등 문장으로 시험하는 진사과(進士科)가 있었다. 양반의 자제들은 서당에서 한문의 초보를 배운 뒤 서울에서는 사학(四學)에, 지방에서는 향교(鄕校)에 진학하였다.[107] 사학과 향교에서 생진과에 응시하게 되는데, 이들이 지방의 초시(初試)에 합격하면 서울에 모여 복시(覆試)를 치러 최후의 합격자를 정하였다. 합격자들은 과(科)에 따라 생원 혹은 진사라고 불렀다. 생원과의 진사가 되면 성균관(成均館)에 진학했다. 성균관의 유생들은 공

107) 서울에 설치된 4개의 4부 학당으로 정원은 각각 100명씩으로 정해져 있었으며, 향교는 부·목·군·현에서 각 1교식 설치하였는데, 주로 지방 양반과 할리으 자제를 교육하였다. 단 향교는 양인의 입학도 허용되었으나 유교적 교화에 목적을 둔 것일 뿐 과거와의 연결은 희박하였다(변태섭, 1993: 310).

부를 마친 뒤 다시 문과(文科)에 응시했는데, 문과 시험의 초시와 복시(33명)에서 합격한 자들은 갑, 을, 병 3과로 분류되었다. 그러나 위와 같은 공식적인 제도 외에도 양반사회에서는 관학(官學)인 사학(四學)이나 향교(鄕校)보다 사학(私學)이었던 서재(書齋)가 더 환영을 받아 사실상 과거 준비교육기관의 역할을 대신하기도 했다.

(3) 무과 교육과 과거

무과(武科)는 원래 고려 말기에 실시되어 조선시대로 계승되었다. 무과는 궁술(弓術), 기창(騎槍), 격구(擊毬) 등의 무예와 경서(經書), 병서(兵書) 등의 시험을 부과하였다. 여기서도 초시(200명), 복시, 전시(殿試, 都試)의 세 단계 시험을 보았으며, 합격자(28명)을 선달(先達)이라고 불렀다(이기백, 1993: 245).

(4) 잡과의 교육과 과거

기술관(技術官) 채용을 위한 잡과에는 역과(譯科), 의과(醫科), 음양과(陰陽科), 율과(律科) 등 4과가 있었다. 이것은 사역원(司譯院), 전의감(典醫監), 형조(刑曹) 등 관서의 기술관을 채용하기 위한 것으로 기술학 교육은 위의 해당 관부에서 제각기 맡았다. 그러나 이들 기술 교육은 잡학이라 하여 천시되었으며, 중인(中人)의 자제들이 이를 세습적으로 배워 응시하는 것이 보통이었다.

2) 조선시대의 무사교육

(1) 무인교육과 숭문천무 사상

과거 제도와 관련하여 문과는 성균관, 사학, 향교, 서재 등이 있었으나 무과와 관련한 체계적인 교육을 실시하던 기관은 훈련원(訓練院)과 사정(射亭) 정도였으며, 무인교육에 소홀하였다. 태종 치세에 훈련관에서 무사 교육을 위한 시도는 있었다. 이조 판서 박신(朴信)이 태종에게 문인 교육을 위한 성균관과 같은 무인교육기관의 설치를 건의하였으나 태종은 "병서를 읽는 것이 어찌 육경(六經)·사서(四書)를 구명함만 하겠는가?… 아직 후일을 기다려라(조명렬·노희덕·나영일, 1996: 339)."하고 일언지하에 거절하였다. 조선사회는 유교가 주된 이데올로기로 자리잡게 되었으며, 유교적 사상과 관습, 제도를 사회 전반에 정착시키는 과정에서 문치주의를 표방함으로써 숭문천무(崇文淺武) 사상이 만연했고, 무인 교육에는 소홀하였다.

문관 양성 중심의 교육 체계 속에서 문무 겸비의 균형적인 교육을 받지 못한 사림(士林)들은 중앙정치계에 등장하여 붕당(朋黨) 정치만 일삼다가 임진왜란(壬辰倭亂, 1592)을 겪게 되었다. 임진왜란을 겪으면서 선조는 28년 7월에 무학(武學)을 설치할 것을 명하였다. 그러나 이 무학도 무(武)를 닦는 하나의 직무로 간주되었을 뿐 공식적인 교육기관으로서의 역할을 한 기록은 찾아볼 수 없다. 결국 조선시대는 유교 사상을 토대로 숭문천무사상(崇文淺武思想)이 널리 퍼져 민족의 기질과 역동성을 일깨워줄 무예나 기타 신체문화가 크게 번성하지 못했다.

(2) 무예 교육

조선 왕조의 무인의 양성과 관련된 공식적인 교육 기관은 훈련원(訓練院)이었고, 전국적인 무사 양성 기능을 대신한 곳은 각 지역에 있던 사정(射亭)이 무예교육기관을 대신한 장소였다.

① 훈련원

훈련원에서는 군사의 무재(武才)를 시험하고 무예 훈련을 시켰으며, 병서(兵書) 강습을 하기도 했다. 거기에는 습독관(習讀官, 武經 習讀 담당관) 30명을 정원으로 하여 녹관(祿官 합격 채용된자), 권지(權知, 훈련원 임직원) 등이 배치되어 병요(兵要), 무경칠서(武經七書), 통감(通鑑), 박의진법(博議陣法), 병장설(兵將說) 등을 습득시키고, 활쏘기, 승마 등을 연습시켰다(한국교육사연구회, 1998: 117)."

② 사정

사정(射亭)은 전국 각지에 산재하여 무예 무사 양성 교육 기관 역할을 대신한 장소였다. 사전적으로 사정(射亭)이란 활량들이 어울려 놀기 위하여 활터에 세운 정자(亭子)라는 뜻이다. 그러나 세종 17년 "말타기와 활쏘기[射御]의 시급한 급무를 의당 강습하여야 할 것이다. …이제부터 궁성 안과 민가가 희소한 곳에 사장(射場)을 설치하고, 군사들을 나누어 집합하게 하여 활쏘기 훈련을 권장 시험하게 하되…(조명렬·노희덕·나영일, 1996: 340)".라는 왕의 지시 기록에서 보듯이 사정은 공식적인 무예 교육의 기관은 아니었으나 무사 양성이나 무예 교육 기관의 역할을 대신했다.

(3) 무예 서적

조선시대는 조직적인 무사 양성 체계가 없었던 것으로 보이나 몇몇 무예 서적의 존재로 보아 무예에 대한 연구는 있었던 것으로 보인다. 병서에 대한 연구 서적으로서는 『고병서해제(古兵書解題』가 있으며, 무예서로서는 『무예도보통지』가 있다. 『무예도보통지』는 『무예제보(武藝諸譜), 1598』의 6기(技)와 『무예신보(武藝新譜), 1759』의 18기를 근간으로 더욱 발전시켜 24기의 각종 기예에 대한 종합적인 내용이 수록되어 있다. 그리고 서유구(徐有求)의 『임원경제지(林園經濟誌)』에는 과학적인 활쏘기 방법이 상세히 소개되어 있다.

3) 조선의 무예와 과거

(1) 조선의 무예

조선 시대의 주된 무예로 궁도(弓道, 주로 騎射), 기창(騎槍), 격구(擊毬), 검술, 주(走, 달리기), 역(力, 중량들기) 등과 기타 용검, 쌍검 등과 같은 검술과 권법 등을 들 수 있다.

궁도, 즉 활쏘기는 화살과 거리에 따라 종류가 다양했다. 기사(騎射)는 5개의 표적을 말을 타고 달려 맞추는 것이고, 기창(騎槍)은 3개의 허수아비를 향해 말을 달려 창으로 찔러 맞추는 형식이었다. 그리고 격구(擊毬)는 고려시대와 마찬가지로 무예 훈련의 기초가 된다고 생각하여 장려하였던 훈련이자 스포츠의 성격을 지닌 무예였다. 주(走), 즉 달리기는 일정한 시간 동안 멀리 달리는 능력을 시험하는 과목이었다. "휴대용 물시계인 동호(銅壺)를 사용하여 물이 흘러나와 없어질 때까지 뛰어서 뛴 거리가 270보이면 1주, 260보이면 2주, 250보면 3주라 했다. 역은 무거운 물건을 들고 멀리 달리는 능력을 시험하는 과목이다. 양손에 각각 50근씩 들고 160보를 가면 1력, 130보를 가면 2력, 100보를 가면 3력이라 하였다(조명렬·노희덕·나영일, 1996: 348)."

그 외에도 "조선 중기 이후에 적용된 『대전통편, 1785』의 『권무재초시』의 시험 과목을 보면 기창교전, 편추, 마상언월도(이상은 장교와 기병), 조총, 용검, 쌍검, 제독검, 언월도, 왜검, 교전, 본국검, 예도, 목마창, 당파, 낭선, 등패, 권법, 보편추, 협도, 붕, 죽자앙(이상은 보병) 등 『무예도보통지』에는 다양한 무예들이 보인다(조명렬·노희덕·나영일, 1996: 349)."

(2) 과거 제도와 무예

조선시대의 과거제도는 크게 문관 채용을 위한 생진과(生進科와) 문과(文科), 무관(武官) 채용을 위한 무과(武科), 그리고 기술관 채용을 위한 잡과(雜科)로 대별되는데, 무과 제도를 자세히 정리해 보면 조선시대 무예가 무엇이었는가를 명백히 알 수 있다. 그 내용을 보면 과거 제도에서 가장 중요하게 취급했던 것은 궁도, 기창, 기사, 격구 등이었던 것임을 알 수 있다. 다음은 무과초시(武科初試), 무과복시(武科覆試), 무과도시(武科都試)의 내용과 방법을 간추린 것이다(한국교육사연구회, 1998: 122-124).

① 무과초시(武科初試)

㉮ 원시(院試)는 훈련원에서 70명을 뽑는다. 향시는 병마절도사(兵馬節度使)가 응시자 등록을 받아 뽑는다. 선발 인원은 경상도 30, 충청도·전라도 25명, 강원도·황해도·영안도·평안도는 각 10명. 향리(鄕吏)로서 무경칠서(武經七書)의 강독 시험이 조(粗)[108] 이상인 자는 응시를 허락한다.

㉯ 시험 과목은 240보(木箭, 나무 화살 촉), 130보(鐵箭, 무쇠 화살촉), 기사(騎射), 기창(騎槍), 격구(擊毬) 등에 대하여 용구의 규칙, 질의 기준, 채점 방법을 규정한다. 강서(講書)[109]에 있어서는 서적 명을 제시하지 않고 임문(臨文)[110]으로 한다.

② 무과복시(武科覆試),

㉮ 병조(兵曹)에서 7품 이하관과 같이 응시자의 성명을 등록하여 28명를 뽑는다. 관리나 한량인(閑良人)[111]들을 뽑았다.

㉯ 시험 내용은 기사(騎射)와 기창(騎槍)을 각각 두 차례씩 시험했다. 평점 190 이상을 1등으로 하고, 160점 이상을 2등으로 하며, 120점 이상을 3등으로 했다. 지방에는 각 도의 병마절도사가 서울의 예에 따라 뽑아 상신했다.

③ 무과도시(武科都試)와 전시(殿試)[112]

㉮ 매년 춘추(春秋)에 병조와 훈련과 당상관이 의정부(議政府), 제조(諸曺), 도총부(도총부(都摠部)의 당상관 각 1명과 함께 군사와 동서반의 종3품 이하 관리나 한량인들을 뽑는다. 무과 합격자나 내금위(內禁衛) 외는 지원하는 대로 좇는다. 도시(都試)에서 강서(講書) 시험에 지원하는 자는 논어, 맹자 둥에서 하나를 택했다.

---

108) 시험 등급의 하나. 통(通)은 7점이상, 략(略)은 5점 이상 조(粗)는 3점 이상.

109) 옛 글의 뜻을 강론하는 조선 시대 과거의 한 과목.

110) 책을 눈 앞에 펴 놓고 읽는 일.

111) 보직을 받지 못한 무인.

112) 殿試: 복시에서 합격한 사람들이 임금 앞에서 치르던 과거.

㉯ 전시(殿試)는 기격구(騎擊毬)로서 그 우열을 정한다. 갑과(甲科)는 4명, 을과(乙科)는 5명, 병과(兵科)는 20명이었다.

4) 무예적 체육과 건강체조

조선시대의 무예 중 체육의 성격을 지닌 것으로 격구, 궁도[편사] 등을 들 수 있으며, 건강법과 관련하여 일종의 체조 체계인 도인(導引)은 오늘날 건강교육 한 영역으로 볼 수 있다.

(1) 격구

① 격구의 성격

격구는 고려시대부터 내려 온 것으로 그 성격은 두 가지 측면으로 분류된다. 첫째는 넓은 의미에서 귀족 스포츠의 성격을 지니고 있었으며, 둘째는 승마 기술 및 체력 단련을 위한 무예 훈련의 성격을 지니고 있었다.

본질적으로 격구는 유희나 스포츠의 성격이 강했다. 고려시대부터 그 폐해가 심각했고, 조선 시대에도 극도로 성행하여 문신들은 격구의 폐지를 주장했다. 세종 7년 병조에서 올린 계(屆)113)에는 "한나라의 축국, 당나라의 격구도 마찬가지로 습전이라고 말하지만 모두 놀이로 만세의 규범이 아닙니다.… 엎드려 비옵나니 타구를 폐지하여 앞으로 폐해를 막으십시오(이진수, 1996: 51)."라는 기록이 있다.

다른 한편으로 조선의 격구는 무예체육의 성격을 지닌 신체활동으로 각종 무예를 잘 할 수 있는 기초적 훈련, 즉 기술, 체력 훈련으로서의 가치를 높이 평가받은 종목이었다. 문신들이 격구의 폐지를 건의했을 때 세종이 "격구에 관해 신하들이 고려의 폐해를 들어 폐지하자는 이가 있다. 그러나 격구는 본래 무술 연습이지 놀이가 아니다(이진수, 1996: 51)."라고 한 점이나 격구가 무과(武科) 과거제도에서 중요한 시험 과목의 하나였다는 사실로 미루어 무예체육의 성격을 지닌 종목이었음이 명백하다.

② 격구의 실시 방법

조선시대의 격구는 승마하여 채를 가지고 승부를 가리는 경기였으며, 크게 마상타구(馬上打毬)와 보타구(步打毬) 두 가지로 나뉘어졌다. 격구는 구장(毬場)과 격구 공, 격구 채,

113) 어떤 사실을 신고하는 서면임을 나타내는 말. 예 결석계(缺席屆).

말[馬] 등이 필요했다. 주로 관중이 보는 앞에서 행하여졌으며, 음악과 여흥이 함께 했다. 좌우 약 200보쯤 되는 곳에 구문(毬門)을 세우고, 말을 탄 두 팀이 서로 공을 다투며 승부를 가리는 경기였다(이진수, 1996: 54-73). 그러나 조선시대의 격구는 현대의 폴로나 당나라 및 고려시대의 격구와는 달리 팀 스포츠가 아닌 다른 유형으로 변했다. 고려시대의 격구는 구문(毬門)이 양측에 두 개 설치되어 두 팀이 겨루는 팀 스포츠 형태였으나 조선시대의 격구는 그러한 형식은 사라지고 습과와 무과의 시험과목 형태로 존재하게 되었다. 구체적인 형식은 출마표에서 치구표까지 달리며, 비이, 활흉, 방미 등의 기법과 자세를 보여 평가를 받는 형식이었다(이진수, 1996: 68-69).

(2) 궁술

조선시대의 궁술은 중요한 무예의 하나였으나 체육·스포츠의 성격도 지니고 있었다. 즉, 무술로서의 궁술과 교육으로서의 궁술, 스포츠로서의 궁술로 나누어 생각할 수 있다.

① 무술로서의 궁술: 궁술은 어느 민족, 어느 대륙을 막론하고 군사적 훈련으로 발달되어왔다. 화기가 발명되기 전까지 궁술은 먼 거리에 있는 적을 사살하기 위한 중요한 수단이었으며, 총포가 발명되기 전까지 무예의 한 영역이었기 때문에 조선시대에도 무예의 한 영역으로 발달되어 왔다.

② 스포츠로서의 궁술: 편사(便射)

무술로서 발달하여 온 궁술은 조선조에 들어와 일종의 스포츠로 변하는 모습도 나타난다. 전쟁 기술로서가 아닌 유희로서 승부를 겨루는 패턴으로 바뀐 것이다. 그 대표적인 모습이 편사(便射), 혹은 변사(邊射)로 불렸던 단체 궁술시합이었다. 편사는 편싸움 즉, 팀을 구성하여 실시하던 궁술 대회였다 조선시대의 궁술 훈련은 주로 각 지역의 사정(射亭)[114]에서 이루어졌으며, 5인 이상으로 구성된 여러 개의 단체나 각지의 궁수가 자기 사정을 대표하여 서로 승부를 겨루는 경기로 양편이 각기 일정한 수의 선수를 선정하고, 각 선수가 쏘아 맞힌 화살의 총 수로 승부를 겨루는 경기였으며, 그 시합의 종류는 다음과 같이 다양했다(이진수, 1996: 148-154).

㉮ 사정편사(射亭便射): 사정간에 열리던 궁술 경기.

㉯ 동편사(洞便射): 동네간에 열리던 경기.

---

114) 고려시대부터 계승된 사장(射場)으로부터 출발된 것으로 조선 태종 때 훈련원에 사청(射廳)을 두어 무과 시험장으로 이용했는데, 이 활터에 정자를 둔 것을 본 따 세워진 것이 각 지역의 사정(射亭)이었다.

㉰ 장안편사(長安便射): 도성 안의 3개 팀이 벌이던 경기.
㉱ 사랑편사(舍廊便射): 사랑을 중심으로 한 경기.
㉲ 사계편사(射契便射): 계원 사이에 행해지던 경기.
㉳ 한량편사(閑良便射): 사정간의 편사로 한량[115]으로 참가가 제한된 경기.
㉴ 한출편사(閑出便射): 사정의 "한량과 출신(出身, 무과에 합격한 자)" 사이의 경기.
㉵ 삼동편사(三同便射): 당상관급의 퇴직자, 출신, 한량의 3계급의 연합 경기.
㉶ 남북촌편사(南北村便射): 고종 병자년(1876)에 거행된 남촌과 북촌간 한량들의 경기.
㉷ 아동편사(兒童便射): 동리 단위로 열리던 16세 미만의 총각들 경기.

③ 체육(교육)으로서의 궁술

동서양을 막론하고 궁술은 군사훈련, 즉 무예의 기능을 갖고 있었다. 그러나 총포의 발달로 그 기능은 약화되고 점차 스포츠의 성격을 띠고 발달되었으며, 그 과정에서 궁술은 교육 활동의 한 영역으로 가치를 인정 받아왔다. 중국에서는 일찍이 육예(六藝), 즉 예(禮)·악(樂)·사(射)·어(御)·서(書)·수(數)를 배웠는데, 그중 사(射)는 활쏘기였고, 어(御)는 말타기 혹은 마차 몰기였다. 유학(儒學)의 유(儒)자도 육예에 뛰어난 선비를 지칭했다. 그리고 공자(孔子)는 상당한 수준의 궁술 실력을 지니고 있었으며, 중국에서는 활쏘기를 통한 인간 형성을 목적으로 하는 소위 학사사상(學射思想)이 널리 퍼져 있었다.

학사사상은 고려시대부터 유교의 경전을 통해 널리 퍼지게 된 교육 이념이었다. 세종 때에는 중요한 의례의 하나로서 성균관에서 대사례(大射禮)가 거행되었으며, 조선 성종 치세 때부터 사례(射禮)는 하나의 의식으로 완성되어 교육으로 정착되어 갔다. 성종 8년(1478)의 기록에는 임금이 유생에게 시(詩)를 시험하고 대사례(大射禮)를 행하였다는 기록 등으로 미루어 학사사상을 토대로 한 궁술은 유학자들을 위한 교육 수단의 하나였음을 알 수 있다.

(3) 도인

한국에서 도인(導引)이란 용어가 등장한 것은 고려시대였다. 『고려사』제 132권 신돈(辛旽) 전에 도인이란 말이 등장한다(한국학문헌연구소, 1990: 863). 그리고 조선시대 허준의 『동의보감』에도 도인법에 대한 다양한 기록이 실려있다. "도인은 정신통일, 목 돌리

115) 일정한 직사(職事)가 없이 놀고 먹는 말단 양반 계층. 아직 무과에 급제하지 못한 호반(虎班).

기, 마찰, 침 삼키기, 다리의 굴신 동작으로 구성된 치료보다는 예방을 위한 보건 체조의 기능을 한 인위적 건강체조 운동이다(조명렬·노희덕·나영일, 1996: 350).”

조선의 유학자들은 질병에 대한 치료의 문제와 건강에 관하여 큰 관심을 가졌으며, 조선의 대유학자인 퇴계 이황(李滉)은 도가(道家) 계열의 의서(醫書)인 『활인심방(活人心方)』을 구하여 도인(導引)을 실시하였으며, 그 외에도 허균 등 조선 유학자들은 다양한 유형의 도인을 행하였는데, 『보양지』와 『활인심방』에 보이는 도인의 예를 제시하면 다음과 같다.116)

① 정신집중법

· 눈을 감고 마음을 비우고 앉아.

· 악고(握固)하고 조용히 정신을 모아라

· 36번 고치(叩齒)하라.

....

② 혀를 놀려 침을 삼키고 화기를 돌게 하는 법

· 혀를 저어 몰이 솟게 한다.

· 침을 입 가득히 채운다.

· 한 입을 3번에 나누어 마셔라.

....

③ 신당법(腎堂法)

· 기(氣)를 가두고 손이 뜨겁도록 비벼라.

· 등 뒤의 정문(精門)을 문지른다.

· 불이 배꼽을 지지는 듯 하다.

④ 녹로법(轆轤法)

· 좌우로 녹노(어깨)를 돌려라

· 두 다리를 편히 뻗어라

116) 이 내용은 이진수, 위의 책, pp. 289-292의 내용 중 일부를 옮긴 것이다. 상세한 것은 이진수의 이 책 참조.

(4) 이황의 양생과 활인심방

양생(養生)이란 동양적인 건강의 개념으로 도교에서 "늙지 않고 장수한다"는 개념도 포함되어 있다. 조선 시대의 대유학자인 퇴계(1501-1570) 선생은 양생에 깊은 관심을 지닌 학자였다. 1973년 퇴계선생의 『활인심방』이 출간되었는데, 이 책은 명나라 주권(朱權, 1378-1448)의 『활인심』을 복사한 것으로 1541년 조선에서 정판된 이후 널리 사용되었으며, 활인심의 일관된 주장은 심위도종(心爲道宗), 즉 마음이 도(道)의 근본이라는 것이다. 퇴계 이황이 실시한 활인심방의 내용은 "활인심서, 중화탕, 화기환, 양생지주, 치심, 도인법, 거병연수육자결, 사계양생가, 보양정신, 신양음식" 등이었다(이진수, 1996: 283-292).

활인심서(活人心序)는 기를 조절하고, 맛을 줄이며, 욕망을 절제하기 위하여 수양하는 방법의 하나였으며, 중화탕(中和湯)은 한의가 치료하지 못하는 병을 치료하기 위한 일종의 처방이었다.117) 화기환(和氣丸)은 실제의 환약이 아니라 일종의 화(火)를 다스리는 처방이다. 양생지법(養生之法)은 차, 음식, 눕는 자세 잠자는 습관 등에 대하여 광범위하게 기술한 것이며, 치심은 병들기 전에 치료로 수양이었다. 도인은 일종의 정적 근 수축성 체조체계였으며, 거병연수육자결은 입으로 공기를 뱉고 코로 들이는 호흡법이었다. 또 사계양생가(四季養生歌)는 사계절에 따라 심장, 간, 쓸개, 지라, 허파, 콩팥을 보강하는 도인법이었으며, 보양정신(保養精神)은 정신과 겉모양과 기운 즉, 형기(形氣)에 관한 이론이었다.

5) 조선 귀족 사회의 유희와 스포츠

(1) 궁도

조선시대의 궁술은 중요한 무예로서도 중요했지만 스포츠로서의 성격도 지닌 채 발달되었으며, 특히 편사(便射)는 전국적으로 광범위하게 확산된 스포츠의 하나였다.

(2) 격구

격구는 고려시대부터 조선시대까지 귀족 사회의 무예 훈련이자 주된 스포츠로 발달되었으며, 그 폐해가 심각하여 폐지론이 일 정도였다.

---

117) 처방의 내용은 생각을 간사하게 하지 말라. 좋은 일만 행한다. 자기 양심을 속이지 않는다.… 질투하지 않는다. 등과 같은 광범위한 내용으로 되어 있다(이진수, 1996: 285).

(3) 봉희

봉희(棒戱)는 조선시대에 성행하던 오늘날의 골프와 유사한 유희였다.[118] 조선시대 봉희가 시작된 것은 세조 시대로 보이며, 세종 3년(1421)의 기록에는 "태상왕과 임금이 신궁 안뜰에서 처음 타구를 하였다."는 기록이 있다. 이 유희는 주로 궁정에서 실시되었는데, 한국에서 자생한 것인지 외국에서 전래된 것인지에 대해서는 상세히 밝혀지지 않고 있다.

(4) 방응(放鷹)

조선시대의 방응은 고려시대의 것과 비슷하다. 태도 4년(1395)에 3월 1일, 한강 위에 응방을 설치했으며, 조선시대에도 방응은 왕실과 상류층의 스포츠로서 각광을 받았다. 고려시대와 마찬가지로 조선시대에도 방응은 매우 성행했으며, 그 폐해로 인해 규제를 가했다. 왕실에까지 응방(鷹坊)이 설치되고 응패(鷹牌)가 교부되었던 점으로 미루어 방응이 얼마나 인기 있는 스포츠로 각광을 받았는가를 짐작할 수 있다.

세종 때에는 어응방(御鷹坊, 또는 내응방)이 설치되어 있었으며, 어응방은 내시부(內侍部)에서 주관하고, 내시(內侍) 중 상책(尙冊, 정4품)과 상고(尙孤, 정 5품)로 응도패(鷹都牌)라 불렀다. 그리고 응패는 매사냥을 허가하는 증명서 역할을 했다. 일반 양반들에게는 목패(木牌)가 교부되었고, 대군이나 종친들은 목패에 칠(漆)을 한 녹패(綠牌)가, 내응방에 해당하는 사람들에게는 붉은 주패(朱牌)가 교부되었다.

방응에 이용되는 매의 종류로는 부리와 발톱이 하얀 해청(海靑)을 비롯하여 송골, 토골(兎鶻) 등이 있었으며, 좋은 매는 중국에 조공을 할 때 진헌의 대상이 되기도 했다.

(5) 투호(投壺)

고려왕조를 거쳐 조선왕조에 들어 투호는 궁중 오락으로 매우 성행하는 양상을 보인다. 태종, 세조, 성종, 중종 등과 같은 왕들이 모두 투호를 즐겼으며, 특히 중종은 중국의 사신을 맞이하는 행사에 투호경연을 준비하기도 했다. 이러한 경향은 투호의 교육적 가치를 깊이 인식했기 때문이었다.

성종은 "투호가 단순한 놀이가 아니라 치심(治心)에 중요한 것이다(나현성, 1977: 97)" 라고 주장했다. 이것은 투호가 정신적 수련을 위해 중요하게 취급되었음을 뜻하는 것이

---

118) 이 설은 이진수의 설이다. 羅絢成은 韓國體育史硏究(서울: 文泉史, 1974)에서 봉희를 격봉 또는 곤봉으로 보았으며, 최남선은 六堂崔南善全集 제3권(서울: 현암사)에서 봉희를 격구의 다른 이름으로 해석했다.

다. 투호의 교육적 가치에 대한 언급은 중국의 투호 이론서인 사마광(司馬光)의 『투호신격』에도 잘 나타난다.

> 투호에 임할 때나 화살을 던질 때 성(性)은 태연하여 잔망스럽지 않고 굳고 공손하게 하며, 지(志)는 중정(中正)에 있게 한다. 비록 오랜 동안은 그렇게 할 수 없다하더라도 익혀야 할 것이니 어찌 치심의 도(道)가 아니라 하겠는가(司馬光, 1987: 481; 이진수, 1996: 423).

사마광은 그의 저서를 통해 투호가 마음을 다스리는데 그치는 것이 아니라 나라를 다스리는 치국(治國)에도 중요하다고 주장했다. 이런 정황을 미루어 보아 조선 시대에 투호가 성행한 것은 투호를 통해 인격 수양을 꾀했던 것으로 보인다. 그것은 퇴계 이황(李滉) 선생의 투호와 관련된 기록에서도 명확히 나타난다. 퇴계의 일록(日錄)[119]에는 투호신중(投壺神中)이란 기록이 나타난다. 여기서 신중(神中)이란 신기할 정도로 던진 화살이 호 속으로 들어간 것을 의미한다. 퇴계 선생은 투호에 흥미를 느끼고 그것을 통하여 생생하고 의미 있는 체험의 시간을 가졌다. 퇴계는 투호를 부드러움과 엄함, 오만하지 않음, 승부의 초연함, 남자로서의 태도, 군자 등 모든 덕목이 갖추어진 경쟁의 요소를 지닌 것으로 인식했는데, 이진수는 퇴계의 투호에 대한 인식을 탐구한 뒤 다음과 같이 밝혔다(이진수, 1996: 433, 435, 444).

① 덕(德)으로서의 스포츠: 투호는 각종 행사에서 손님들을 즐겁게 해 주기 위하여 실시된 사교적 목적의 스포츠였으나 퇴계는 투호의 본질적 가치를 덕성의 함양에 두고 제자들에게 투호를 실시케 하여 도덕교육을 실시코자 하였다.

② 경(敬)으로서의 스포츠: 투호는 화(和)와 엄(嚴), 격식과 규범, 주인과 손님이 오만하지 않고 승부에 승복하는 마음이 고루 교차되는 경기로 퇴계는 투호를 통해 경(敬)[120]을 수련하고자 하였다.

6) 조선 민중 사회의 유희와 스포츠

조선 시대 서민의 생활 속에도 다양한 형태의 민속적 유희와 스포츠라고 할 수 있는

119) 1554년 2-6월까지, 10-11월가지 56일간의 일상 생활에 관한 기록이다.

120) 마음을 두 갈래로 쓰지 않고 한 곳에만 집중함. 또는 마음이 흩어지지 않음, 여기서는 투로를 할 때 정신을 하나로 통합하여 잡념을 없애고 마음을 표적에 모아 몸과 마음이 하나됨을 체인(體認)하는 것과 합치되는 개념이다.

성격을 지닌 신체활동이 있었다. 서민들의 유희로는 명절에 즐기던 줄넘기, 널뛰기 등을 비롯하여 어린이들의 여가 생활 속에는 제기차기, 연날리기, 팽이(氷毬), 썰매(雪馬), 죽마 등이 있었으며, 스포츠적 성격을 지닌 것으로는 그리고 장치기, 석전, 줄다리기, 장치기, 등을 들 수 있다.

(1) 장치기

장치기는 조선 후기가지 전국적으로 행해지던 장정들이 집단경기였다. 오늘날의 필드하키와 비슷한 유형의 경기로 여러 사람이 편을 갈라 공, 나무토막 등을 긴 막대기로 쳐서 상대편 문안에 넣은 경기였다. 공의 크기는 야구공만하고, 나무를 각아 다듬어서 만들거나 그 위에 가죽을 씌우기도 했다. 채는 뽕나무나 기타 나무로 만들었으며, 오늘날의 하키 채와 비슷하다. 규칙은 원래 인원제한이 없었으나 보통 11명씩 두 팀으로 나누어 하나의 공을 사용하여 경기를 했으며, 인원수는 조정되기도 하였다.

(2) 석전

① 석전의 기원

㉮ 자연발생설: 원시시대 자기 보존 혹은 수렵의 수단이 되었을 것으로 보이는 돌 던지기에서 유래되었을 것으로 보는 설이다. 그러나 돌 던지기가 왜 석전 형식으로 변한 것인지 설득력이 약하다.

② 모의 전쟁설: 『조선실록』에는 태종 때 강무(講武)의 한 방편으로 왕이 임선한 자리에서 친군과 신군을 모집하여 성대한 석전을 벌였다는 기록이 보이는데, 모의 전쟁설은 원시시대의 실 행활에서 있었던 공격적 성격의 돌 던지기가 문화가 발전함에 따라 실제의 기능을 잃고 놀이화되었다는 설이다.

③ 농경 의례설: 농경 의례의 일종으로 거의 정월에 행해지는 것으로 보아 연중의 풍요를 기원하는 종교적 제의로 보는 설이다.

② 석전의 성격

석전(石戰)은 고려시대를 거쳐 조선시대로 계승되었는데, 석전의 기원에 관해서는 다음과 같은 다양한 설이 있듯이 그 성격 또한 다양한데 그것은 다음과 같이 요약된다.

㉮ 국속(國俗)[121]으로서의 석전: 단오날이나 명절에 행하던 민속놀이의 성격을 지니고 행해진 석전.

㉯ 무(武)로서의 석전: 군사훈련의 성격을 지니고 실시된 석전.

㉰ 관중 스포츠로서의 석전: 왕이나 양반들에게 구경거리, 즉 관중 스포츠로서의 석전.

㉱ 운동경기로서의 석전: 승부를 결정하는 게임으로서 신체적 탁월성을 추구하는 경쟁적 스포츠로서의 석전.

(3) 씨름

씨름은 씨름은 각저(角觝), 각력(角力), 상박(相撲), 각지(角支), 각희(角戱) 등으로 불렸으며, 삼국시대부터 행하여진 한국의 민속 스포츠였다. 그러나 고려사에는 고려 전기(前期)에는 씨름에 관한 기록이 거의 나타나지 않다가 고려말 충혜왕(1330-1332, 1340-1344) 시대에 이르러 활성화 된 모습으로 나타난다. 고려사 충혜왕(忠惠王)조에 "왕이 기무를 총신에게 맡기고 날마다 내시와 더불어 각력희를 하니 상하의 예가 없다.", "충혜왕이 용사를 거느리고 각력희를 관람하였다(조명렬·노희덕·나영일, 1996: 325)."는 기록으로 미루어 시름도 유희나 무예 형태로 발달되었음을 알 수 있다.

(2) 그네뛰기

그네뛰기 즉, 추천(秋韆)은 고려시대에도 계속되었다. 주로 단오절에 가장 많이 행하여 졌으며, 남자. 여자, 혹은 남녀 혼성으로 타기도 하였으나 특히 여성 스포츠의 유희, 스포츠로서의 성격을 지닌다. 그네뛰기에 관한 최초의 기록은 고려사 열전 최충헌조에 보인다. "단오일에 권신 최충헌이 백정동궁에서 그네뛰기를 베풀고, 문관 4품 이상의 선비를 초청하여 3일 동안 놀았다."는 기록이 있다. 최이(崔怡)전에는 "종실과 관원들을 초청하여 연회할 때 채붕을 매어 산같이 만들고, 수를 놓은 장막과 집 휘장을 둘러치고, 그 가운데는 그네를 매어 무늬 놓은 비단과 채색 꽃으로 꾸몄다(조명렬·노희덕·나영일, 1996: 329)."는 기록이 있다. 이런 기록으로 미루어 보아 그네뛰기는 서민들의 서민들의 민속적 유희나 스포츠의 성격도 지니고 있었을 것이나 공식적인 연회에서의 여흥을 위한 수단도 되었던 것으로 보인다.

(3) 연날리기

조선 후기의 기록인 『동국세시기(東國歲時記)』에 의하면 "최영(崔瑩) 장군이 탐라(耽羅)

---

121) 국풍(國風), 즉 나라의 풍속.

를 토벌하려 할 때 비로소 생겨 나라의 풍속으로 지금에 이르기까지 행하는 것이다(조명렬·노희덕·나영일, 1996: 330).”라고 기록하여 고려 말부터 전승되어 온 것처럼 나타나 있다. 삼국시대부터 있었던 연날리기도 군사적 목적이나 놀이의 성격을 띠고 고려시대로 전승되었던 것으로 추측된다.

(4) 투호

조선시대의 투호(投壺)는 주로 궁중과 사대부 집안에서 활성화되었으나 조선 후기로 접어들어 민중들의 유희로서도 널리 확산되었으며, 규방의 기생들가지 투호를 즐겼다. 당시 이 놀이는 “방통이”이로 불렸는데, 방통이란 작은 화살을 가리키는 말로 도박성을 띈 명칭이다.

(5) 기타

이상에서 언급한 종목 외에도 조선시대 민중의 생활 속에는 제기차기(축치구), 연날리기, 팽이치기, 썰매(雪馬), 널뛰기(초판희), 줄넘기(도색희), 줄다리기(인색희) 등 다양한 신체문화가 있었다.

Ⅱ. 개화기 및 일제시대의 체육과 스포츠

1. 개화기의 체육·스포츠

근대화(modernization)란 개념은 다양하게 해석될 수 있으나 일반적으로 서구화와 일치된다. 고종 10년(1873)년 강경한 쇄국론자인 대원군(大院君)이 정권에서 물러난 이래 박제가를 비롯한 북학론자들이 주장한 소위 실사구시(實事求是)[122]의 학문 방법론이 대두되면서 쇄국정책을 고수하던 조선 왕조는 1876년에 개항을 통해 문호를 개방하게 되었으며, 이 개항 이후부터 1910년 한말까지를 개화기(開化期)라고 한다.

개화기를 통해 한국 근대체육은 새롭게 정립되고, 근대체육 사상도 형성된다. 특히 한국 근대체육은 학교체육을 통해 정립되며, 근대 학교체육은 3단계를 거쳐 체육의 교과 내용이 점차 다양화되고 교육체계 속에서도 위치를 확고히 하게 된다.[123]

제1기(1876-1884): 근대체육의 태동기. 무예 학교와 원산학사의 정규 교육과정에 무예체육이 포함된다.

제2기(1885-1904): 근대체육 수용기. 기독교계 사립학교와 관립학교의 정규 교과과정에 체조과목이 편성되고 과외 활동으로 서구 스포츠가 도입되며, 운동회 및 체육 구락부(俱樂部)의 활동이 활성화된다.

제3기(1905-1910): 근대체육의 정립기. 기독교계 사립학교를 비롯하여 일반 학교 체계에 학교체조, 병식체조, 유희 등이 필수교과로 지정되며, 한편으로는 일본이 학교체육을 병식체조 중심으로 전환하려는 노력과 다른 한편으로 연합 운동회와 같은 활동의 활성화를 통하여 애국심을 고취하려는 민족주의적 노력이 나타난다.

122) 눈으로 보고 귀로 듣고 손으로 만져 보는 것과 같은 실험과 연구를 거쳐 아무도 부정할 수 없는 객관적 사실을 통하여 정확한 판단과 해답을 얻고자 하는 것.

123) 아래의 분류는 郭亨基, 近代學校體育의 展開樣相과 體育史的 意味, 서울大學校大學院 體育敎育科 博士學位論文, (1990), pp. 222-228의 주장을 따른 것이다.

1) 개화기의 교육

구한말 개화기의 급변하는 사회적 상황 속에서 한국의 지식인들은 최초의 근대적 학교인 원산학사(元山學舍, 1883)를 설립했고, 국가에서는 영어교육을 위해 통변학교(通辯學校, 1883), 육영공원(育英公院, Royal English School, 1886) 등을 설치했다. 그리고 외국의 선교사들이 배재학당(1885, 감리교), 이화학당(1886, 감리교), 경신학당(1886, 장로교), 정신학교(1886, 장로교) 등 1910년 2월까지 전국에 796개교가 설립되었다.[124] 당시 기독교계통의 학교들은 1894년 우리 정부의 교육개혁이 있을 때까지 신문화 운동의 중요한 기관으로 한국 근대 교육의 기초를 마련해 주는 역할을 했다.

한편, 1895년에 정부 차원에서 구체적인 교육 개혁이 실시되었다. 고종은 1895년 2월 근대적 국가를 세움에 있어서 교육을 국가중흥에 기본적인 수단으로 생각하고 『교육입국조서(教育立國詔書)』를 하달했다. 교육 조서는 지배계급에만 한정되었던 교육 기회가 전 국민으로 확대된 것을 의미하며, 교육 방침이 전통적 유교 중심의 교육에서 근대적 전인교육으로 전환됨을 의미하는 것이다. 한국 교육사에 있어서 획기적인 변화이며, 덕(德), 지(智), 체(體) 교육을 강조함으로써 체육이 교육의 중요한 영역으로 인정되는 계기가 되었다.

2. 개화기의 체육

1876년에 개항과 더불어 서구 문화가 도입되면서 체육·스포츠 분야에서도 큰 변화가 왔다. 전통적인 무예 및 민속적 유희 중심의 체육·스포츠가 서구식 체조, 유희, 스포츠 등으로 조금씩 대체되기 시작했다. 한국 근대적 체육의 출발은 1894년 갑오경장 전후였으며, 그 이후부터 근대식 학교에서 서구식 체육이 정식으로 채택되고 각종 운동회를 수시로 개최함으로써 체육·스포츠 역사의 전환기를 맞게 되었다.

(1) 원산학사의 체육

근대체육의 도입은 근대적인 학교를 통해 본격화되었다. 최초의 근대 학교인 원산학사에서는 특수 교과목에 문예반과 무예반이 있었다. 무예반에서는 병서(兵書), 사격(射擊) 과목이 있었으며, 별군관도시절목(別軍官都試節目)에는 유엽전(柳葉箭),[125] 편전(片箭), 기

124) 1910년 2월까지 종파별 통계를 보면 장로파 501개교, 감리파 158개교, 천주교 46개교, 성공회 4개교 등이다. 상세한 것은 李萬珪, 朝鮮教育史 下(서울: 乙酉文化史, 1949), pp. 159-160 참조.

125) 화살의 촉이 버드나무잎처럼 생겼다 하여 붙여진 이름이다. 조선 중기 이후 신설된 시험과목의

추(騎芻) 등을 시험과목으로 채택했다(이학래, 2000: 57). 그것은 전통 무예가 교육과정에 채택되었다는 점에 큰 의의를 둘 수 있다.

(2) 기독교계 학교의 교육과 서구식 체육

한국의 카톨릭은 1984년에 200주년을 맞았으며, 신도는 약 230만으로 추정되고 있으며, 신교는 1982년에 100주년을 맞았으며, 1992년을 기준으로 약 750만 신도를 헤아린다.126) 유교와 불교 문화권에 속하던 한국에 기독교가 도입된 것은 서구 열강들의 팽창 결과였다. 영국의 스포츠 역사학자 맨건(J.A. Mangan)은 "기독교·불교·이슬람교가 공통적으로 선교활동을 했다. 그러나 기독교가 더 세계적인 종교가 된 것은 19세기 여러 가지 여건의 결합 결과였다(Mangan, 1986: 168)." 19세기 말 소위 신 제국주의 시대 유럽의 제국(諸國)과 미국의 힘을 바탕으로 한 제국주의적 팽창은 그들의 사상과 종교를 세계 곳곳에 이식하는 결과를 낳았으며, 한국도 예외가 아니었다. 1910년경 기독교는 한국사회에 확고한 뿌리를 내려 사회 전반에 매우 큰 영향을 미쳤으며, 한국 근대체육의 변화도 미션스쿨과 Y.M.C.A 선교사들에 의해 주도되었다.

1880년대부터 개신교 선교사들에 의해 배재학당(1885)·이화학당(1886)·경신학당(1886) 등과 같은 미션스쿨이 설립되었으며(Paik, 1970: 308-319), 1895년에는 관립 외국어학교, 1903년에는 한국 YMCA가 조직됨으로써 서구 스포츠가 본격적으로 유입되기 시작했다. 1883년 한국 최초의 근대 학교인 원산학사가 설립되었고, 3년 뒤인 1886년 육영공원이 설립되어 핼리팩스(T.E. Halifax), 길모어(G.W.Gilmore), 헐버트(H.B.Hulbert) 등과 같은 서양 교사들을 초빙하여 근대적인 교육을 시작했다. 1904년까지 원산학사나 육영공원 등이 있었으나 소수의 관리 양성을 위한 학교였을 뿐 한국 근대 교육의 출발은 미션스쿨이었다고 해도 과언이 아니다. 일찍이 교육학자 오천석은 미션스쿨이 한국 교육에 미친 영향을 다음과 같이 평가하고 있다(오천석, 1964: 54).

첫째, 서구식 교육과 신학문의 도입
둘째, 진정한 의미의 자유교육 실현
셋째, 여성교육을 통한 남녀 평등의식 고양
넷째, 체육·스포츠·예술 교육을 통한 전인교육의 실천

하나로, 1746년(영조 22)의 《속대전》에서 법제화된 이후 무과 식년시를 비롯하여 도시(都試)·금군시사(禁軍試射)·정시(庭試)·알성시(謁聖試)·중시(重試)·별시(別試)의 정규 종목이 되었고, 선전관·수문장·금군(禁軍)·호위군관(扈衛軍官)의 시취에는 유일한 종목이 되었다.

126) 한국 통계자료에 의하면 불교 27.7%, 신교 18.6%, 카톨릭 5.7%. (한국 사회 지표 1992)

기독교계 학교에 서구 스포츠가 도입된 것은 1890년경이었다. 1896연 선교사들이 본국에 보낸 보고서에 의하면 당시 정규교과 과정에는 스포츠가 포함되지 않은 것으로 보인다. 1885년 아펜젤러(Henry G. Appenzeller)가 최초로 설립한 배재학당은 1889년에 학칙이 정해졌다. 당시의 교과목은 한문(경서), 영어, 천문. 지리, 생물, 수학, 수공 및 성경으로 편성되었고, 체육은 정규교과목 속에는 포함되어 있지 않았다. 그러나 과외활동을 통해 야구, 축구, 정구(테니스), 농구 등과 같은 서구 스포츠가 소개되었다. 『배재80년사』의 과외활동에 대한 내용은 단편적이지만 당시 기계체조(1897), 테니스(1900), 축구(1902) 등의 서구 스포츠가 도입되었다는 사실, 그리고 1897년 이후에는 정규 교과과정에 스포츠 활동이 편성되었다는 사실을 입증해주고 있다(배재 80년사, 1965: 218-299).

1886년 언드우드(H.G. Underwood)가 정동 자택에 설립하여 오늘날 경신중·고등학교의 전신이 된 언드우드 학당에서는 영어, 한문, 한글, 성경, 찬송가, 기도 외에도 오후에 "오락"이라는 명칭 하에 30분간의 체조시간이 배정되었으며(경신중고등학교80년 약사, 1966: 33-34), 1891년부터 체조가 정식교과목에 편성되어 매일 첫째시간에 30분씩 지도되었다(고춘섭, 1970: 32-36).

1886년 여자 선교사 스크랜튼(M.F. Scranton)에 의해 설립된 "이화학당"[127]에 체조가 교과목으로 편성된 것은 1890년이었으며(이화100년사편찬위원회, 1994: 340), 1892년부터 정규적으로 실시되었다(이화 80년사 편찬위원회, 1987: 65-67).

결국 한국에 근대 서구 스포츠가 도입된 것은 19C 종반이었으며, 기독교의 역할이 지대한 것이었음을 알 수 있다. 비록 미션스쿨의 설립 목적부터가 선교에 있었을 것이지만 그들의 교육사업 결과로 인하여 서구의 체조 및 스포츠가 도입됨으로써 근대체육의 발달이 시작되었다.

(3) 일반 학교의 교육과 체육

1895년 고종이 『교육조서(敎育詔書)』를 반포했다. 고종은 그 속에서 "너희 신민은 군주에 충성하고 나라를 사랑하는 심성으로써 너의 덕(德)을, 너의 체(體)를, 너의 지(智)를 길러야 할 것이다(敎育詔書, 1895. 2. 2; 이학래, 2000: 50)."라며 체육의 중요성을 언급했다.

『교육조서』가 발표된 이후 체육은 "체조"라는 명칭으로 소학교 및 고등과에 정식교과목으로 채택되었다. 1896년 소학교규칙대강(小學校規則大綱)이 발표되었고(官報 1895년

---

127) 오늘날 이화여대의 전신인 이화학당의 최초 이름은 전신학교(專信學校)였으며, 1887년 민비가 이화학당이라는 교명을 지어주었다.

8월 15일), 소학교령 제1조에서는 "아동의 신체 발달을 감(監)하여 기초생활에 필요한 지식과 기능 기능을 가르친다(이학래, 2000: 59)."고 규정했으며, 제10조에서는 "체조는 신체의 성장을 균제건강(均齊健康)케 하며, 정신을 쾌활강의(快活剛毅)케 하고 겸하여 규율을 지키는 습관을 기름을 요지로 함(이학래, 2000: 60)"이라는 목적이 설정되어 있다. 그러나 시설과 지도자의 부족으로 제대로 된 체육교육이 실시되지는 못했으며, 중학교에서도 체조 과목이 부과되기는 하였으나 사정은 마찬가지였다.

근대스포츠 활동이 가장 활발하게 전개되었던 곳은 외국어학교였다. 1895년 5월 10일 외국어학교의 관제가 공포되었으며, 1895년 이전에 이미 설치되었던 일어(1890)·영어(1898)에 이어 1896년부터 관립 불어·독어·중국어 등의 학과가 설치되었다. 관립 외국어학교에서 체조가 정식 과목으로 채택되지는 않았으나 병식체조와 기계체조를 통한 신체 단련을 했으며, 다양한 서구 스포츠 문화가 소개되었다. 영국의 허치슨(W. du F. Hutchison)과 핼리팩스(T.E Halifax), 터너(A.B. Turner), 미국의 질레트(Philip L. Gillet), 프랑스 마텔(E. Martel)등에 의해서 서구의 각종 스포츠가 한국에 소개되었다(곽형기, 1989: 143). 한국에 최초의 운동회가 실시된 것도 외국어학교였다.

그 외에도 개화기에는 사립학교, 육군연성학교, 의학교 등에서 체육이 실시되었으나 전체적으로 볼 때 적절한 교재나 완전한 교육 내용이 갖추어지지 못한 상태였으며, 지도자의 부족으로 군인들이 유희와 보통체조, 병식체조를 지도했으며, 과외 시간을 통해 각종 서구 스포츠가 초보적인 형태로 실시된 정도였다.

4) 개화기의 스포츠

(1) 운동회의 개최와 그 역할

문호개방 이후 각종 학교는 교육체계 속에 서구 스포츠를 도입함으로써 근대스포츠의 발달에 기여했으나 한국 근대스포츠는 운동회라는 형식을 통해 더욱 발달되었다.

최초의 근대적 운동회가 실시된 것은 1890년대였다. 1896년 5월 5일 한국 역사상 최초의 운동회가 영어학교의 허치슨 선생의 지도 아래 열렸다. 그것은 "화류회"로 일종의 야외운동회였다(羅絢成, 1972: 100). 그 이후부터 다른 학교에서도 운동회가 열렸으며, 운동회는 점차 확산되어 학교간 연합운동회로 발전했다. 1905년부터는 황성기독교청년회나 대한체육구락부와 같은 사회단체도 운동회 성격의 체육대회를 개최하게 되었다.

당시 외국어학교 운동회 종목은 300보경주, 600보경주, 공던지기, 투포환, 멀리뛰기, 높이뛰기, 2인3각, 당나귀달리기, 줄다리기, 방울맞추기 등이었다. 당시 운동회의 특색은 학교 운동회에도 수많은 사회인들이 참가함으로써 학교와 사회가 함께 어우러지는 축제 성격을 지닌 것으로 개화기 운동회의 역할과 기능은 다음과 같이 요약된다.

① 운동회는 향촌공동체의 기능을 담당했다. 운동회나 연합 운동회에는 많은 군중이 모였고, 축제 형태의 운동회는 주민들의 연대감을 강화시키는 역할을 했다.

② 운동회는 민족의식을 각성시키고 애국심을 고취시키는 역할을 했다. 운동회에서는 애국가를 부르며, 귀빈들의 연설을 들었는데, 지도적 위치에 있는 인사들은 축사나 기타 연설을 통해 민족의식을 불어넣음으로써 자주독립의 의지를 강화시키는 장의 기능을 했다.

③ 사회체육의 발달에 기여했다. 초기의 학교운동회가 비록 학교중심으로 열렸지만 지역 주민들도 함께 참가했기 때문에 학교라는 제도적인 틀을 벗어나 일반 사회인들에게 체육활동을 보급하는 계기가 됨으로써 사회인들의 체육에 대한 의식의 변화를 촉진시키는 등 사회체육 발전의 토대가 되었다.

(2) 근대스포츠의 도입과 보급

1895년 외국어학교 화류회 행사가 시작된 이래 근대적 형태의 다양한 스포츠가 도입되기 시작했다. 그것은 연합운동회, 황성기독교청년회, 대한체육구락부 등 다양한 경로를 통해 소개되었으며, 각종 스포츠의 도입 상황과 경위를 요약하면 다음과 같다.

① 체조: 1895년 4월 한성사범학교 설치령에 체조 교과가 정식으로 채택되었으며, 1897년 헐버트가 배재학당에서 도수체조와 철봉 등을 지도했다. 그리고 여학교에서는 이화학당에서 최초로 체조가 실시되었으며, 1890년 정식교과목으로 채택되었다.

② 육상: 1896년 영어학교에서 허치슨, 팰리팩스, 터너 등이 지도로 개최된 운동회(화류회)에서 처음 시작되었다. 1909년 한성여학교 학생들이 비원 옥류천 들에서 달리기, 뜀뛰기, 공던지기 등을 순종과 윤비 앞에서 실시했다.

③ 검도: 1896년 경무청에서 검도를 경찰 교습과목으로 채택했으며, 최초의 공개적인 경기는 1908년 경시청의 한일 경찰간 격검 시합이었다.

④ 축구: 축구는 서구 스포츠 중 가장 먼저 소개된 것으로 보고 있다. 축구가 첫선을 보인 것은 관립 외국어학교 선교사들을 통해서라는 것이 지배적인 설이다. 1897년 외국어학교 출신 통역관들이 영국 함선 수병들의 축구 경기를 본 뒤 대한 처음으로 대한 축구구락부를 조직했다(나현성, 1968: 47). 배재학당에서는 1902년에 축구부가 조직되었는데, 인원의 제한이 없이 실시되었으며, 1906년 한양운 등이 조직한 대한체육구락부가 일반 사회 축구팀의 효시이다.

⑤ 수영: 1898 5월 무관학교칙령에 여름 방학에 학생들에게 휴가를 주되 수영연습을 실시할 것을 규정했음이 확인된다.

⑥ 씨름: 1898년 4월 학부주최 관·사립학교 운동회에서 경기 종목으로 채택되었다.

⑦ 사격: 1904년 9월 육군연성학교에서 정규 교과목으로 선정되어 실시되었다

⑧ 야구: 1905년 미국 질레트가 황성기독교청년회 회원들을 지도했으며, 1906년 황성기독교청연회 팀과 덕어(德語, 독어)학교 팀이 훈련원 마동산(馬東山)에서 최초의 야구 시합을 했다.

⑨ 사이클: 1906년 4월 육군 참위(參尉)였던 권원식(權元植)과 일본인 일본인 요시카와(吉川)의 주최로 훈련원에서 경기가 개최되었다. 1907년 6월 20일 한일인자전차상회(韓日人自轉車商會) 주최로 동서양 외국인들이 참가하는 대회가 열렸고, 1908년 7월 12일 한일 자전거대회가 열렸다.

⑩ 유도: 유도는 1906년 일본이 우치다 효헤이(內田良平)에 의하여 도입되었으며(李學來, 1990: 41-47; 이학래, 2000: 77), 최초의 경기는 1908년 3월 28일 비원에서 경시청의 한일 양국 순경 사이의 경기로 알려지고 있다.

⑪ 농구: 1907년 황성 기독교 청년회 초대 총무 질레트가 회원들에게 보급시켰으나 그의 귀국으로 실질적 보급은 이루어지지 못했으며, 최초의 경기는 1909년 7월 황성기독교청년회와 서양인 연합팀과 동경유학생팀 간의 경기가 농구의 시작으로 알려지고 있다.

⑫ 빙상: 스케이트는 1890년대 후반 미국인 알렌 부부가 고종과 민비를 위해 처음 소개한 것으로 전해진다. 그리고 빙상경기에 대한 최초의 기록은 1908년 2월 6일자 대한매일신보에 실린 일본인들의 빙상대회 예고 기사이다.

⑬ 정구(테니스): 정구는 연식정구가 먼저 소개되었으며 당시에는 척구(擲球)라고 하였다. 테니스는 미국 공사 푸트(L.M. Foot)가 최초로 소개했으며, 1884년 갑신정변 이전에 미국공사관과 개화파 인사들이 테니스를 즐겼다. 김옥균은 자택에다 코트를 만들고 푸트 공사부처, 애스톤(W.G. Aston) 영국 공사 부처 등을 초대하여 게임을 즐겼다(朝鮮日報, 제18623호; 이학래, 2000: 78). 1900년 배재학당에 새끼줄을 치고 나무 판자로 공을 치는 수준의 테니스부가 조직되었으며(培材高等學校(편), 1991: 48), 1908년 4월 18일 탁지부(度支部, 재무부) 일반 공무원들의 체육대회 종목으로 채택하고 친목을 도모했다.

⑭ 승마: 1909년 6월 13일 근위 기병대 군사들이 훈련원에서 기병 경마회를 개최했다.

⑮ 권투: 단성사(團成社) 주인이었던 박승필 등이 유곽권구락부(柔角拳俱樂部)를 조직하여 외원들 간에 행한 것이 시초였으며, 1912년 10월 7일 단성사에서 권투, 유도 씨름 3

종목의 경기가 열렸다

⑯ 배구: 배구는 기독교청년회에서 도입 보급했다. 최초의 도입은 1914년 이전에 도입된 것으로 보이나 기록상으로는 1916년 기독교청년회의 미국인 반하트(B.P. Barnhart)가 운동부를 지도한 것이 최초의 모습으로 나타난다. 그리고 최초의 경기는 1917년 기독교청년회 회원과 서양인 사이의 경기로 알려져 있다.

⑰ 조정: 조정에 대한 기록은 찾기 어려우나 1916년 6월 26일자 매일신보에 보트에 대한 기록이 보이며, 1920년 휘문고 학생들이 동맹휴교시 운동기구와 시설의 요구 상황에 보트도 포함되어 있다.

⑱ 럭비: 럭비가 최초로 소개된 것은 1923년 11월 22일 휘문고에서 거행된 제4회 조선축구대회에서 번외경기였다.

⑲ 탁구: 탁구가 세계적으로 보급된 것은 1918년부터이며, 우리나라의 도입 연도는 명확하지 않으나 1924년 일본인 소유의 경성일일신문사(京城日日新聞社) 주최의 제1회 핑퐁경기대회 개최를 계기로 점차 보급되었다(羅絢成, 1972: 108).

각급 학교의 운동회 및 연합 운동회의 개최가 정기적으로 개최되고 운동경기 종목도 다양화되면서 스포츠 동호인들의 체육 단체의 결성도 촉진되었으며, 각종 사회체육대회도 개최되었다. 최초로 결성된 체육 단체는 1903년의 황성기독청년회이며, 이어 1906년에는 대한체육구락부, 1907년에는 대한민국체육회, 그리고 1909년에는 동경 유학생들이 결성한 홍학회 등이 있었다.

(3) 체육·스포츠 단체의 결성

갑오경장 이후 사회 개혁을 꿈꾸며 민족의 웅비를 다짐했으나 을사보호조약(1905)으로 사실상 민족의 주권을 상실하게 되자 많은 지도자들은 강한 민족주의 사상을 바탕으로 국권회복 운동에 돌입했다. 체육·스포츠 운동도 국권회복 운동의 한 방편의 하나로 생각하고 각종 체육단체가 결성했으며, 주요 단체의 설립 연도와 설립자는 다음 〈표 Ⅱ-1〉과 같다.

5) 개화기의 체육 사상

(1) 유교주의와 체육·스포츠

1876년 개항을 통하여 서구의 문물을 수용하기 전까지 유교는 조선 사회의 주된 이데올로기였고, 조선은 “조용한 아침의 나라” 또는 “은자의 나라(Hermit Nation)”로 불리어 왔다. 그러나 19세기말부터 서구 열강의 팽창 물결은 “은자의 나라”로 불리던 조선의 고요를 깨뜨렸다.

서구 열강 제국주의의 팽창 결과로서 한반도에 뚜렷한 흔적으로 남은 대표적인 것이 기독교였다. 기독교는 탄압과 박해 속에서도 조선의 유교사회에 뿌리게 되었으며, 정치·사회·문화·교육 등 전반에 걸쳐 지대한 영향을 미쳤다. 체육·스포츠 또한 예외가 아니었다. 서구 스포츠의 도입 및 확산은 기독교 선교사업의 결과였다. 특히 1880년대부터 시작된 개신교 선교사들의 교육사업은 한국인들에게 새로운 정신적 국면을 열어줌과 동시에 서구 스포츠와 게임의 도입에 결정적인 역할을 함으로써 한국 스포츠 역사에 이정표를 마련해 주었다.

그러나 서구 체육·스포츠의 도입과정도 순탄하지만은 않았다. 숭문천무사상(崇文賤武思想)이 지배적이었던 조선시대를 통해 신라 화랑의 기백과 같은 강인한 민족적 기풍은 쇠퇴하고 말았다. 1850년을 전후로 영·미 사회나 유럽 사회에서는 신체활동을 통하여 강건하고 진취적인 국민성의 함양을 서둘렀지만 조선의 지도층은 여러 차례 외란(外亂)을 겪으면서도 체육의 중요성을 인식하지 못하고 있었다. 서구 체육·스포츠가 한국 사회에 뿌리를 내린다는 것은 사막에 씨를 뿌리는 것이나 다름이 없었다. 구한말 테니스가 처음 도입되었을 때 순종이 취한 입장은 유교적 전통과 관습, 의식이 체육과 스포츠 문화의 확산에 역기능적 요인이었음을 명백히 해준다.

〈표 II-1〉. **체육·스포츠단체의 결성**(이학래, 2000: 105-111)

단 체 명	설립 연도	설 립 자	설 립 목 적
대한체육구락부	1906. 3. 11	현양운 외 30명	국가 위기극복을 위한 체육의 강화
황성기독교청연회 운동부	1906. 4. 11	곽승한 외. 회장 터너, 총무 질레트	애국정신 고취, 청년의 체질 강화
대한국민체육회	1907. 10	노백린	병식체조 중심 체육 탈피, 사회체육 보급
회동구락부	1908. 2. 2	탁지부(재무부) 관리	바둑, 장기, 정구 등을 통한 직장인 여가 활동
대동체육부	1908. 8	권성연 외	진화론적 자강론에 입가한 체육발달을 통한 강력한 국가 수립
무도기계체육부	1908. 9. 4	윤치호 외	청년 및 일반국민체육발전
광학구락부	1908. 9. 13	남상목 외	정신과 육체의 배양강장
대한흥학회 운동부	1909. 1. 10	윤기현 외 동경유학생	회원 친목 및 조국에 스포츠 소개
궁사회	1909. 7. 15	이상필 외	민족 고유 스포츠 계승 발달
소년광창체육회	1909. 8.		청년의 체력 강화 체조와 타구(打毬) 보급
체조연구회	1909. 10. 24	조원희, 김성집, 이기동(보성체육교사)	체육기술, 이론 연구
청강체육부	1910. 2	중동학교 학생 최성희 외	수, 일요일 축구를 하던 최초의 교내 체육단체

> 순종황제를 즐겁게 해주기 위해 서울에 와 있던 외교관들이 어전에서 테니스 경기를 한 일이 있었다. 그들은 땀을 흘리며 경기를 했다. 이 경기를 관전한 후 순종 왈 '저렇게 힘든 일을 손수하다니 참으로 딱하오, 하인에게나 시킬 일이지…' 하고 혀를 찼다(이규태, 1969: 378-379).

유교사상에 젖은 왕이나 양반들은 체육·스포츠를 평민들이나 할 육체 노동 정도로 인식하고 있었음을 알 수 있다. 특히 여성들의 체육활동 참여는 당시 유교주의자들에게는 하나의 충격이었다. 당시의 의식 수준으로 보아 여학생이 과격한 신체활동에 참여한다는 것은 매우 큰 의식의 전환을 필요로 했다. 이화학당에 체조가 실시되었을 무렵, 양반들의 체조에 대한 의식은 다음 글을 통해서 짐작할 수 있다.

> 파인(Paine)이 이화학당으로 취임하면서 큰 소동이 벌어졌다. 옛 부녀자들은 걸을 때 손 흔들기를 마음만으로 하고 발을 뗄 때 발바닥보다 더 내딛지 못하도록 가르침을 받았고, 앉을 때에는 오금과 발을 번갈아 가며 서서히 좁혀서 앉으라고 가르침을 받았다. 즉 행동은 부덕(不德)이며, 생명체를 움직이는 최소한의 행동으로 제한시켰던 것이다. 이러한 시절에 손을 내어 흔들고 가랭를 벌리며, 달음질을 시키는 체조를 가르쳤으니 반대여론이 들끓지 않을 수 없었다. 학부형들은 딸을 데리고 가겠다고 학교에 밀어닥치고 한성부에서는 체조과목을 없애라는 공문이 내려왔다. 그러나 파인(Paine)은 체조를 대담하게 강행하였다…. 그 무렵 이화학당 여학생들이 며느릿감으로 소외당한 것은 체조과목이 육체를 부덕(不德)하게 만든다고 간주되었기 때문이다(이규태, 1969: 260-261).

개화기 기독교계 학교를 통해 근대체육이 도입되었으나 한국의 사회 풍토는 그러한 신체 문화를 수용할 수 있는 자세가 되어 있지 않았다. 1886년 한국 최초의 여성 교육기관인 이화학당이 설립된 데 이어 많은 여학교들이 설립되었고, 여러 학교에서 체조가 실시될 때 큰 반향을 불러일으켰다. 체육·스포츠 역사적인 관점에서 볼 때 일찍이 체육·스포츠를 장려하여 강건한 청소년을 육성한 나라는 세계사의 주역이 되었다. 체육이란 국방력의 토대가 된다는 시각도 있지만 무엇보다 국민의 진취적인 기상을 길러 주는 역할을 했기 때문이다. 그러나 한국은 근대화가 늦었고, 근대체육 또한 늦게 태동했다. 이 모든 것은 유교주의 사상에 뿌리를 둔 양반들의 역동성 없는 의식 세계와 무관치 않은 것이다. 물론 유교적 관습에도 길이 보전해야 할 미덕이 유산이 많다. 그러나 조선시대의 유교사상은 음양이론과 결합되어 숭문천무(崇文賤武), 남존여비(男尊女卑) 사상을 낳게 되었다. 지배계층의 이와 같은 불균형적인 사고 체계는 결국 체육·스포츠 문화의 발달에 역기능적인 요인이 되었던 것이다.

(2) 사회 진화론적 민족주의

1900년을 전후로 체육·스포츠의 필요성을 인식하기 시작하는 큰 변화가 일어났다. 결론부터 말하자면 개화기의 체육·스포츠에 대한 인식의 변화는 사회진화론(Social Darwinism), 즉 다윈주의적인 인식을 바탕으로 한 민족주의 사상에 토대를 둔 것이었다.

조선시대의 지배계급은 숭문(崇文主義) 사상이 만연하여 강인한 체력과 진취적인 기상을 길러주는 체육교육의 중요성을 인식하지 못하고 있었다. 그러나 국권 상실의 위기를 맞자 민족의 역동성을 강화시켜주고, 강건한 청소년 육성의 기초가 되는 체육·스포츠의 중요성을 인식하게 되었다. 사회진화론, 즉 사회적 다윈주의에 의하면 자본가가 지배적 지위를 차지한 일이나 강대국이 약소국을 침략하여 식민지를 만드는 일 등은 적자 생존의 결과로 당연시된다. 이러한 이데올로기는 한말의 애국 계몽 운동이나 일제하의 실력 양성 운동에 큰 영향을 끼쳤으며, 한국 근대체육·스포츠의 발달에도 영향을 미치게 되었다.

1900년을 전후로 한반도는 청·일·러 3개국의 치열한 각축장이었으며 여기에 서구 열강들의 세력까지 가세하게 되었다. 당시의 정치·사회적 상황으로 보아 민족주의 사상이 팽배하게 된 것은 너무도 당연한 귀결이었다. 따라서 열강들의 팽창정책으로 국권상실의 위기감을 느끼는 상황에서 강자만이 살아남을 수 있다는 인식이 팽배해졌고, 강건한 청소년을 육성하고, 민족적 기질을 되살리기 위해서는 체육·스포츠가 적절한 선택이 될 수 밖에 없었다. 그러한 현실 인식은 1904년 러·일전쟁에서 승리한 일본에게 실질적으로 국권을 빼앗긴 후에 더욱 구체적인 입장으로 드러났다. 1906년 12월 태극학보(太極學報)에 게재된 최창열의 "체육을 권고함"이라는 다음의 글은 체육·스포츠 이데올로기가 다윈주의 사상을 바탕으로 한 민족주의적 체육사상으로 선회하고 있음을 나타내고 있다.

> …20세기는 약육강식의 경쟁시대다. 그러므로 완력(腕力)을 소유하지 못하면 개인은 물론 국가적으로도 도태를 면치 못할 것이니 어찌 내가 완력 양성에 무관심하리오…. 예부터 세계의 문명화된 여러 나라의 교육은 지(智) 덕(德) 뿐만 아니라 체력도 겸비해야 평소에는 건전한 신체로서 사회적 사업에 종사하며, 전시(戰時)에는 활달한 신체로 국방의 의무에 헌신하여 자기 나라를 발전케 하니 이 모든 것은 체육의 공과(功果)라 할 것이다. 우리나라는 100년 이래로 교육의 대 방침이 문예에 치우쳐 체육을 모름으로써 활발한 정신과 건강한

기력이 쇠진하여 오늘과 같은 지위(국권상실)에 놓였으니…, 우리 독립의 기초는 국민에게 체육을 장려(壯麗)함에 있다 할 것이다(崔昌烈, 1906; 李學來, 1990: 38).[128)]

태극학보의 내용은 체력의 강조가 구체적으로 다른 민족의 침략에 대응할 수 있는 신체적·정신적 힘의 원천으로 인식되고 있음을 엿볼 수 있다. 이러한 사조(思潮)가 1900년대 민족주의적 체육사상의 핵심이었으며, 체육은 국권 회복을 위한 힘의 원천으로 이해되었다. 그러므로 사회 지도자들은 체육 및 스포츠의 보급을 매우 시급한 과제로 생각할 수밖에 없었다. 민족주의 사학자였던 문일평의 견해는 당시의 체육에 대한 분위기를 대변해주는 좋은 예이다. 그는 "체육이 개인의 정신에 있어서도 중요할 뿐만 아니라 국가의 운명에 중대한 영향을 미친다."고 피력했다. 그리고 "체육학교의 특설, 체육교사의 양성, 체육에 대한 연구를 위하여 품행이 방정하고 신체가 건장한 청년을 해외에 파견할 것(태극학보 21; 이학래, 2000: 48)" 등과 같은 대안을 제시했다.

체육·스포츠의 민족주의적 경향은 학교체육에서 보다 두드러지게 나타났으며 특히 기독교계학교들은 체육 및 스포츠를 통한 민족주의 운동의 선봉장이었다. 당시의 학교에 있어서 민족주의적 교육은 주로 창가와 운동경기를 통해 이루어졌으며, 특히 운동회는 단순한 운동경기의 장이기보다는 스포츠 활동을 통해 민족정신을 드높이려는 의도가 역력했다. 운동회야말로 민족의 울분과 구국의 의지를 분출시키는 민족 투지의 장이었던 것이다. 당시 운동회의 성격은 운동회의 의식(儀式)과 참가대상, 후원자의 성분 등을 통해서 잘 드러난다.

대부분의 운동회에서는 만세가 삼창(대한독립만세!)되었고 태극기가 게양되었으며, 이러한 운동회의 모든 경비는 지역주민들의 기부금으로 충당되었다. 그런데 이 후원자들에는 지역의 유지는 물론 심지어 역부나 창기들까지도 포함되어 있다는 사실이 당시 운동회의 성격이나 사회적 기능을 잘 나타내어 준다. 이 시기에 지역주민의 연대감 회복은 국권상실이란 민족적 위기를 맞아 매우 절실히 요구되었고, 운동회는 이 절실한 요구를 충족시킬 수 있는 가장 적절한 방법이었다. 수만 명의 관중이 운집한 가운데서 행하여진 사회 주요 인사나 선교사들의 애국적 연설은 민족의식을 일깨우고, 애국심을 고취 시켰다(이학래, 2000: 62-68). 이러한 사실은 당시의 운동회가 민족운동을 위한 대중집회의 장소를 제공하는 구실도 하였음을 의미한다.

128) 이 내용은 원 내용을 쉽게 풀어 적은 것이다.

결국 한국 근대체육·스포츠는 국권상실이라는 민족적 위기를 맞아 진화론적 인식을 바탕으로 한 민족주의적 이데올로기를 잉태하게되었던 것이며, 이 민족주의적 경향이 한국체육사에 미친 영향은 두 가지 정도로 요약된다.

첫째, 전통적인 유교적 가치관에서 체육활동을 천시하던 풍조를 일신시키고 체육과 스포츠의 필요성에 관한 새로운 인식을 심어주었다.

둘째, 민족주의 사상은 한국 근대스포츠 확산에 촉진제가 되었다.

그러나 역기능적인 측면도 있다. 체육활동이 지나치게 군사적 성격을 띠고 발달하게 되었다는 것이다. 특히 학교체육이 군사적 색채를 띄게된 현상은 일본이 한국을 무단지배하기 전인 1907년 한국 군대의 해산령 이후에 더욱 두드러지게 나타났다. 체육교육의 필요성이 급속히 요구되자 지도자가 없는 당시 상황에서 일본에 의해 해산된 군대의 구성원들이 지방으로 내려가 학교의 체육 교사 역할을 담당하게 되었으며, 그 결과 근대체육은 군사적 전통과 연계됨으로써 그러한 전통은 긴 세월 동안 한국 체육에 잠재적으로 남게 되었다.

(3) 체육 사상가

서구 문명을 받아들여 민족 도약의 발판을 마련하기도 전에 일제의 팽창 앞에 국권을 상실할 위기에 놓이자 많은 민족의 지도자들은 늦게나마 체육·스포츠의 필요성을 인식하고 체육교육의 강화를 주장하게 되었다.

① 문일평

문학가였던 호암(湖岩) 문일평(文一平, 1888~1939)은 평안북도 출신으로 1910년에 일본으로 유학하여 정치학을 공부하다가 중국 상해에 건너가 대공화보사에 근무했다. 귀국하여 한때 중앙, 배재학당 등에서 교사를 지냈고, 중외일보사 기자를 거쳐 조선일보사 편집고문으로 일했다. 국사를 연구하여 사학가로서의 지위도 지녔던 그는 많은 논문과 저서를 남겼으며, 체육을 국가의 운명을 결정하는 중요한 교육 영역으로 인식하였다. 1908년 5월 태극학보 제2호에 실린 "체육론"은 그의 체육 사상을 잘 보여주고 있다. 그는 "덕·지·체 가운데 체육이 중요한 위치를 차지하는 까닭은 신체가 있고 그 다음에 정신이 나오는 것이니 나무에 비유하자면 신체는 뿌리고 정신은 가지라는 것이다. 따라서 체육은 개인의 정신에도 밀접한 관계가 있을 뿐 아니라 국가운명에도 중대한 영향이 있는 것이다(이학래, 2000: 62-68)"라고 주장하고 고대 그리스의 스파르타 교육과 덴마크의 체조학교 및 일본의 무사도와 체육학교의 경우를 예로 들며, 다음과 같은 제언을 남겼다(이학래, 2000: 433).

㉮ 체육학교를 특설하고 체육교사를 양성할 사.

㉯ 과목에 체조, 승마 등을 置(치)할 사.

㉰ 평단보필(評壇報筆)이 此(차)에 대하여 특히 주의할 사.

㉱ 학교, 가정에서 특히 주의할 사.

㉲ 체육에 관한 학술을 정구(精究)키 위하여 품행단정하고 신체 강장한 청년을 해외에 파견할 사.

이러한 호암의 사상에는 체육이 국가 건설의 근간이 된다는 인식이 내재해 있음을 알 수 있다. 그는 신체의 중요성은 정신에 선행하는 것으로, 육체의 단련은 정신의 그릇을 단련하는 것으로 보아 심신의 조화적인 발달을 위해 체육이 필요하다는 인식을 갖고 있었으며, 한편으로는 체육을 호국의 수단으로 중시했던 것으로 볼 수 있다. 그것은 격검, 승마 등을 중시한 예를 통하여 알 수 있다. 또한 뒤떨어진 체육을 선진화시키기 위해서 체육의 과학화를 앞당겨야 한다는 인식을 지니고 있었던 것으로 보인다. 이러한 점을 종합해 볼 때 그는 당대 근대적 체육관(體育觀)을 지닌 체육사상가의 한 사람으로 평가된다.

② 이기동

이기동(李基東)은 1885년 서울에서 출생했으며, 육군 무관학교를 졸업하고 휘문의숙(徽文義塾)의 체육교사를 역임했다. 그는 학교 체조가 걸음마 단계였던 1909년 7월 5일 처음으로 "일본인 교사"[129]와 공저로 보통학교 체조과(體操科) 교사용 지도서 『최신체조교수서(最新體操敎授書)』를 출판하고, 체조연구회를 조직하는 등 학교체조와 일반국민 체육 발전에 기여했다.

③ 이종만

이종만(李種滿)도 당시 상황에서 체육이 국가의 운명을 좌우하는 중요한 교육·문화영역

129) 이 일본인 교사는 横地捨次郎으로 1900년 일본에서 『체조에 있어서의 인체생리』라는 저서를 최초로 출판했으며, 1908년 8월 19일 황성고등학교(현 경기 고교)와 한성사범학교 교사를 지냈다. 1908년 9월 25일부터 10월 29일까지 한성 내 관립보통학교장 이하 한인교사 체조강습회 강사로 학교체조를 지도했으며, 한성고등학교의 일반학생 개개인의 발육상태와 건강상태를 파악하기 위하여 신체검사제도를 도입하기도 했다. 그리고 체조에 음악을 이용하여 신체동작을 좀더 원활히 할 수 있는 방도를 취하여 체육의 정서적인 면의 발전까지 기도하였으며, 기타 곤봉체조, 빙상지도 등 학교체육에 공헌을 한 인물이다(오동섭, 1992: 434).

이라는 인식을 지녔던 인물이었다. 그의 체육에 대한 인식은 1908년 8월 서북학회월보(西北學會月報), 15호에 실린 "체육이 국가에 대한 효력"이란 논설에서 우리가 덕육(德育)과 지육(智育)에 충실했으나 나라가 어려움에 직면하게 된 이유는 체육을 소홀히 한 탓이라고 주장하며,[130] "체육의 국가에 대한 효력"을 세 가지로 밝혔다.[131]

㉮ 국민의 완전한 정신은 반드시 건강한 신체의 작용으로부터 나오는 것이므로 체육을 통해 용맹스런 국민을 육성할 수 있다.

㉯ 체육은 국민의 단결력을 형성시켜주므로 체육을 통해 국민의 내부적인 단합을 이끌어낼 수 있다.

㉰ 체육은 20C 국제 경쟁 시대에 국가자강(國家自强), 즉 강력한 국가 건설의 기초가 된다.

그는 1908년 일본의 보호령이 들어간 국권상실의 위기 상황을 체육을 등한시 한 결과로 보았으며, 체육을 강력한 국가 건설을 위한 기초로서 정신력이 투철하고, 응집력 있는 국민성을 길러주는 중요한 교육의 수단으로 파악하였다.

④ 조원희

조원희(趙瑗熙)는 서울 출생으로 1903년 육군무관학교를 졸업하고 육군보병 참위(參尉)로 임관되어 휘문의숙 체육교사를 겸임하였으며, 학감(學監)까지 역임했다. 그는 당시 학교체조에 지대한 관심을 갖고 이론적, 실천적인 개선을 위하여 노력했다. 1909년 종래 병식체조의 문제점을 지적하고 미용술(美容術), 정용술(整容術)의 신편유희법(新編遊戲法: 1910)을 발간하여 일반 학도들에게 근대식 학교체조를 널리 보급시켰다. 그리고 1909년 10월에는 김성집, 이기동 등과 같이 체조연구회를 조직하여 학교체조 뿐만 아니라 일반 국민 체위향상에 관한 문제도 연구한 바 있는 탁월한 이론 체육이론가였다(나현성·조명렬·노희덕, 1980: 313; 곽형기, 1989: 61).

⑤ 노백린

계원(桂園) 노백린(盧伯麟)은 풍천에서 태어난 독립운동가였다. 국비유학생으로 일본육

130) 我邦五百年來로 家家마다 詩禮요 人人마다 道德을 尊崇하였으니 德育이 盡善치 아니함도 아니요, 禮樂射御書數 六藝로 人人마다 此學에 從事케 하였으니 智育이 盡美치 아니함도 아니나. 胡爲乎今日吾人 吾國이 되었느뇨 餘는 大聲呼疾하야 가로되 我缺自來로 體育이 缺乏之되였다. 李種滿, "體育이 國歌에 대한 效力" (『西北學會報블』 第6號 융희 2년(1908), 11月; 곽형기, 1989: 55).

131) 아래 요약한 부분의 원 내용은 李種滿, "體育이 國家에 대한 效力" 『西北學會報』 第6號 융희 2년(1908), 11月호 또는 곽형기, 근대학교체육의 발달양상과 체육사적 의미, p. 55 참조.

군사관학교를 졸업한 후 귀국하여 무관학교 교관으로 근무했으며, 육군연성학교 교장, 군부교육국장, 육군무관학교장 등을 역임했다. 그는 구한말 정부의 육군 참위(參尉)로서 영재 양성에 남다른 관심을 쏟았으며, 체육을 지·덕 두 가지 교육과 함께 국민교육에 필수적인 영역이라고 주장했다. 또한 "대한국민체육회"의 설립 과정에 발기인으로 참가했으며, 병식체조 일변도의 당시 학교체육 형태를 탈피하기 위한 노력으로 1907년 우리나라 최초의 체조강습회를 개최했다. 한일합병 이후인 1914년 미국으로 망명했고, 후일 상해 임시정부 군무총장(軍務總長)을 지내면서 독립운동을 한 애국투사였다. 그는 국권회복을 위해서는 청년들의 건전한 신체와 국민적 기상, 기풍을 진작시켜야 한다는 믿음을 갖고 있었으며, 체육이 국방이 기초가 된다는 신념을 지닌 인물로 한국 근대체육의 선구자 중 한 사람이었다.

2. 일제시대의 체육·스포츠

일본은 러시아, 영국, 미국 등으로부터 한국에 있어서의 특수 이익을 인정받은 뒤 을사조약(乙巳條約, 1905)을 통해 조선을 보호령으로 만들었고, 1910년 조선을 강제 병합하여 식민 통치하게 되었다. 일제시대는 우리 민족이 주권을 잃고 국가 활동이 단절되어버린 비극의 시대요, 독립을 쟁취하기 위해 싸운 투쟁의 시대였다.

일본 제국주의의 식민지 지배는 경제적 지배와 수탈, 민족 문화의 말살로 이어졌고, 헌병 경찰에 의해 언론·집회·결사의 자유를 박탈하고 민족 교육을 강압적으로 탄압했으며, 자주적인 스포츠 활동까지 탄압·통제했다.

1) 일제시대의 교육

한일 합방 이후 일제(日帝)의 식민지 정책은 교육에서도 그대로 나타났다. 일제는 1911년에 "조선 교육령"을 공포하여 한국인의 우민화 교육에 착수했다. 조선교육령 제4조에 따라 우리 교육은 보통 교육, 실업 교육 및 전문 교육으로 분류된 체계를 따르게 되었다. 교육 연한은 보통학교 4년, 고등 보통 학교 4년, 여자 고등 보통 학교 3년, 실업 학교 2년, 전문 학교 3년으로 설정되었다.

일제시대 교육의 목표는 첫째, 식민지 교육으로 천황의 충량한 신민을 육성하는 것, 둘째, 시세와 민도에 적합한 교육을 통해 우리 민족을 우민화(愚民化)하는 것, 셋째, 일본어 보급을 통해 우리의 전통문화와 생활양식을 말살하고 일본 문화와 생활양식에 동화시키는 것이었다. 종래의 사범학교는 폐지되었으며, 교과과정에는 일본어를 "국어"라 칭했고, 일본어 시간이 조선어 시간보다 많이 편성되었다. 그리고 고등교육 무용론을 펴 한국 내 대학 설치를 금지했으며, 일반 교육 내용도 실업 교육에 치중한 형태로 식민 정책을 담당하는 총독부가 교육을 주도하면서 우리 민족의 특성을 말살하려는 것이었다.

2) 일제시대의 체육

일제시대의 체육도 일반 교육과 마찬가지로 그 목적은 일본의 제국주의적 팽창과 일제에 대한 충량한 식민지인의 양성에 둘 수밖에 없었는데, 식민지 시대의 체육이 본격적인 궤도에 오른 것은 1914년 학교체조교수요목(學校體操教授要目)을 제정한 이후부터였다. 그래서 일제시대 체육은 1914년을 중심으로 크게 4기로 구분된다.[132)]

제1기: 조선 교육령 공포 시기(1910~1914)

제2기: 학교체조교수요목의 제정과 개정 시기(1914~1927)

제3기: 유희 및 스포츠 중심의 학교체육교수요목 시기(1927~1941)

제4기: 체육 통제 시기(1941~1945)

(1) 조선 교육령 공포 시기(1910~1914)

대한 제국의 교육령이 1911년 10월 20일 총독부령 제110호로 공포된 보통학교 규칙은 체육의 목표 개념을 "신체의 각 부분을 고르게 하여 자세를 단정히 하고 정신을 쾌활케 하며, 겸하여 규율을 지키고 절제를 숭상하는 습관을 기름을 요지로 한다(이학래, 2000: 135)"라고 규정했다. 학교 체조가 없어지는 대신 보통체조가 등장하고 호외유희(戶外遊戲), 수영, 스케이팅 등이 새롭게 추가되었다. 그리고 고등보통학교의 체육의 목적은 "신체의 각 부를 고르게 발육하게 하여 정신을 쾌활케 함과 아울러 규율을 지키고 절제를 숭상하는 습관을 기르게 함(이학래, 2000: 136)"으로 설정되어 있었다. 기타 실업학교와 전문학교에도 비슷한 목표가 설정되고 있는데, 조선교육령 공포 이후의 체육은 구한말 체조교육보다 내용이 다양화된 것은 명확한 것으로 평가된다.

---

132) 이 구분은 나현성의 분류 방식에 따른 것이다.

(2) 학교체조교수요목의 제정과 개정 시기(1914~1927)

학교체조교수요목은 각 학교의 체조교육을 통일시키기 위한 조처로서 몇 가지 분명한 변화가 보인다. 체조는 다리운동, 평균대운동, 팔운동, 머리운동, 숨쉬기운동, 가슴운동, 등운동, 배운동, 옆구리운동, 턱걸이운동, 도약운동(멀리뛰기, 높이뛰기) 등이었다. 병식체조로 행하여지던 턱걸이, 도약 등이 모두 체조에 포함되었다. 그리고 종래 병식체조의 성격을 지녔던 것은 교련으로 통합되었는데, 그 구체적인 변화는 다음과 같이 요약된다.

첫째, 이전에 유희, 병식체조, 보통체조로 구분·실시되던 것이 체조, 교련, 유희로 구분되었다.

둘째, 체조교육 내용을 배당할 때 학생의 발달 수준에 따라 개별성, 점진성 등과 같은 원칙을 적용하였다.

셋째, 과외활동 시간이나 일상생활 속에서 실시할 활동으로 격검, 유술, 유희, 씨름, 궁술, 야구, 테니스, 수영 등산, 스케이트, 스키 등과 같은 종목이 포함되었다.

넷째, 체조교육의 목적 개념에 신체 및 정신의 발달, 운동의 생활화, 위생 등의 개념을 포함시켜 근대적 체육사상이 많이 반영되었다.

(3) 유희 및 스포츠 중심의 학교체육 교수 요목 시기(1927~1941)

1927년 학교체조교수요목이 다시 개정된 이후 체육교육은 시설의 부족으로 인해 육상경기 중심의 스포츠 밖에 실시할 수 없는 어려운 여건에서도 체조 중심에서 유희·스포츠 중심으로 변했다. 그리고 학생들의 체육활동에 대한 요구가 증가하고 학교 대항 각종 운동경기대회가 성행했으며, 국제무대에도 진출하게 되는 시기였다.

당시 경성사범부속보통학교의 체육교육 대강에는 단거리 달리기를 비롯한 10여종의 육상경기와 베이스볼(야구), 바스켓볼(농구), 그라운드볼 등으로 명시되어 있으며, 과외 활동으로서 학교간 경기대회가 성행하였다. 예컨대 오늘날의 "연고전(延高戰)"의 효시하고 할 수 있는 연희전문학교와 보성전문학교 사이의 경기를 비롯하여 육상, 축구, 야구, 농구 등과 같은 학교간 경기대회가 활성화되었다.

(4) 체육 통제 시기(1941~1945)

일제는 1919년 3·1운동이 일어난 이래 각종 체육활동에 대한 감시와 탄압을 가속화하였다. 전쟁 수행을 위해 각종 체육 경기를 완전 통제하였으며, 전투 체력의 강화를 위한 중량 운반, 수류탄 투척, 행군 등과 같은 체육활동을 강화하였다. 학제 또한 개혁되어 체조과(體操科)란 명칭이 체련과(體鍊科)로 바뀌고 체조와 무도(武道) 중심의 체육교육이 실시되었다.

3) 일제시대 민족주의 체육·스포츠 운동

(1) 일제의 체육·스포츠 탄압과 저항

① 학교체육의 군사훈련화

일제는 1930년대를 전후로 학교체육을 군사적 팽창에 봉사하는 수단으로 이용했다. 1938년 조선총독부의 소학교규정에서 "확고불발(確固不拔)의 정신과 인고지구(忍苦持久)의 체력 양성을 목적으로 한다"는 요지의 목표를 설정했고, 1938년 총독부령 25호 중학교교육 시행규정 23조에는 "검도 유도를 필수로 하고 일본의 전통적인 무도정신을 체득하는 것에 유의해서 황국신민 된 기백의 함양에 기여하도록 한다(이학래, 2000: 260)."라고 명시했다. 이는 조선인을 황국의 신민으로 만들고자 하여 '황국신민체조'라는 용어로 체육을 통한 일본 제국주의 군사적 능력을 강화시키고자 한 체조나 다양한 군사훈련이었던 것이다. 특히 1943년에는 학교체육을 군사교육체계로 전환하였다. 따라서 학교체육은 자연히 군사훈련의 성격을 띠게 되었다. 그것은 정상적인 학교체육에 대한 탄압이기도 했다.

② 체육단체의 해산과 통합

일제는 "조선체육협회"와 그 산하단체를 조직하여 우리의 체육을 장악했으며, 우리의 체육활동을 탄압했다. "진남포체육회"133)의 시민운동회 탄압을 비롯하여 각종 지방 체육단체의 활동을 감시하고 억제했다. 특히 1936년 손기정의 베를린 마라톤 제패 이후 스포츠를 통하여 민족의식이 고양된다는 사실을 직시하게 된 일제는 더욱 노골적인 탄압을 가했다. 대표적인 예가 "조선체육회의 해산과 통합", "무도계의 일인단체 흡수 통합", "조선학생체육총연맹의 흡수 통합" 등이었다.

㉮ 조선체육회의 창립과 해산: 오늘날 대한체육회의 전신인 조선체육회는 1920년 7월 13일 창립되었다. 창립이래 한국 현대 올림픽 운동과 체육·스포츠 발전을 주도했던 조선

133) 1925년부터 진남포에서는 시민운동회가 개최되어왔고, 1930년 5월 23일 진남포체육회가 발족되어 체육행사를 주관해왔다. 그러나 1937년 6월 5일 진남포체육회가 시민운동회를 위한 집회를 신청했으나 불허되었다.

체육회는 일본인들이 조직했던 "조선체육협회"에 대응할 수 있는 단체가 필요하다는 생각에서 창립한 단체였다. 첫 사업으로 제1회 전조선야구대회를 개최했는데, 그 대회가 오늘날 전국체전 통산 횟수의 기점이 되었다. 그 외에도 제1회 조선축구대회(1921. 1. 11, 배재보고 운동장), 제1회 조선여자정구대회(1921. 10. 15, 정동 제일여고), 조선신궁대회(1925) 등과 같은 대회를 개최했으며, 1929년 6. 13일에는 전조선야구대회, 전조선정구대회, 전조선육상경기대회 등을 묶어 제10회 "전조선경기대회"라는 종합대회를 개최하였다. 조선체육회는 설립 후 약 20년 동안 일제하 조선 체육계를 이끌어 온 대표적인 체육단체였다. 그러나 1938년 일제에 의해 강제 해산되어 조선체육협회로 흡수 통합되었다.

㈏ 무도계의 일인단체 흡수 통합: 조선체육회를 일인(日人)들이 조직한 조선체육협회로 통합한 일제는 종로경찰서를 앞세워 무도계(武道界)의 통제에 착수했다. 1938년 7월 1일 당시 조선인 단체였던 조선무도관, 조선연무관(朝鮮演武館), 조선강무관(朝鮮講武館), 조선중앙기독교청년회 유도부 등을 동경강도관(東京講道館) 조선지부로 흡수 통합했다.

㈐ 조선학생체육총연맹의 흡수 통합: 1937년 4월 13일 조선 내의 전문학교, 대학 스포츠 단체를 일원화할 목적으로 결성된 단체가 조선학생체육총연맹이었다. 그러나 조선체육협회는 1941년 8월 1일 조선학생체육총연맹을 조선체육협회로 통합함으로써 학생들의 경기도 일제의 통제를 받게 되었다.

③ 일장기 말살 사건

1936년 베를린 올림픽 대회 마라톤 경기에서 손기정 선수가 1위로 골인했다. 동아일보는 그 장면을 호외와 신문 본지 기사에 일장기를 없애고 실었는데, 이 사건을 일장기 말소 사건이라고 한다. 이 사건은 한민족의 비운이며, 동시에 일제에 항거하는 우리 민족의 투쟁 정신을 나타내는 사건이었다. 이 사건으로 인해 동아일보는 무기 정간(停刊)을 당했고, 이길용 등 해당 기자들은 옥고를 치르게 되었다.

(2) 민족주의 운동의 특성과 결실

3·1운동이 일어난 이래 일본이 소위 문화정치로 제국주의 정책의 전환을 꾀함으로써 각종 사회단체의 설립이 한층 자유로워졌으며, 체육 단체가 주도하는 스포츠 활동도 보다 활성화되었다. 1920년 "조선체육회"를 비롯한 각종 체육단체가 결성되고 다양한 운동경기대회가 열리게 되었다. 이러한 변화 속에 한국 체육인들은 체육·스포츠 활동을 통해 민족 정신의 고취와 민족 문화의 창달, 나아가 독립을 위한 기반을 구축하려는 의지를

불태웠는데, 민족주의 체육·스포츠 운동의 특성과 결과는 다음과 같이 요약된다.

① 민족주의적 체육·스포츠 운동의 특성

㉮ 전국적으로 조직된 청년회가 중심이 되어 일제의 탄압(조선체육회 해산 등)에 대한 저항 문화운동의 일부로 체육활동이 장려되었다.

㉯ 일제가 학교체육의 장을 군사훈련장화 하려는 움직임에 대응하여 YMCA 등과 같은 단체를 중심으로 순수 체육을 지향하려는 움직임으로 나타났다.

㉰ 민족의 전통 경기의 부활하고 보급하려는 움직임으로 나타났다.

② 민족주의적 체육·스포츠 운동의 결실

㉮ 근대스포츠의 보급과 확산: YMCA와 같은 청년단체의 활동으로 야구, 축구, 배구, 농구, 육상, 체조, 권투, 유도 등과 같은 근대스포츠가 널리 보급되었다.

㉯ 민속 스포츠의 계승 발달: 민족주의 의식을 토대로 활쏘기, 씨름 등을 부활·보급함으로써 우리의 전통 스포츠가 널리 확산되었다.

㉰ 민중 스포츠의 발달: 일제시대가지만 해도 스포츠 활동은 소수계층에 국한되었다.[134] 그러나 1930년대부터 민족주의 체육활동은 보건체육의 민중화 운동으로 이어졌다.

㉱ 한국 체육의 민족주의적 경향 강화: 체육이 일제의 탄압에 저항하는 수단으로 이용됨으로써 한국 체육은 일제 이후 강한 민족주의적 경향을 띠고 발달하게 되었다.

(3) 민족주의 스포츠 운동과 YMCA의 역할

1900년대 후반부터 대한체육구락부, 황성기독교청년회 운동부, 대한국민체육회 등과 같은 각종 체육·스포츠 단체가 결성되었다(대한체육회, 1965: 30-34). 이러한 단체들의 특징은 일제시대 학교체육의 성격이 점점 군대식 체육활동으로 변해갈 때 근대적인 스포츠를 채택했다는 점이며, 설립자들은 대개 강한 민족주의적인 정서를 지니고 있었다.

1900년을 전후로 민족주의 운동의 일환으로 스포츠 활동을 주도한 세력은 크게 세 그룹으로 분류된다.[135] 첫째는 노백린, 안창호, 이상재, 이동휘 등 독립 운동단체를 이끌던 민족운동가 그룹, 둘째는 구한국 군대의 장교출신들로서 일선학교의 교사로 부임한 체육

134) 1927년 12월 5일 동아일보는 "노동자가 테니스를 했다는 이유로 5시간 임금을 삭감 당했다."는 기사가 당시의 상황을 잘 나타내어주고 있다(이학래, 2000: 241).

135) 이 분류는 이학래, 한국근대체육사연구, pp. 71-74의 주장에 따른 것이다.

교사그룹, 셋째, 기독교 계통의 인물그룹과 근대적 학문을 배워 신교육을 담당했던 지식인 그룹이다. 적절한 분류이다. 그러나 사실 이러한 그룹의 인적 자원은 서로 중첩된다. 당시 독립 운동 그룹은 기독교인이거나 친 기독교적인 인물들이 많았으며, 1898년 독립협회가 해산된 이후 독립협회 인사들이 대거 YMCA에 합류했기 때문이다. 어쨌든 명확한 것은 YMCA가 스포츠를 통한 대중적 민족운동의 지휘부 역할을 했다는 것이다. 따라서 YMCA운동부는 여러 체육단체 중 가장 대표적인 단체인 동시에 한국 사회 스포츠 역사에 가장 큰 영향을 끼친 단체로 볼 수 있다.

한국체육·스포츠 역사에서 기독교계 학교 즉, 미션TM쿨이 학교체육 및 스포츠 도입의 선구자적 역할을 했다면 YMCA는 사회 체육·스포츠 활동의 개척자적 역할을 담당했다. YMCA 운동부는 많은 서구 스포츠를 도입했을 뿐만 아니라 스포츠를 대중적 민족주의 운동의 일환으로 보급시킴으로써 한국 사회에 스포츠를 급속히 확산시키는 역할을 하였을 뿐만 아니라 한국 근대 민족운동의 요람이 되었다.

한국 YMCA는 1903년 황성기독교청년회라는 이름으로 창설되었다. 선교사들이나 개화한 지식인들로부터 새로운 지식을 습득한 배재학당과 외국어학교를 졸업한 150명의 청년운동 그룹이 YMCA의 창립을 건의했고(전택부, 1978: 11), 1903년 10. 28일 공식적으로 조직되었다. 초대 운동부 위원장에는 영국 성공회의 신부 터너(A.B. Tuner)가 임명되었고 총무는 질레트(P.L.Gillet)가 맡았다(Paik, 1970: 339). 황성기독교청년회는 발족하면서부터 회원들에게 서구식 스포츠와 한국의 전통적인 게임을 보급했으며, 1905년부터는 황성기독교청년회 운동부의 조직을 통하여 각종 스포츠를 일반 사회인을 대상으로 스포츠를 보급하기 시작했다(김천배, 1984: 54). "스포츠가 강인한 한국인을 만든다"라는 취지에 찬동하는 많은 사람들이 클럽에 가입했고, 이 때부터 신흥사와 흥천사에서 열린 운동회를 시작으로 매년 대규모의 운동경기대회를 개최하였으며, 스포츠에 대한 올바른 인식을 심어주기 위하여 강연회를 통한 계몽활동을 펴기도 했다. 여러 활동의 구심점은 질렛(P.L.Gillet)이었다. 그는 총무로서 서구 스포츠의 보급과 스포츠의 대중화 운동을 주도했다. 선교사들을 통하여 한국에 도입된 많은 서구 스포츠 중에서도 야구와 농구는 그들을 통하여 공식적으로 한국에 최초로 소개되었다.

YMCA의 스포츠활동이 더욱 촉진된 것은 1914년부터였다. 황성기독교청년회는 오늘날의 서울 기독교청년회이며 4월 2일 개성에서 조선기독교 청년회 전국연합회가 발족됨으로써 YMCA의 스포츠사업도 전국적인 청년운동으로 발전하였다. 특히, 독립운동가인 윤치호씨가 총무로 취임하면서 한국 역사상 최초의 실내체육관(gymnasium)이 준공되었으며, 또한 미국으로부터 시카고대학 졸업생인 반하트(B.P. Barnhart)라는 스포츠 전문 간사가 한국 YMCA에 와 운동부를 맡게됨으로써 YMCA의 스포츠사업은 더욱 조직적으로 진행되었다.[136] 그는 한국에 최초로 배구경기를 소개하였을 뿐만 아니라 스포츠 지도자 양성에도 큰 공헌을 했다. 한국에 온지 7개월 후 그는 당시의 상황을 다음과 같이 보고했다.

> 실내체육관은 대단히 인기가 있다. 이때까지 7개월 간 체육관을 이용한 인원은 17,668명 소년부의 인원은 24,756명이었다. 만약 체육 기구가 좀더 보강된다면 굉장한 인원이 몰려들 것이다(전택부, 1978: 22).

오늘날 한국에서 대중적인 인기를 누리고 있는 서구 스포츠 - 축구·농구·야구·배구·테니스 등 등- 이 주로 선교사들에 의해서 도입되었다. 미션스쿨과 외국어학교에 교사를 지낸 선교사와 외국인들이 큰 역할을 했으며, YMCA 또한 한국의 스포츠 역사에 미친 영향은 지대한 것으로 그 영향을 다음 과 같이 요약된다.

첫째, 1908년부터 일본이 한국인이 주도하는 운동경기대회를 탄압하기 시작한 이래 한국 스포츠가 매우 위축된 상황에서 YMCA는 19세기말부터 일어나기 시작한 한국 스포츠 붐(boom)의 맥을 이어주었다.

둘째, 야구·농구·배구 등과 같은 서구 스포츠를 최초로 한국에 도입했을 뿐만 아니라 이미 도입된 스포츠를 보다 더 조직화했다.

셋째, YMCA의 조직망을 통해 스포츠를 전국으로 확산시키는데 기여했다.

넷째, 한국에 많은 스포츠 지도자를 배출했다.

다섯째, 체육·스포츠에 대한 올바른 인식을 심어주었다.

YMCA의 영향은 한 마디로 한국 사회에 있어서 스포츠의 대중화를 위한 기초를 마련했다고 표현할 수 있다. 특히 마지막에 언급한 스포츠의 가치에 관한 대중의 의식개혁은 한국 스포츠사적으로 매우 중요한 일이었다. 비록 미션스쿨 교사들의 영향으로 스포츠에 대한 의식이 변화가 일기는 했으나 1910년대까지도 양반사회에서는 체육·스포츠활동을 천시하는 풍조가 남아있었다. 그러한 상황에서 YMCA는 한국인의 체육에 대한 가치관 변화에 큰 영향을 미쳤다. 그러한 사실은 반하트(B.P Barnhart)의 보고서 내용에 잘 나

136) YMCA와 연관된 그의 활동성은 F.M. Brockman's Annual Report for the Year Ending (September 30, 1919), pp. 4-5 참조.

타나고 있다. 그는 "몇 해 전 만해도 신사들과 그 자제들은 스포츠를 천하게 여겼지만 지금은 그런 생각이 변하여 모든 신사들이 스포츠를 즐기게되었다. 이것은 확실히 YMCA의 공헌이다(B.P.Barnhart's Annual Report for the Year Ending, 1919: 5; 전택부, 1978: 221)."라고 적고 있다.

이상에서 살펴본 바와 같이 YMCA의 스포츠 사업은 한국의 근대체육사에 매우 큰 영향을 미쳤다. 그러나 이 시기의 급속한 스포츠의 확산은 몇 몇 선교사들의 노력만으로 이루어진 결과가 아니었다. 그 바탕에는 YMCA 스포츠 사업에서 촉진제와도 같은 민족주의라는 이데올로기가 내재해 있었다. 스포츠 운동에 민족주의라는 약제를 처방하고 주사한 의사는 독립운동가들이었다. 질레트·반하트 등 여러 선교사들이 전개한 스포츠 사업은 YMCA의 창립 목적에 입각한 것임은 물론 그 궁극적인 목적이 선교에 있었던 반면 YMCA의 스포츠사업에 관여한 한국 회원들의 잠재적 목적 의식은 민족 독립과 연계되어 있었던 것이다.

선교사들은 중립을 지키는 것처럼 행동하면서도 사실은 묵인하였다. 당시의 선교 사업 방안이 소위 자전(自傳), 자립(自立), 자치(自治)를 골격으로 하는 "네비우스(Nevius) 방법"137) 에 의한 것이었기 때문에 선교지인 한국의 전통문화를 존중하는 범위 내에서 모든 선교활동이 이루어진 사실과도 무관하지 않았다. 역사적으로 스포츠는 종교 제국주의자들 (Religious Imperialists)의 목적 달성을 위한 주된 도구로 이용되어 왔다. 그러나 이 당시 YMCA 활동을 하던 한국인들의 요구는 기독교 운동을 통하여 봉건적인 질서를 개혁하고 외세(外勢)를 물리쳐 상실한 국권(國權)을 회복하기 위한 민족운동의 방편이기도 했던 것이다.

한국 YMCA와 독립운동이 연계되었다는 사실은 먼저 황성기독교청년회라는 명칭으로부터 찾을 수 있다. 이 명칭은 민족주의(Nationalism)라는 의미를 내포하고있다. "황성"이란 민족의 독립과 애국의 상징어였고, "청년회"란 구세대에 대한 혁신의 상징어였다(전택부, 1978: 47). 이것은 한국의 민족주의 운동과 YMCA의 결속을 의미함과 동시에 일본 제국주의자들의 폭정 아래에서 독립운동과 한국 기독교인들과의 관계를 명백히 해주는 것이기도 했다. 이처럼 독립운동과 기독교는 밀접한 관련을 맺고 있었던 것이다. 그래서 일본 공사관들도 이와 같은 현상을 "신교측의 두 파(장로교, 감리교)는 서로 결합하여

---

137) 네비우스식 선교법에 대한 상세한 것은 Spencer J. Palmer, Korea and Christianity(Seoul: Hollym Corporation, 1967) pp.26-29를 참조.

선전(宣傳)을 시도하고, 여러 교파의 선두에 서서 소위 독립협회와 밀접한 관계를 맺고 있다(일본공사관보고서 1908-1909)"고 기록하고 있는데 좀 더 거슬러 올라가 보면 한국의 독립을 위한 민족운동과 기독교의 결합 과정은 더욱 명확히 알 수 있다.

19세기말 한국의 학생운동은 한국 최초의 미션스쿨인 배재학당의 기독교학생회였던 협성회로부터 시작되었다. 이 단체가 바로 YMCA의 전신 (前身)이었다. 배재학당은 1885년 설립된 후 9년 뒤인 1894년부터 본격적인 기독교적 민주교육의 요람으로 발전하게되었다. 그 이유는 관립학교였던 육영공원이 폐교되면서 육영공원의 학생들은 물론 헐버트(H.B.Hulbert)나 번커(B.A.Bunker)와 같은 유능한 교사들이 배재학당으로 합류했기 때문이다. 협성회가 조직된 것은 이즈음인 1896으로 그 조직 연대가 독립협회의 조직 연대와 같다.[138] 독립협회는 한국 근대 민족주의 운동의 중추적 역할을 했던 단체로서 그 주요 구성원이 기독교인이거나 기독교에 우호적인 인물들이었다(이만열, 2014: 51). 독립협회의 지도자 중 가장 대표적인 인물은 서재필로서 그는 독립협회와 배재학당을 번갈아 왕래하면서 강연을 하고, 이때 배재학당의 학생단체 조직을 지도했는데 그 단체가 바로 협성회였다. 그 후 일본이 한국을 식민지화하려는 의도가 점점 명확해지자 협성회의 회원들은 독립협회에 합류했고 독립협회가 만민공동회(萬民共同會)라는 이름의 전국적인 조직을 만들어 본격적인 활동을 시작하게 되었다. 그 때 운동의 선봉에 선 인물들이 이승만·유영석·양홍묵 등과 같은 배재학당 학생들과 외국어학교 학생들이었으며(전택부, 1978: 51), 이 청년들이 바로 초기 YMCA의 창립을 건의했던 그룹이었다. 이 들은 1898에 일본에 의하여 독립협회가 강제 해산되고 지도자 17명도 체포되자 대부분이 YMCA의 회원이 되었다.

YMCA가 더욱 더 민족주의 운동과 밀착하게된 것은 1904년 독립협회 지도자들이 감옥에서 석방된 뒤 집단적으로 YMCA에 가입했기 때문이다. 이 일을 계기로 YMCA의 조직은 더욱 강화됨과 동시에 독립협회의 계승자역할을 했다. 그 당시 민족운동가들이 YMCA로 집중된 까닭은 십자가가 일본 제국주의자들의 무자비한 탄압에 대한 방패 구실을 했기 때문이다. 따라서 많은 애국지사들과 청년들이 YMCA에 희망을 걸고 모여들게 되었으며, 이시기 미션 스쿨과 기독교인의 집에서는 일요일마다 태극기를 게양했다. 그리고 선교사들을 이러한 분위기를 간파하고 한국인의 사기를 북돋우는 일에 열성을 보였으며, 많은 한국의 회원들은 국민들의 민족의식을 일깨우는 반일애국(反日愛國)의 에너지

138) 협성회에 관한 상세한 것은 전택부 op.cit., pp.49-53 참조.

동원체로서의 현존(現存)을 다짐했다(손인수, 1979: 17).

위의 모든 사실이 19C 말과 20C 초에 한국의 기독교와 민족주의운동 또는 독립운동과 YMCA와의 인과성(因果性)을 잘 설명해 주고 있다. 그런데 여기에 스포츠가 매개체 역할을 한 것이다. 민족운동과 기독교(YMCA)의 이중결합에 또 하나의 고리로 결합된 것이 스포츠였던 것이다.

1910년 강제 한일합병이 이루어지기 이전부터 민족주의자들은 스포츠활동을 통하여 민족의식을 일깨우려는 노력을 해온 사실은 이미 잘 알려져 있다. 그런데 1908년부터 스포츠를 통해 민족의식을 자극한다는 사실을 간파한 일본은 한국인이 주도하는 운동경기대회를 금지시킴으로써 스포츠활동이 매우 위축되고 있었다. 그런데 일본의 스포츠 탄압정책 아래서도 학교나 사회 스포츠클럽들이 스포츠활동을 전개하였으나 그러한 상황에서 가장 스포츠활동을 활발히 전개할 수 있었던 단체는 "YMCA운동부" 뿐이었다(이학래, 2000: 111). 그것은 YMCA가 종교단체로서 비교적 일본의 탄압이 적었을 뿐만 아니라 서구 여러 나라의 힘을 배경으로 선교사들이 보호를 받고 있었기 때문이다. 그러한 사실은 당시 외교관들과 선교사들이 YMCA 운동부에서 주 2회 운동을 했다는 사실로도 짐작할 수 있다(G.A. Gregg's Annual Report for Year Ending 1916; 전택부, 1978: 207).

YMCA가 스포츠를 통해 전개한 대중 민족운동의 흐름은 서구 스포츠의 보급, 한국 민속 스포츠인 그네뛰기·궁도·씨름 등의 부활, 운동경기대회에서의 일본인 제압과 같은 세 가지 흐름으로 나타났다. 특히 민족운동가들은 전통적인 스포츠의 보급을 통해서 일본의 문화적 동화정책 속에서도 민족혼을 잃지 않도록 유도함과 동시에 일본과의 경기에서는 일본인들을 제압함으로써 민중들의 마음속에 잠재된 민족의 자존심과 민족정신을 자극하려고 했다. 당시 일본 제국주의자들의 혹독한 식민지 정책 하에서 공개적으로 저항하여 일본을 제압할 수 있는 길은 스포츠를 통한 길이 유일한 것이었기 때문이다. 그것은 항상 일본 선수들을 제압한 사이클 선수 엄복동이 민족의 영웅처럼 칭송을 받았던 사실이나 일본과의 경기에 수많은 군중이 몰려 응원을 보낸 사실 등이 당시 대중적 민족운동으로서의 스포츠활동의 성격을 대변해 준다.

20세기 초반 일본 제국주의에 대항하여 일어났던 한국의 민족주의 운동은 기독교의 선교정책의 방안으로 시작된 교육사업으로 인하여 일찍 서구의 문명에 눈을 뜨게된 청년그룹들 속에서 기독교와 민족주의의 결합이었으며, YMCA의 스포츠를 통한 대중 민족주의운동은 기독교와 민족주의의 이중결합에 스포츠가 첨가된 3중 결합이었다. 이러한 현상은 한국 근대스포츠를 대중화시키는데 큰 영향을 미쳤으며, 일제 하에서 기독교인들에 의해서 행하여진 조직적인 기도회, 친일파에 대한 테러, 부정한 세금의 납부반대(不納)운동 등(이만열, 2014: 22)과 함께 일본 제국주의 하의 민족운동사에서도 과소 평가할 수 없는 역사적 사실이기에 체육사적으로 매우 중요한 의미를 지닌다.

19세기 말 선교사업의 연장선상에서 도입된 스포츠는 한국의 체육·스포츠 발전에 공헌하였으며 YMCA의 스포츠 사업은 한국 사회체육의 발전의 견인차가 되었다. 그러나 약 1800년대부터 1920년대 사이 한국 체육·스포츠의 급속한 발전은 선교사들의 의도와 노력의 결과만은 아니었으며, 그 당시 한국사회에서 일기 시작한 민족주의 운동 (또는 독립운동)과 연계된 결과라고 할 수 있다. 즉 초기 한국 스포츠와 체육의 발달은 한 마디로 기독교, 민족주의 그리고 스포츠가 결속된 결과라고 결론지을 수 있다.

기독교, 민족주의 그리고 스포츠의 삼중 결합은 매우 역설적인 것이었다. 엄격히 말하면 기독교나 서구적 스포츠도 서구 제국주의의 산물이었다. 그런데도 불구하고 기독교와 스포츠는 한국 민족주의 운동과 매우 강한 결속력을 갖게되었기 때문이다. 19세기 유럽의 제국주의자들은(특히 영국) 군사적·정치적 지배체제를 확립한 후에 종교와 스포츠를 문화적 결속제(cultural bond)로 이용하였으나 한국에서는 스포츠 활동이 민족운동의 촉진제로 이용되었던 것이다. 더욱 역설적인 사실은 한국사회에 있어서 초기의 기독교는 서구 제국주의의 산물로 인식되어 수많은 신자들의 희생이 따랐을 뿐만 아니라 엄밀히 말하자면 서구적인 스포츠 또한 서구 제국주의의 산물이었기 때문이다.

역사적으로 영국의 식민지였던 아시아·아프리카의 여러 나라에서 문화적 결속의 매체로서 식민지에 이식된 스포츠가 역으로 피지배민족의 민족주의적 정서를 자극한 경우도 있었다. 그러나 그러한 경우 피지배 민족이 민족운동의 일환으로서 스포츠에 집착함으로써 도리어 지배자의 문화에 더욱 동화될 수밖에 없는 딜레마에 빠지게되었다. 그런데 한국을 침략한 일본은 문화적 결합의 도구로 이용할만한 독특한 스포츠 종목이 많지 않았을 뿐만 아니라 당시 그들 또한 서구 스포츠를 도입하여 실시하고 있었기 때문에 스포츠를 통한 대결이 가능했고, 그 결과 19C 말과 20C 초의 한국 스포츠는 YMCA의 역할에 힘입어 독립운동과 연장선상에서 발달됨으로서 더욱 강한 민족(국가)주의적 경향을 띠게 고 발달되었다.

III. 광복 이후의 체육·스포츠

1. 광복 이후의 체육교육

1) 광복 이후의 교육

1945년 8월 15일 연합군에 의한 조국해방으로 한국의 현대사는 다시 막을 열었다. 1945-1948년까지 군정이 실시되면서 우리 교육 현장에 오르내리게 된 것은 "자유"란 말이요, "민주주의"란 사상이었다. 민주주의 교육의 계몽서적들이 출간되었고, 듀이(John Dewey)를 비롯한 서양 교육학자들의 새로운 학설들이 소개되면서 1945년이래 한국 현대 교육사는 결국 민주적인 교육 방법과 사상의 전개를 위한 몸부림의 과정이었다고 할 수 있다.

우리나라 민주교육이 본격적으로 실시된 것은 1945년부터였다. 미 군정이 실시되면서 모든 국민이 신앙, 성별, 사회적 신분, 경제적 지위 등과 관계없이 각자의 능력에 따라 교육을 받을 수 있는 "교육기회균등"을 위한 제도적 개편이 있었다. 1946년 9월 1일부터 새 교육제도가 전면적으로 실시되었고, 의무교육의 실시를 위한 첫걸음을 내딛게 되었다.

1948년 대한민국 정부가 수립되자 또 다른 변화를 맞았다. 제1공화국(1948-1960)에 들어 1949년 12월 31일 새로운 교육법이 법령(法律) 86호로 공포되었다. 미군정 이래 설정되었던 홍익인간(弘益人間)이란 교육이념을 재확인하며 애국정신이 투철한 민주국가의 공민(公民)을 육성하고자 했다. 그러나 6·25 동란이 터지자 1·4후퇴 이후 한국 교육은 거의 중단상태에 빠졌다가 1953년 7월 27일 휴전협정이 조인되자 다시 재건 사업과 교육에 박차를 가하게 되어 오늘에 이르고 있다.

2) 광복 이후의 체육교육

건국 이후 홍익 인간의 이념을 교육 이념으로 하는 새로운 교육이 시작되었으며, 일제하에서 군사주의적 경향의 체육이 실시되다가 광복을 맞아 새로운 민주 체육의 시대를 열게 되었다. 그러나 실제 내용은 일제하의 군국주의 방식을 크게 벗어나지 못한 것이었다. 일제말기까지 체련과(體鍊科)란 명칭으로 체조, 교련, 위생, 유희 및 운동경기 등과 같은 내용의 수업이 실시되었으나 해방 이후 군정시대부터 체육은 소위 교육과정 시대로 접어들었다.

(1) 미군정기 체육: 교수요목 시대(1945-1954)

해방 후 미국 군정이 실시된 약 3년 동안에 교육의 이념과 방침이 설정되었으며, 1948년 8월 15일 정부가 수립된 이래 1949년 12월 31일 교육법이 공시되었다. 그리고 초등부터 고등학교까지 체육은 필수교과로 초등학교에서는 1주 3시간, 중, 고등학교에 있어서는 1주 2시간 혹은 1시간이었던 것을 1946년 8월에 체육시간을 주당 5시간을 정하여 신학기부터 실시토록 하였다.

(2) 교육과정 시대 체육(1954-)

제1차(1954)부터 제6차(1992)까지 우리나라 교육과정의 변천을 교육과정 기본 방향, 사조, 교육과정 구성체계, 내용 등을 요약하면 다음과 같다.

① 1차 교육과정(1954-1965)

1차 교육과정 시대 체육의 명칭은 초등학교는 보건, 중·고등학교는 체육이었으며, 핵심내용 및 사조는 교과중심 교육과정으로 교육체계를 확립하고 진보주의 교육 도입이 도입됨으로써 경험과 생활 중심 교육을 강조하게 되었는데, 체육의 목표는 다음과 같다.

㉮ 신체활동을 통하여 신체 각부를 고르게 발달시킴
㉯ 굳세고 아름다운 정신과 건전한 사회적 성격 육성
㉰ 위생 생활을 습관화
㉱ 민주적 사회 활동에 최선을 발휘하는 능력 개발

② 제2차 교육과정(1963-1973)

제2차 교육과정부터 교과목 명칭은 체육으로 통일되어 7차 교육과정까지 불변하였다. 2차 교육과정의 핵심내용 및 사조는 생활중심(경험중심) 교육과정으로 역시 생활 경험을 중시하는 교육을 지향하되 여가 활동을 중시하는 개념이 내포되었으며, 목표는 다음과 같다.

㉮ 기초적 운동능력을 조장하며, 신체의 모든 기관을 고르게 발달

㉯ 놀이를 통하여 명랑한 성격과 공정하고 협동하는 태도

㉰ 이와 건강생활에 대한 기초적 지식을 알고, 정서를 순화

㉱ 위급 상태에 대처할 수 있는 능력

㉲ 여가를 즐기며, 생활을 윤택하게 함

③ 제3차 교육과정(1973-1981)

제3차 교육과정에서 교육의 핵심 내용 및 사조는 학문중심 교육과정으로 학문적 체계가 강조되고 국민교육헌장 이념 실현을 추구하며, 다음과 같은 체육 목표가 설정되었다.

㉮ 강한 체력과 강인한 의지력을 길러 왕성한 활동력과 실행력을 가진 새 국민 육성

㉯ 규칙과 질서를 지키며, 올바른 경쟁심과 협동 단결력이 강한 새 국민으로 육성

㉰ 개인 위생과공중보건에 필요한 기초지식을 이해하고 실천할 수 있는 능력과 태도를 길러서, 건강하고 안전한 생활을 있는 새 국민으로 육성

㉱ 운동을 생활화하여 정서를 순화하고, 여가를 선용하는 태도와 미적 표현의 창작력을 길러서, 명랑하고 활달한 성격을 지닌 새 국민으로 육성

④ 제4차 교육과정(1981-1987)

제4차 교육과정에서 교육의 핵심내용 및 사조는 인간중심 교육과정이었으며, 통합교육과정 교과서를 개발하고 다음과 같은 체육목표가 설정되었다.

㉮ 체력과 기초적인 운동 기능을 육성

㉯ 운동과 건강생활에 필요한 기초 지식을 습득하고 이를 실천

㉰ 운동이 규칙과 예의를 지키고, 서로 협력하는 태도

㉱ 운동에 흥미를 가지고 여가를 선용하는 즐거운 생활 태도

⑤ 제5차 교육과정(1987-1992)

제5차 교육과정의 핵심내용 및 사조는 교육과정 적합성 제고였다. 통합교육과정 개발하고 운영의 자율성을 중시하게 되었으며, 체육의 목표는 다음과 같이 설정되었다.

㉮ 신체적인 움직임의 기본 능력을 육성

㉯ 기초적인 체력과 운동 기능의 육성

㉰ 운동, 건강, 안전생활 및 여가선용에 필요한 기초 지식 습득하고, 적용하는 능력의 육성

㉱ 운동을 생활화하여 정서를 함양하고, 바람직한 사회적 태도의 육성

⑥ 제6차 교육과정(1992-1997)

교육의 핵심내용 및 사조는 교육과정의 분권화 실시를 통한 통합교육과정, 탐구중심, 자유, 자주성 중시하는 것이었다. 체육의 목표는 다음과 같다.

㉮ 경기에 참여할 수 있는 운동기능과 건강에 필요한 체력 육성

㉯ 신체적인 표현 능력 육성

㉰ 운동과 여가 활동 및 건강에 필요한 지식 습득, 실천하는 태도 육성

㉱ 바람직한 운동 태도와 사회적인 태도 육성

(3) 제7차 교육과정의 체육 목적과 성격

1997년에 발표된 우리나라 교육부의 제7차 교육과정에서는 체육의 목적을 제시하고, 체육과의 성격을 1-10학년(초등학교, 중학교, 고1)까지의 국민공통교육과정과 11-12(고 2-3) 과정에 따라 명확히 제시한 다음 통합적인 체육의 목표를 제시하고 있다(교육부, 1997: 445-446).

① 체육의 목적

교육부는 체육의 목적을 "체육은 움직임 욕구의 실현 및 체육 문화의 계승, 발전이라는 내재적 가치와 체력 및 건강의 유지·증진, 정서 순화, 사회성의 함양이라는 외재적 가치를 동시에 추구함으로써 '삶의 질'을 높이는 데 공헌한다(교육부, 1997: 445)."라고 정의했다.

② 초등학교(1-6학년) 체육의 성격

초등학교체육은 아동의 움직임 욕구를 실현하고, 다양한 신체활동을 수행하는 데 필요한 기초 운동 능력과 체력을 기르는 데 중점을 둔다. 또, 건전한 생활을 영위 할 수 있는 지식의 습득과 운동을 즐겁고 적극적으로 참여하는 실천적 태도를 형성한다.

초등학교체육은 아동의 움직임 욕구를 충족시킴으로써 신체활동에 대한 흥미를 유발하여 중학교체육에서 강조될 다양한 스포츠 활동을 할 수 있는 기반을 마련하는 기초 단계의 성격을 지닌다.

③ 중학교(7-9학년) 체육의 성격

중학교체육은 운동을 다양하게 경험하며, 보다 향상된 기능을 발휘하고, 체력 및 건강을

증진한다. 그리고 체육의 이론적 기초 지식을 학습하여 체육 현상에 대한 보다 올바른 이해를 증진하며, 실제 운동 참여시 지식을 적절하게 활용할 수 있는 초보적인 적용력을 기른다. 또, 운동을 통하여 개인적으로 정서적 만족을 얻어 자아실현을 추구하고, 사회적으로 바람직한 태도를 기른다.

중학교체육은 초등학교에서 습득한 학생들의 신체활동에 대한 적극적인 흥미를 발전시켜 고등학교체육에서 강조될 평생 스포츠 활동의 학습을 조직하도록 하는 단계로서의 성격을 지닌다.

④ 고등학교 (10-12학년) 체육의 성격

고등학교 1학년 체육은 다양한 운동에 참여하여 보다 전문화된 운동 기능을 발휘하고, 체력의 향상 및 건강의 증진을 추구한다. 그리고 체육의 이론적 지식을 학습하여 실제 운동 참여시 이를 적절하게 활용할 수 있는 능력을 기른다. 또 운동을 통하여 개인적인 정서의 함양과 사회적으로 바람직한 윤리적 규범을 습득한다.

고등학교 1학년의 체육은 국민 공통 기본 교육과정이 완성되는 단계로서, 중학교에서 학습한 내용을 보다 심화시키거나 새로운 내용을 다루어 다양한 운동을 경험하게 한다. 또, 고등학교 1학년의 체육은 고등학교 2,3학년의 일반 선택 교과목인 체육과 건강을 학습할 수 있는 기반을 마련하는 성격을 지닌다.

⑤ 체육과 교육 목표

다양한 신체활동을 통하여 학생 개개인의 움직임 욕구를 실현하고 운동을 수행하는데 필요한 기능과 체력을 증진하며, 운동과 건강에 관한 지식을 이해하고, 사회적으로 바람직한 태도를 함양한다.

㉮ 다양한 운동에 적극적으로 참여해 운동 기능과 체력 및 심신의 건강을 증진한다.

㉯ 운동과 건강에 대한 다양한 지식을 이해하고 활용하는 방법을 익힌다.

㉰ 운동을 통해 사회적으로 바람직한 태도 및 문화적으로 가치 있는 규범을 익힌다.

2. 광복 이후의 스포츠

아시아 국가들의 올림픽 참가기록은 스포츠 발달의 다양한 모습을 간접적으로 잘 보여주고 있다. 『올림픽 기네스북(The Guinness Olympics Fact Book)』에 의하면 제1회 올림픽 게임(1896. Athens, Greece)부터 제11회 올림픽 게임(1936, Berlin, Germany)까지 40년 동안 아시아 국가로서 올림픽에 참가하여 메달을 획득한 나라는 인도, 일본 2개 국가뿐이었다. 그리고 제14회 올림픽(1948, London, Great Britain)까지 약 반세기 동안 올림픽에 참가하여 메달을 획득한 나라는 인도, 일본, 한국, 이란 등 4개 국가에 불과했다(Greenberg, 1991: 12-44). 최초로 메달을 획득한 아시아 국가는 인도였으며, 아시아 사회에서 스포츠 운동(Sports Movement)을 주도한 나라는 일본이었다. 일본은 1920년부터 올림픽에 참가한 이래 제5회 올림픽 게임(1932, Los Angeles, USA)에서 메달 순위 5위(G7, S7, B4)를 차지했고((Greenberg, 1991: 36), 1964년 아시아 국가로서는 최초로 제18회 올림픽 게임(1964, Tokyo Japan)을 개최했다. 중국의 경우 1932년에 단 1명의 선수가 참가한 이래 1948년 제14회 올림픽 게임(London, Great Britain)에 33명의 선수가 참가했지만 12년 동안 노메달에 그쳤다(Ren, 1999: 204-205). 이와 같은 기록들은 국가에 따라 서구 스포츠가 확산된 시점에 차이가 있으며, 아시아 국가들의 스포츠 운동(sports movement)은 서구 여러 나라에 비하여 늦게 시작되었다는 것을 시사(示唆)하는 것이다.

그러나 해방 이후 약 40년 동안 한국은 경제 발전과 더불어 스포츠 분야에서도 눈부신 성장을 거듭해왔다. 특히 20세기 후반 한국 스포츠의 비약적인 발달은 놀랄만한 것으로 세계 스포츠 사학자들의 관심을 끌기에 충분한 것이었다.

1) 스포츠 운동의 전개 양상

1960년대부터 본격적으로 시작된 한국의 스포츠 운동은 대단한 성공을 거두게 됨으로써 1980년대부터 세계의 주목을 끌게되었다. 세계 각국의 스포츠 운동(sports movement) 역사를 보면 다양한 발달 유형이 있지만 크게는 두 가지 유형으로 분류할 수 있다. 하나는 정치, 경제적으로 안정된 사회를 기반으로 대중 스포츠가 발달되고, 대중 스포츠를 토대로 엘리트 스포츠(elite sport)나 프로 스포츠(professional sport)가 발달된 경우이다. 다른 하나는 정치적, 사회적 이데올로기(ideology)를 바탕으로 특정한 단체나 정권이 스포츠 운동을 주도함으로써 엘리트 스포츠(elite sport)를 중심으로 발달된 후에 대중 사회에도 스포츠 문화가 확산되는 경우이다. 이 두 가지 측면에서 보면 20세기 후반 한국 스포츠 운동의 발달 유형은 후자의 경우에 속했다. 그것은 강한 국가주의적 경향을 띤 스포츠 내셔널리즘 정책의 결과였다.

(1) 학교 스포츠 운동

역사적으로 많은 사회운동이 교육으로부터 시작되듯이 20세기 후반 한국 스포츠 운동의 전초 기지도 학교의 운동장이었다. 1950년대까지 일본 제국주의 교육의 잔해가 남아 있었으며, 6·25 동란 이후 정상적인 교육 여건이 갖추어지지 않아 스포츠가 발달될 수 있는 상황이 못되었다. 혁신적인 변화는 1960년대부터 시작되었다. 1961년 5·16 "군사혁명"139)으로 박정희 정권(1961. 5. -1979. 10.)이 등장했고, 박정희의 등장은 한국 스포츠의 대 변혁을 예고하는 신호탄이었다.

역사적으로 우리나라의 지배계급은 숭문주의 사상에 치우친 경향이 있었으나 박정희는 그러한 폐해를 일신했다. 박정희가 집권한 이래 한국 교육체계 속에 등장한 캐치 프레이즈(catch phrase)는 "국적 있는 교육"이었으며, 교육 방향은 "역행(力行)하는 인간의 육성"과 "건강한 인간의 육성"으로 설정되었다(대한어머니회중앙연합회, 1977: 52). 교육의 방향에 이 두 가지 개념이 포함된 것은 청소년들에게 행동하는 인간상을 구현하고, 신체적·정신적으로 강인(强靭)함을 길러주려는 의지의 표현이었다. 따라서 이러한 자질의 함양을 위해 체육교육이 강조되었으며, 그 과정에서 각종 스포츠 활동도 교육의 중요한 수단으로 인정받게 되었다.

1970년대부터 본격화된 박정희 정권의 학교체육 정책의 기조는 크게 두 가지 방향으로 나타난다. 하나는 일반 청소년들의 체력 강화를 위한 "체육·스포츠 정책"이었고, 다른 하나는 우수선수를 육성하기 위한 국가주의적 "엘리트 스포츠 정책"이었다.

박정희 정권의 의지는 구호에 그치지 않고 구체적인 방안과 실천으로 나타났다. 청소년들의 체력 강화를 위해 도입된 대표적인 제도나 정책은 "학교보건법"(법률 제1928호, 1967; 한이혁, 1998: 322), "학교신체검사법"과 "체력장제도", 학교체육시설설비기준령(大統領令 제4398호, 1969) 등이었다. 그 중에서 체력장제도는 1970년과 1971년에 걸쳐 시행되기 시작했다. 전국 중·고등학생을 대상으로 실시되었으며(이학래·김종희, 1999: 31), 등급별 점수는 고등학교 입학전형(1972)과 대학교 입학전형(973)에 점수로 반영되었다(조명렬·노희덕·나영일, 1996: 381). 따라서 한국의 모든 청소년들은 고등학교와 대학 진학을 위해서는 신체적 단련이 필수적이었다. 학교의 스포츠 운동도 같은 시기에 시작되었다. 우수선수의 육성을 위해 실시된 대표적인 제도가 "교기육성제도"의 시행과 "전국소년체육대회"의 신설이었다(이학래·김종희, 1999: 32). 이 두 가지 제도적 장치는 20

139) 여기서 5·16군사정변(軍事政變)은 기술 내용의 성격에 따라 "쿠데타(coup d'etat)"와 "혁명(revolution)"으로 혼용하여 쓰기로 한다.

세기 후반 한국 엘리트 스포츠 발달과 성장의 초석이 되었다.

"교기육성제도"란 전 초·중·고등학교는 지리적 환경이나 사회적 상황에 적합한 하나의 스포츠 종목을 채택하고, 그 분야의 우수선수를 발굴·육성하도록 한 국가 스포츠 정책이었다. 우수한 선수는 대외경기대회에 출전했고, 각종 장학금이 지급되었으며, 지역사회와 학교 당국은 우수선수들을 위해 모든 지원을 아끼지 않았다. 전국소년체육대회의 신설도 교기육성제도와 같은 맥락에서 조직된 학교 스포츠 운동의 진흥 정책 중 하나로 1972년 제1회 전국소년체전[140]이 개최된 이래 2000년대까지 이어졌다.

소년체전의 목적은 "몸도 튼튼, 마음도 튼튼, 나라도 튼튼"이라는 슬로건에 잘 드러나 있는 것처럼 스포츠를 통해 강인하고, 건전한 청소년의 육성과 우수선수의 조기발굴이었다.

> (소년체전의 목적은) 자라나는 소년, 소녀에게 기초적인 스포츠를 보급하고 스포츠 정신을 고취(鼓吹)하며, 학교체육의 활성화는 물론 스포츠 인구의 저변확대 및 생활체육 기반을 조성하고, 우수선수의 조기발굴을 통한 스포츠 국제 경쟁력 강화에 있다(대한체육회, 2023.12.31).

소년체전은 스포츠 내셔널리즘의 추구 그 자체였고, 명시한 목표는 성공적으로 달성되었다. 박정희 정권 시대 교육부와 대한체육회가 공동으로 추진했던 소년체전은 학교 스포츠 운동의 출발점이었고, 소년체전은 학교 스포츠 운동의 기폭제가 되어 스포츠의 대중화 및 우수한 선수의 조기 발굴과 육성에 큰 몫을 했다. 소년체전을 통해서 발굴된 우수선수는 특별전형에 의해 중학교, 고등학교, 대학교로 진학하게 되었으며, 그로 인해 교육체계 속에서 우수선수의 육성을 위한 연계체계가 수립됨으로써 한국 엘리트 스포츠는 급속한 수준 향상을 이루게 되었다.

박정희 정권(1961-1979) 하에서 본격적으로 시작된 학교 스포츠 운동은 제4공화국(1972. 10-1979. 10) 시대에 절정에 달했으며, 그러한 운동은 제5공화국(1981. 3.-1988. 2.)의 전두환 정권과 제6공화국(1988. 2.-1993. 2) 노태우 정권으로 계승되었다. 전두환 정권은 1981년 9월 30일 제24회 서울 올림픽 게임의 유치에 성공했고, 제10회 아시안 게임(Asian Games)을 성공적으로 개최하였으며, 노태우 정권은 1988년 서울 올림픽을 성공적으로 개최하였다. 한국 역사상 최초로 아시안 게임과 올림픽 게임을 유치함으로써 스포츠에 대한 국민의 관심이 증가하는 사회적 분위기에 편승하여 학교 스포츠 운동은 더욱 촉진·확산되었다. 정부는 1980년부터 1992년까지 청소년들의 스포츠 참여를 적극 권장하고 국제적인 스포츠

140) 1972년 6월 6일-19일까지 서울에서 개최되었으며, 19종목 12,99명이 참여했다(신호주, 1998: 203).

교류를 강화함으로써 학교 스포츠 운동은 성공적인 결과를 얻게 되었다(한이혁, 1998: 326).

(2) 사회 스포츠 운동

20세기 후반 한국 사회 체계의 스포츠 운동도 교육 체계의 스포츠 운동과 연장선상에서 전개되었다. 일제의 탄압과 통제로 조직적인 스포츠 운동을 전개할 수 없었으나 해방을 맞은 뒤 변화가 일기 시작했다.

1945년 8월 17일 일본에 의해 강제로 해체되었던 "조선체육회가 재건되었으며, 1947년에는 IOC에 가입했고, 1948년 공식적으로는 최초로 제14회 런던 올림픽에 참가했다. 1950년대는 한국 전쟁(6·25전쟁) 후의 정치, 사회적 불안과 경제적으로 궁핍 상황에도 불구하고 대한체육회를 중심으로 스포츠 운동이 계속되었으며, 마라톤, 탁구, 축구, 권투, 역도, 유도 등과 같은 종목에서는 국제대회에서 점차 두각을 나타내기도 했다. 그러나 1945-1960년까지 한국의 사회적 상황은 스포츠 문화가 대중화될 수 있을 정도로 안정된 사회가 아니었으며, 스포츠에 대한 국민의 관심도 부족했다. 60년대 이전의 스포츠 사회화 수준은 단지 학교를 중심으로 극소수의 선수들이 국제대회에 참가하는 정도였다. 그리고 1950년대까지 한국 사회 스포츠 운동은 민간인 주도의 소극적인 것이었다. 그러나 1960년대부터는 대한체육회와 더불어 정부가 스포츠 운동을 적극 지원함으로써 매우 사회 스포츠 운동이 활발하게 전개되는 양상을 보여주었다.

1961년 박정희의 혁명정부는 "민족중흥"을 외치며 사회 각 분야에 걸쳐 획기적인 리더십(leadership)을 발휘했으며, 스포츠 분야도 예외가 아니었다(이학래, 1990: 223). 박정희는 그가 집권한 18년 5개월 동안 우수 선수를 육성하기 위한 "엘리트스포츠육성정책"과 국민의 건강과 합리적인 여가 활동에 초점을 맞춘 "대중스포츠정책"을 동시에 펼쳤다. 박정희 정권의 스포츠 정책 기조는 1980년대의 전두환·노태우 정권으로 계승되었는데, 1960-1980년대까지 사회 스포츠 운동의 전개 양상은 몇 가지로 요약된다.

한국 스포츠 운동 약사

1945: 조선 체육회 재결성. 12개 경기단체 창립 (11월)
　　·제26회 전국체전(National Games) 개최
1947: IOC(국제올림픽위원회) 정식가입(6월)
1948: 한국 최초 올림픽 참가 (14th London) (7월)
　　·조선체육회의 명칭이 대한체육회로 개칭됨 (9월)
1949: 이화여대체육과에서 최초의 졸업생 13명 배출

1951: 문교부 학교 신체 검사 규정 공포 (3월)
1952: 아시아 경기 연맹(AGF)에 가입 (7월)
1955: 한국체육학회 회지 "체육" 창간 (2월)
1960: 한국 최초로 데이비스컵테니스대회 예선 참가 (4월)
1961: 군사혁명정부 대한체육회 예산을 정부가 지원하기로 결정
혁명정부의 "재건국민운동본부"가 "체력은 국력"이라는 슬로건 채택
혁명정부의 "재건국민운동본부"가 "국민체조" 보급운동 전개
1962: 국민 체육진흥법 공포 (9월 17일 - 법령 제 1146호)
10·15일 체육의 날로 지정
매월 마지막 주를 "체육 주간"으로 제정
1963: 장충체육관 개관. 각 시·도청 소재지에 체육관 건립
1966: 태릉선수촌 완공(6월 15일), 대한체육회회관 개관(면적 2,110평)
1968: 정부의 체육 조직 일원화 방침 공포. 대한체육회, 대한올림픽위원회(KOC), 대한학교체육회 3개 사단법인 대한체육회로 통합 (3월).
1974: 대한체육회에서 메달리스트들에게 종신연금계획 확정 (대상: 올림픽 게임, 세계선수권대회, 아시안 게임 및 아시아선수권대회 메달리스트) (12월)
1976: 올림픽 게임 참가 역사상 최초의 금메달 획득(양정모, 레슬링 자유형, 21회 몬트리얼 올림픽 (7월)
1979: 잠실 체육관 개관 (4. 18일, 국제 수준의 대형 체육관, 지하 1층, 지상 3층).
제24회 서울 올림픽 게임 유치 계획 확정(9월 21).
1981: 국민체육·스포츠진흥재단 상해보험제도 실시(3월).
IOC 총회 1988년 서울 올림픽 개최 확정(9월)
아시아경기연맹(AGF) 총회 1986년 제10회 아시안 게임 서울 개최 확정(11월 26일)
1982: 체육부 발족 (초대 체육부 장관 노태우), (3월)
한국 프로야구 개막(3. 27).
1983: 한국 최초의 프로 씨름대회 개막(4월).
1984: 국군체육부대 창설 (1월).
노태우 대한체육회 회장에 선임. (10월)
1985: 국가대표 사격선수를 위한 88사격 훈련단 창설 (6월).
1986: 86 아시안 게임 "스포츠 과학 학술대회" 개최 (9월)
제10회 서울 아시안 게임 개최 (9. 20-10.5일)
1988: 88 서울 올림픽 "스포츠 과학학술대회" 개최 (9월)
·제24회 서울 올림픽 게임 개최
1989: "국민스포츠진흥공단" 발족 (4월)
지방자치행정조직에 "생활체육과" 설치
1991: 국민생활스포츠협의회 설립(2월)

※ 出處: 이학래, 한국스포츠백년사 연표 pp. 685-762.

① 건민정책에 바탕을 둔 정권 주도의 사회 스포츠 운동

20세기 후반 한국 사회의 스포츠 운동은 정권 주도로 전개되는 양상이었다. 정부는 1960년대부터 스포츠의 대중화는 물론 엘리트 선수의 육성을 위한 다양한 법령을 제정하고 경제적 지원을 강화했다. 정부가 스포츠 운동을 촉진하기 위해 본격적으로 정책적인 뒷받침을 시작한 것은 박정희가 정계에 등장한 1961년 이후였다. 1961년 6월 박정희의 혁명정부는 건강한 신체와 강인한 정신력을 갖춘 국민교육정책을 의미하는 "건민정책(健民政策)"을 펴기 시작했다. 그리고 "체력은 국력"이라는 슬로건(slogan)을 채택하고 전 국민에게 "국민체조"를 보급했으며(한이혁, 1998: 326), 1962년 "국민체육진흥법"을 공포하는 등 다양한 체육·스포츠 운동 촉진 정책을 펼쳤다. 실제로 20세기 후반 한국의 스포츠 운동은 박정희의 의지와 철학을 바탕으로 시작되었다고 해도 과언이 아니었다. 스포츠 운동의 촉진을 위해 제정된 대부분의 법안들은 1979년까지 박정희의 집권기간 18년 동안에 집중되어 있으며, 1988년 서울 올림픽 게임의 유치 계획을 확정한 것도 박정희 정권이었다.141)

② 스포츠 내셔널리즘에 바탕을 둔 엘리트주의 스포츠 운동.

한국 스포츠 운동은 국가주의 사상을 토대로 한 것이며, 엘리트 스포츠를 중심으로 전개되었다. 정부와 대한체육회는 대중 스포츠 운동과 엘리트 스포츠 운동을 동시에 추진했다. 그러나 정부가 엘리트 스포츠를 더 중시함으로서 한국 스포츠 운동의 결과는 엘리트 스포츠 운동이 성공을 거둔 뒤에 대중 스포츠가 발달되는 양상을 띠게 되었다. 1960년대부터 정부는 국민의 체력 육성과 건전한 정신의 함양을 위해 대중 스포츠 운동에도 많은 관심을 기울였다. 한국 스포츠 역사에 가장 혁신적인 변화를 불러일으킨 것으로 평가되는 "체육진흥법(1962. 9. 17 公布)은 스포츠의 대중화를 통해 국민의 체력을 증진하고, 건전한 정신을 함양하여, 명랑한 국민생활을 영위할 수 있게 함을 그 목적으로 한다(국민체육진흥법 및 시행령, 1962; 羅絢成, 1975: 19)"라고 명시되어 있다. 그리고 이 법의 구체적인 내용에는 대중 스포츠 운동의 활성화를 위한 다양한 시책들이 포함되어 있다. "체육의 날 선정(매년 10. 15일)", "체육주간 선정(매월 마지막 주)", "학교체육 및 스포츠 진흥책", "지방체육진흥정책",142) "체육 지도자의 육성", "스포츠 시설의 설치"143)

141) 박정희 정권은 1979년 9월 21일 제24회 서울 올림픽 유치계획을 확정하였으며, 박정희는 1979년 10. 26일 사망했다(조명렬·노희덕·나영일, 1996: 386).

142) 그 내용은 다음과 같다. ① 지방자치단체는 매년 1회 이상 체육대회를 개최하거나 체육단체로 하

등과 같은 내용이다. 그러나 정부와 스포츠 단체의 노력에도 불구하고 스포츠 대중화 정책이 성공을 거두는데는 한계가 있었다. 1960년대와 1970년대 한국의 사회적 상황은 대중이 스포츠에 참여할 수 있는 경제적 수준이 뒷받침되지 못했으며, 국민이 스포츠에 사회화될 수 있는 충분한 여가시간도 갖지 못했다.[144] 그리고 수영장, 체육관 등 스포츠 시설이나 용구가 절대적으로 부족한 상태였다. 따라서 1980년대 초반까지 대중 스포츠 운동은 큰 성과를 거두지 못했다. 반면에 엘리트 스포츠 운동은 현저히 발전했다. 정부는 1960년대부터 우수선수의 육성을 위해 다양한 제도를 도입했으며, 시설 확충 및 선수들에 대한 지원을 강화했다. 그것은 몇 가지 예를 통해서 명백히 드러난다.

정부는 1963년 서울의 장충체육관을 비롯하여 각 지방 도시의 체육관 건립 추진, 1966년 국가대표선수들의 전용훈련장인 태능-선수촌의 건립, 국제대회 메달리스트에게 종신연금지급 결정 등이 그 예이다. 1962년부터 시행된 "체육진흥법"에는 대중 스포츠 운동을 위한 조치뿐만 아니라 엘리트 스포츠의 육성을 위한 구체적인 조항이 포함되어 있었다. 대표적인 것이 "우수선수의 보호와 육성"이라는 조항이었다. 그 내용에는 대통령령으로 지정된 모든 직장은 1종목 이상의 스포츠 팀(sports team)을 육성하고 전문 코치를 두어야 한다고 명시되어 있었으며(체육·스포츠진흥법 시행령 제10조; 이규동, 1986: 256), 우수선수의 보호 육성을 위해 정부나 지방자치단체는 우수 선수에게 생활보조금을 지급하고 국영기업이나 대통령령에 의해 지정된 기업은 우수선수를 고용해주어야 한다는 조항이었다(체육·스포츠진흥법 시행령(施行令) 제10조(條); 이규동, 1986: 256).

엘리트 스포츠의 육성을 위한 정부의 지원은 1980년대부터 더욱 뚜렷하게 나타났다. 1962년에 제정된 "국민체육진흥법"은 1971년과 1982년에 두 번에 걸쳐 개정 공포되었다. 그런데 최초 체육진흥법(1962. 9. 17 공포)의 목적은 "국민의 체력을 증진하고, 건전한 정신을 함양하여, 명랑한 국민생활을 영위할 수 있게 한다(國民體育振興法 및 施行令, 1962; 羅絢成, 1975: 19)."라고 되어 있다. 그러나 1982년 12월 31일에 개정·공포된

여금 체육대회를 개최하도록 지원하여야 한다. ② 지방자치 단체는 직장인체육대회를 년 1회 이상 개최하여야 한다(체육진흥법 제8조; 이규동, 1986: 256).

143) 국가 및 지방자치단체는 대통령령이 정하는 바에 의하여 운동장, 體育館, 水泳場 기타 大統領令이 정(定)하는 스포츠 시설을 설치하고 이를 유지·보수하여야 한다(체육진흥법 제12조; 이규동, 1986: 256).

144) 인구의 27-53%가 빈곤에 허덕이는 상태에서 스포츠가 여가문화로서 대중화될 수는 없는 것이다. 1965년 한국의 빈곤율(貧困率)은 전체 인구의 53%였으며, 1970년 28%, 1978년 27%였다(배금찬 외4, 1999: 140).

"체육진흥법"의 목적에는 "스포츠를 통한 국위선양"이라는 목표 개념이 추가되었다(국민·스포츠진흥법, 1982: 李圭東, 1986: 255). 이러한 법안의 내용은 정부가 엘리트 스포츠를 육성하려는 의도를 공식적으로 표출한 것이며, 한국 현대 스포츠 운동이 국가주의적 색채가 매우 강하게 띠고 있다는 것을 알 수 있다. 이처럼 정부 주도로 전개된 한국의 스포츠 운동은 대중 스포츠보다는 엘리트 스포츠가 더 강조되었으며, 그 결과로 대중 스포츠보다는 엘리트 스포츠가 먼저 발달되는 양상으로 나타났다.

③ 급진적으로 확산·발전된 스포츠 운동

한국의 사회 스포츠 운동은 1960년대 초부터 1980년대 말까지 약 40년 동안에 급진적(急進的)으로 확산(擴散)되는 양상이었다. 1945년 이후부터 대한체육회를 중심으로 스포츠 운동이 전개되었으나 급속한 진전을 보인 것은 박정희 정권이 등장한 1960년대부터였으며, 스포츠 운동이 결실을 맺게된 것은 서울 올림픽 게임이 개최된 1980년대 후반이었다. 따라서 한국 사회 스포츠 운동이 시작되어 결실을 거둔 기간도 학교 스포츠 운동과 마찬가지로 약 40년 동안이었다. 그것은 국제대회 참가 기록을 통해서도 명백히 엿볼 수 있다(하남길 외, 2016).

20C 후반 한국 스포츠 운동은 한편으로 스포츠의 대중화를 추구했지만 다른 한편으로는 우수 선수의 육성을 통한 국위선양(國威宣揚)이 더 강조되면서 엘리트 스포츠를 중심으로 전개되어 그 결실을 맺게 되었다. 예를 들어 〈표 Ⅲ-1〉에 나타난 한국의 올림픽 참가 기록은 1960년대부터 1980년대까지 약 40년 동안 스포츠 운동의 급진적인 변화 양상을 잘 보여주고 있다. 한국이 1936년 베를린 올림픽 게임에서 손기정이 마라톤에서 금메달을 획득하였으나 그것은 일본 국적으로 참가하여 거둔 성적이었고, 공식적으로 올림픽 게임에 참가한 것은 1948년 제14회 런던 올림픽 게임이었으며, 1976년에 몬트리얼 올림픽 게임에서 양정모가 레슬링 자유형에서 금메달을 획득한 것이 최초의 금메달 기록이었다. 그러나 1980년대부터 메달 순위에서 세계 10위권 이내로 진입했다. 그것은 1960년대와 1970년대의 전개되었던 "엘리트 스포츠 운동"의 결과였다.

오늘날 전 인류가 즐기고 있는 스포츠는 거의 영국·미국 등 서방국가에서 조직화된 것이며, 서구 스포츠가 아시아 국가로 확산되는 데는 시간을 필요로 했다. 앞서 언급한 것처럼 제1회 아테네 올림픽부터 제11회 베를린 올림픽까지 40년 동안 아시아 국가로서 올림픽에 참가하여 메달을 획득한 나라는 인도·일본 2개 국가뿐이었다. 그리고 금메달을 획득한 기록을 보유한 나라도 인도와 일본뿐이었다(Greenberg, 1991: 12-40). 아시아 국가

중 일본은 스포츠 운동에서도 단연 선두주자였으며, 제5회 로스엔젤레스 올림픽에서 미국, 이탈리아, 프랑스, 스웨덴에 이어 메달 순위 5위(G7, S7, B4)를 차지했다(Greenberg, 1991: 36). 1964년 아시아 국가로서는 최초로 18회 동경 올림픽을 개최하기도 했다. 그러나 1960년대까지 한국의 올림픽 게임 참가 결과는 일본은 물론 인도, 이란, 파키스탄보다도 뒤떨어지는 수준이었다. 그러나 1980년대부터 한국 선수들의 올림픽 게임 참가 결과는 놀라울 정도의 변화를 보여준다. 이러한 결과는 한국의 스포츠 운동은 1960년대부터 1980년대까지 약 40년 동안 매우 적극적으로 전개되었음을 시사하는 것이며, 20세기 후반 한국 사회 스포츠의 발달 양상은 매우 급진적이었다고 볼 수 있다.

〈표 Ⅲ-1〉. 한국 선수 하계 올림픽 메달 집계표

회	Year	City	출전 인원(종목)	G S B	R	비　고
10	1936	Los Angeles	3(2)	0 0 0	—	일본 선수로 출전
11	1936	Berlin	7(3)	1 0 1	—	일본 선수로 출전
14	1948	London	67(7)	0 0 2	24	공식 첫 출전
15	1952	Helsinki	43(6)	0 0 2	33	소련 참가
16	1956	Melbourne	57(6)	0 1 1	23	
17	1960	Rome	75(8)	0 0 0	34	
18	1964	Tokyo	224(15)	0 2 1	27	아시아 최초 유치
19	1968	Mexico City	① 74(10)	0 1 1	32	
20	1972	Munich	② 68(8)	0 1 0	33	북한 첫출전
21	1976	Montreal	③ 72(5)	1 1 4	19	양정모 첫 금메달
22	1980	Moscow	④			불참
23	1984	Los Angeles	⑤ 284(19)	6 6 7	10	
24	1988	Seoul	⑥ 644(23)	12 10 11	4	아시아 두 번째 유치
25	1992	Barcelona	⑦ 350(24)	12 5 12	7	

※ 자료: 최종삼, 체육사(보경문화사 1995), 476

3. 체육·스포츠 발달의 정치·사회적 배경

역사적으로 세계 각국에서 일어난 체육·스포츠 운동은 모두가 정치, 사회, 문화, 경제 등 다양한 배경을 지니고 있으며, 그 운동의 촉진제 역할을 했던 주체와 이데올로기(ideology)가 있었다. 예를 들어 19C 독일 얀(Friedrich Ludwig Jahn)의 체조운동(Turnbewegung)은 1806년 독일이 나폴레옹(Napoleon) 군에 패배한 이후의 정치, 사회적 상황에서 국가주의(nationalism)라는 이데올로기를 토대로 일어났으며(Dixon,

1979: 68-78; Dalen & Bennett, 1970: 211), 1930년대 독일 스포츠 운동도 히틀러(Adolf Hitler, 1889-1945)의 나치즘(Nazism), 즉, 국가사회주의 정권(The National Socialist Regime)과 깊은 관계를 갖고 발달되었다(Dalen & Bennett, 1970: 221). 또한 19C 후반 퍼블릭 스쿨(public school)과 옥스브리지(Oxbridge)를 중심으로 확산된 영국 교육체계의 스포츠 운동은 애슬레티시즘(Athleticism)이라는 교육 이데올로기를 바탕으로 성장했으며(Mangan, 1981: 131-130; Mangan, 1982: 216), 프로페셔널 게이트-머니스포츠(gate-money sport)의 발달 또한 18C 후반부터 20C초반까지 영국의 경제적 성장을 배경으로 한 변화였다(Vamplew, 1988: 33-76). 그리고 20세기 후반 세계 여러 나라 대중 스포츠 운동(sport for all movement)도 경제적 성장으로 인한 여가시간의 증가와 산업화, 도시화 등 사회적 여건의 변화와 깊은 관련을 갖고 발달되었다. 그렇다면 20C 후반 한국 스포츠 운동의 역사적 배경은 무엇일까? 그 배경과 성격을 규명하기 해서는 다양한 접근 방법이 필요하겠지만 정치·사회적인 관점에서 접근해 봄으로써 그 배경을 보다 명확히 이해할 수 있다.

1) 이승만 정권기의 체육·스포츠

해방 직후 남한에는 미군정이 실시되다가 1948년 헌법이 제정되고 민주적인 선거에 의해 제1공화국(1948-1960) 이승만 정권이 탄생했다. 이승만 정권은 1950년 6월 25일 발발한 남북전쟁(6·25전쟁)의 와중 속에서도 정권을 유지해 갔으나 점차 부패하면서 독재정권으로 변모한 결과 1960년 4월의 민중혁명 (4월혁명)[145]에 의해 붕괴되었다.

일본의 식민통치에서 해방된 이후, 한국의 스포츠 운동은 민간단체의 주도하에서 새로운 국면을 맞게 되었다. 미군정 당국은 교육부의 행정조직에 체육과를 두고 학교 및 사회 스포츠 정책을 담당하도록 했다. 그리고 1938년 일본에 의해 강제 해산되었던 조선체육회가 재건되었다.[146] 국내적으로는 각종 스포츠 단체가 재조직되었으며, 전국체육대회가 열렸다. 그리고 국제적으로는 1947년에는 IOC에 정식으로 가입했고, 1948년 제14회

145) 1960. 4. 19일 학생들의 주동적(主動的)인 역할로 일어난 민중혁명(民衆革命). 이승만 정권의 부패와 독재정치에 항거하여 일어난 민중혁명이며, 민중이 강압적인 정권을 타도하는데 성공한 한국 역사상 최초의 혁명으로 기록되고 있다. 이 혁명의 결과로 이승만은 대통령직에서 물러났으며, 5. 28일 미국 하와이(Hawaii)로 망명하게 되었다(이기백, 1993: 485).

146) 1945년 9월 5일 조선체육동지회가 결성되었으며 (위원장, 이상백), 11월 26일 현재 대한체육회(KSC)의 전신인 조선체육회가 결성되었다 (11대 회장 여운형 취임) (한국체육백년사편찬위원회, 1981: 226).

런던 하계올림픽 게임에도 최초로 출전했다. 1948년 8월 15일 새로운 정부가 수립되자 조선체육회가 현재의 "대한체육회"로 명칭이 변경되었으며, 스포츠도 전국적으로 확산되는 경향을 보여주었다.

그러나 1950년 6월 25일에 발발한 한국전쟁(이하 6·25전쟁)의 결과로 스포츠 문화의 존립기반이 붕괴되었다. 대한체육회의 스포츠에 관한 모든 기록이 소실되었으며, 청년들은 전쟁에 동원되었고, 1951년 제1회 아시안 게임에도 불참했다. 이승만 정권이 등장한 이래 전쟁으로 인한 불안정한 정치, 사회적 상황에도 불구하고 대한체육회를 중심으로 스포츠 운동이 계속되었고, 마라톤, 탁구, 축구, 복싱, 역도, 유도 등과 같은 종목에서는 국제대회에 참가하기도 했다. 그러나 그것은 순수한 민간체육단체의 노력에 의한 결과일 뿐 정부가 스포츠 운동을 위한 뚜렷한 정책을 수립한 일도 없었었으며, 후원 또한 부족했다. 이승만 정권(1948-1960)은 국민 스포츠 운동을 위한 정부차원의 어떠한 구체적인 노력도 보여주지 않았다는 것이 드러난다. 그리고 제17회 올림픽 게임(1960, Rome)의 참가 결과도 1950년대 후반 한국 스포츠가 더욱 위축되었다는 것을 간접적으로 시사해주는 예이다.

6·25 전쟁 이후 한국 경제는 암흑상태였고, 경제는 국제연합한국재건단(UNKRA)의 원조나 미국대외활동처(FOA)의 원조 등에 의존하고 있었다(姜萬吉, 1985: 233). 특히 한국전쟁 이후 인구의 약 72%가 거주하는 농촌은 피폐한 상황이었고, 약 28% 정도의 인구가 거주하던 도시에도 빈민이 가득했다(김인걸 외, 1998: 192). 결과적으로 1945-1960년까지 정부는 스포츠 운동에 무관심했다고 볼 수 있으며, 한국의 사회적 상황도 체육·스포츠 문화가 대중화될 수 있을 정도로 안정된 상태가 아니었다. 스포츠는 학교를 중심으로 발달되어 극소수의 선수들이 국제대회에 참여하는 수준에 머물러 있었으며, 한국사회 스포츠 운동은 민간 주도의 지극히 소극적인 것에 지나지 않았다.

2) 박정희 정권기의 체육·스포츠

1960년대는 한국 체육·스포츠 운동의 새벽이었다. 한국 스포츠 역사의 혁신적인 변화는 1960년대부터 시작되었으며, 그 주체는 박정희 정권(1961-1979)이었다. 1960년 4월 26일 이승만 정권이 붕괴된 뒤 내각책임제를 채택하게 되었으며, 8월에 윤보선을 대통령, 장면을 국무총리로 하는 제2공화국이 탄생했다. 그러나 제2공화국은 오래가지 못했다. 장면 정권에 의해 민주정치가 시작되자 다양한 계층의 수많은 욕구가 일시에 분출하여 각종 시위가 연이어 일어나 사회적인 혼란이 가속화되었다. 이러한 상황에서 장면 정권이 국민의 비판을 받게되자 장면 정권의 무능과 사회적 혼란을 대의명분으로 군사 쿠데타가 일어났다. 쿠데타에 성공한 박정희 장군은 1961. 5. 16일의 쿠데타를 "5·16혁명"으로 규정하고 군사혁명정부를 구성하여 정치를 시작했다.

박정희는 1963년 12월에 출범한 제3공화국(共和國) 체제에서 5·6·7대 대통령, 1972년 12월에 출범한 제4공화국 정부에서 8·9대 대통령으로 재직했으며, 중앙정보부장 김재규에 의해 피살된 1979년 12월 26일까지 약 18년 5개월 동안 권력의 중심에 있었다.[147] 한국 스포츠 역사에서 "스포츠 혁명"으로 불러야 할 정도의 혁신적인 변화는 박정희 정권의 출범과 동시에 일어났다. 그것은 한국 스포츠 역사가 한국 정치사와 맥을 같이하고 있다는 것을 의미한다.

한국 체육·스포츠 발전을 위한 모든 조치는 1960년대부터 1970년대까지 박정희 집권기간에 집중되어 있다. 이것은 한국 스포츠 운동이 박정희 정권에 의해 시작되었으며, 박정희는 한국 스포츠 운동에 지대한 영향을 미친 인물로 평가된다. 1960년대의 한국 사회는 민간 스포츠단체가 대중 스포츠 운동을 주도해서 성공을 거둘 수 있는 안정된 사회가 아니었다. 〈표 Ⅲ-3〉에 나타난 바와 같이 1960년 한국 의 1인당 국민소득(GNP)은 78달러($)였으며, 1980년까지도 1,597 달러($)에 불과했다. 경제적으로 궁핍한 상황에서 민간스포츠단체가 주도하는 대중 스포츠 운동이 성공을 거두기 어려운 실정이었기 때문에 정부가 스포츠 단체를 강력히 지원했으며, 그 중심에는 박정희 정권이 있었다.

박정희 정권이 붕괴된 이후 박정희에 대한 평가는 극단적인 두 유형으로 나타났다. 하나는 한국 근대화의 기수였으며, 경제적인 기적을 이룩하여 국가를 가난으로부터 해방시킨 위대한 지도자였다는 평가이며, 다른 하나는 한국 민주주의 역사의 수레바퀴를 거꾸로 돌린 군사독재 정치가였다는 평가이다. 그래서 1961년 5월 16일의 군사정변(軍事政變)은 "쿠데타(coup d'etat)"라는 표현과 "군사 혁명"이라는 표현이 함께 사용되어 왔다. 박정희의 사망 이후 학자들에 따라 박정희에 대한 평가는 극단적으로 양분되었으며, 외국 언론에서도 양면적인 평가를 내렸다. 예를 들면 1979년 12월 26일 박정희가 사망한 다음 날 "뉴욕 타임즈"의 특별 기고에서 스토크(Henry Scott Stokes)는 박정희의 정적들은 그를 경찰국가를 만든 무자비한 독재자로 부르며, 그에 대한 충성파들은 강철같은 의지의 진보주의적 애국자로 경제기적을 이룩한 지도자로 평가하고 있다는 내용의 글을 싣고 있다.[148]

147) 한국현대사 연표(김인걸 외, 1998: 515-546).

박정희가 독재자였다는 것도 명확하지만 혁명가였다는 것도 틀림없다. 그는 경제, 사회, 교육 등 여러 영역에서 혁명적인 변화를 주도해 갔으며, 스포츠 분야에서도 혁명을 일으켰다. 모든 스포츠 운동 촉진 법안들은 거의 박정희 집권기에 입안되었으며, "1988년 서울 올림픽 게임의 유치 계획을 확정한 것도 박정희 정권이었다."149) 이러한 점에서 20세기 후반 한국 스포츠 운동의 배경을 이해하는 지름길은 박정희를 이해하는 것이라고 해도 과언이 아니다. 따라서 박정희의 성향과 사상, 스포츠에 대한 주장, 학자들의 견해 등을 탐구해 보면 박정희가 한국의 스포츠 운동을 적극적으로 지원한 배경은 다음 몇 가지로 요약된다.

첫째, 박정희가 스포츠 운동을 적극적으로 지원한 것은 그의 개인적인 성향과 깊은 관계가 있는 것으로 추정된다. 그는 스포츠를 매우 좋아했던 탁월한 스포츠맨이었으며, 상무정신(尙武精神)의 소유자였다. 그는 학창시절부터 다양한 취미를 갖고 있었다. 시(詩), 회화, 작사, 작곡, 서예, 피아노 등에 깊은 흥미를 가졌으며,150) 특히 단소(短簫) 솜씨는 전문가들도 프로 수준으로 평가했다(安光濟, 1980: 97-98). 학창 시절 그는 악대부 활동을 했으며, 몸이 약했지만 검도(劍道)를 통해 체력단련에 열중했다(오효진, 1984: 144-145). 그는 성년이 되어서도 승마, 궁도, 수영, 골프, 사냥, 정구(tennis) 등 각종 스포츠에 심취해 있었으며, 그 수준은 아마추어의 영역을 넘어설 정도였다.151) 이러한 기록을 미루어 그가 열렬한 스포츠맨이었다는 것은 명백하다. 그가 스포츠 운동을 주도하게 된 것도 스포츠를 좋아하는 그의 특성과 무관하지 않았을 것이다.

---

148) TOKYO , Saturday, Oct. 27-His enemies called him a corrupt and ruthless dictator who stifled dissent, eliminated opponents and created a police state nurtured in fear and repression. His loyalists called him a tough, pragmatic patriot who preserved his nation from Communism and wrought a national economic miracle with his iron will. In the more than 18 years since he seized power in a coup, President Park Chung Hee, with the blessing of the United States, dominated and revolutionized virtually every aspect of life for the 38 million people of South Korea, stunting political institutions while lifting industry, business and the standard of living to unparalleled levels for a developing nation Henry Scott Stroke, He Ran Korea, Down to Last Detail, *Special to The New York Times* Tokyo, Saturday, Oct. 27. 1979.

149) 서울 올림픽 유치 계획은 1979년 9월 19일에 발표되었으며, 당시에 올림픽 유치 계획의 입안자는 대한올림픽위원회(KOC) 위원장이었던 박종규였다. 박종규는 오랫동안 박정희 대통령의 경호실장을 맡았던 인물이었다. 그는 박정희와 긴밀한 협의를 한 끝에 올림픽 유치 계획에 착수했다(고광헌, 1988: 93-97).

150) 그가 작곡한 대표적인 곡은 "새마을 노래", "나의 祖國" 등이 있다.

151) 高麗書籍株式會社, 素朴·迫力있는 지도자 - 國內外記者가 본 朴正熙大統領(高麗新書 第五輯, 1967: 55-66).

상무정신을 중시하던 그의 개인적 특성 또한 그가 스포츠 운동을 주도한 배경으로 파악된다. 한국 사회에는 전통적으로 숭문천무(崇文賤武) 사상이 남아 있었다. 한국은 조선 왕조 1392-1910) 수백년 동안 신유교주의자(Neo-Confucian)인 주자(朱子, Chu Hsi)의 성리학(性理學)이 발달되었다. 따라서 지배계급은 숭문천무사상으로 인해 무예나 스포츠와 같은 신체적인 활동은 천시하는 경향이 있었으며, 한국의 역사에서 많은 왕(王)들과 권력자들은 민속적인 유희나 스포츠와 같은 신체적인 활동의 사회적 가치를 인정하지 않는 경향이 강했다(Ha & Mangan, 2001). 그러나 박정희는 한국 역사를 이끌어온 권력자 중에서 상무정신이 가장 투철한 인물이었다. 상무정신이란 무예(武藝)를 숭상(崇尙)하는 태도이다. 전직 장교이었던 박정희는 상무정신을 국가발전의 원동력으로 생각했다. 그가 스포츠를 중시하고 스포츠 운동을 적극적으로 전개한 것도 스포츠의 사회적 기능을 무예와 연장선상에서 생각했던 것으로 보인다. 1966년 6월 30일 대한체육회관 개관식 연설에서 그는 "우리의 역사를 더듬어 볼 때 우리 민족이 흥(興)하고 발전한 시대는 무예를 숭상(崇尙)하고 국민의 체력이 강건(强健)했던 시대였다(대통령 공보 비서실, 1967: 248)"라고 역설했다. 그리고 1967년 10월 5일 제48회 전국체육대회에서는 "국토 통일의 첩경은 국력 증강에 있으며, 국력 증강은 국민의 체력증강에서 비롯된다(鄭在景, 1994: 241)."라고 역설했다. 장교출신으로서 대통령이 된 그는 무예나 스포츠 등 신체적 활동이 국방력의 증진은 물론 국민의 체력과 기상(氣像), 국민성에 큰 영향을 미친다는 인식을 지닌 인물이었으며, 그가 스포츠 운동을 적극적으로 전개하게 된 배경도 이러한 그의 성격 특성과 무관하지 않은 것이다,

둘째, 박정희가 체육·스포츠 운동을 강력히 지원한 것은 "건민사상(健民思想)"이 토대가 되었다(이학래·김종희, 1999: 30; 한이혁, 1998: 326). 그는 집권기간 동안 항상 강인한 정신력과 굳센 체력을 지닌 강건한 국민성의 함양을 강조했으며(한이혁, 1998), 박정희 정권이 주도한 대중 스포츠 운동의 총체적인 목표 또한 범국민적인 스포츠 운동을 통해 건전하고 강인한 국민성을 함양하려는 "건민주의(健民主義) 정신에 토대를 둔 것이었다. "건민(健民)"이란 사전적으로 "건전한 국민"을 뜻한다(운평어문연구소, 1995: 111). 여기서 박정희의 "건민사상"이란 부강한 국가를 건설하기 위해서는 우선적으로 건전한 국민성을 길러야 한다는 신념 체계를 의미하는 것이며, 건민정책이란 강인한 정신력과 튼튼한 신체를 지닌 "강건한 한국인"의 육성정책을 뜻한다. 그러므로 강인하고 역동적인 신체와 정신의 함양 수단으로서 스포츠는 적절한 선택이 되었던 것이다. 이러한 사실은 그의 연설문을 통해 명료하게 드러난다. 그는 1966년 5월 23일 제1회 전국학도체육대회에서 다음과 같이 역설하고 있다.

> 한 국가의 흥망성쇠(興亡盛衰)나 국력의 증감은 국민의 체력에 달려 있으며, 국민의 체력은 젊은 청년들의 체력과 정신을 기준으로 평가되고 있습니다. 10-20년 후의 조국이 어떻게 변모하고, 얼마나 발전할 수 있는가 하는 것은 실로 우리 청년학도들의 신체와 정신이 얼마나 강건하고 건전한가에 달려 있습니다. …지금 우리는 온 국력을 총동원하여 자립 경제 건설을 서두르고 있거니와 이 역사적 과업의 추진은 그 무엇보다도 튼튼한 국민 체력과 그러한 체력에서 우러나오는 자주자립인 국민정신을 요구하고 있으며, 스포츠를 통하여 함양되는 단결과 인내의 정신, 그리고 명랑(明朗)하고 생기(生氣) 있는 사회기풍(社會氣風)을 요청하고 있습니다(대통령 공보 비서실, 1967: 193).

박정희의 연설문집을 보면 위와 유사한 연설 내용이 수없이 많다. 예를 들어 1968년 9. 12일 전국체전 개회식 식사에도 유사한 내용이 있다.

> 체력은 국력의 토대(土臺)입니다. 우리는 강건한 국민 체력을 배양하고 국민들이 스포츠를 생활화하는 것이 조국 근대화 과업에 활력소가 된다는 것을 한시도 잊어서는 안되겠습니다. 꿋꿋한 기상과 강건한 체력, 그리고 뛰어난 기량을 가진 민족에게는 반드시 영광된 미래가 약속되는 법입니다(대통령비서실(編), 1969: 263-264)."

이러한 내용은 박정희의 신념 체계를 간접적으로 보여주는 예이다. 그는 "국가와 민족 발전의 열쇠는 국민성이다"라는 신념 체계를 지니고 있었다. 그리고 그 신념은 "건전하고 진취적이며 역동적인 국민성을 함양하기 위해서는 범국민적인 체육·스포츠 운동이 필수적이다" 라는 신념 체계로 발전되었음을 알 수 있다. 그것은 곧 박정희의 "건민사상"이며, 20세기 후반 한국의 스포츠 운동은 박정희 대통령의 "건민사상"을 토대로 발달되었다고 할 수 있다(하남길 외, 2016).

셋째, 박정희가 추진한 스포츠 운동의 이념적 배경은 민족주의 또는 국가주의(nationalism)였다. 박정희 정권은 근대화를 추구하는 과정에서 국민적 통합을 이끌어내기 위해 민족주의적인 성향을 강하게 드러냈으며, 박정희 정권에서 시작된 스포츠 운동도 민족주의라는 이데올로기를 토대로 전개되었다.

민족주의, 즉 내셔널리즘이란 국민적 일체감을 형성하여 민족사회의 단결을 강화하고 에너지(energy)를 결집시켜 외부로부터의 침입과 지배를 타파하고 내부의 갈등을 해소하여 통일국가를 형성하려는 근대적인 민족운동이다(김종회, 1999: 142). 그러므로 쿠데타로 정권을 장악한 이후 국민적 통합을 이룩하고 정치적 기반을 강화해야 할 입장에 있었던 박정희 정권의 특성상 그가 민족주의적인 성향을 드러낸 것은 지극히 당연했다. 그는 민족주의를 표방하며 정치적 자주 경제적 자립, 자주국방 태세의 확립, 복지사회의 건설, 국적 있는 교육 등과 같은 국가적 과업의 달성을 통해 민족의 주체성과 정권의 정통성을 확립하고 조국의 근대화, 민족의 평화적 통일을 이룩하려는 의지를 표출하며 강한 민족주의적 경향을 드러냈다(鄭在景, 1979: 81). 박정희 대통령 통치이념의 민족주의적인 성격은 그의 저서에 나타난 역사인식을 통해 더욱 명백히 엿볼 수 있다.[152] 그는 한반도가 세계 강대국의 각축장이 된 점을 극명하게 제시하고, 한민족이 자주적 또는 독자적 위상을 확보해야 한다는 치열한 문제의식을 토대로 하는 민족주의적인 특성을 보여준다(김세중, 1996: 129-130). 박정희 정권 시절 민족주의라는 이데올로기는 사회의 모든 영역에 침투되었으며, 스포츠 분야도 마찬가지였다. 일반적으로 모든 민족국가가 유지되려면 몇 가지 공통적인 과제에 직면하게된다. 예를 들어 국가의 생존권 확보라는 의미에서 안보(security), 사회 질서의 유지라는 의미에서 안정(stability), 국민의 물질적 요구를 충족시킨다는 의미에서 번영(prosperity) 등과 같은 과제가 있다(Danziger, 1991: 309). 그리고 그러한 과제가 설정되면 그러한 과제를 해결하기 위한 전략의 마련이 필수적이다. 이런 맥락에서 볼 때 민족주의를 지향한 박정희 정권의 정책적 과제는 안보(安保), 자주(自主), 통일(統一), 민주주의(民主主義), 근대화(近代化) 등으로 압축되며, 과제 해결을 위한 전략적 노선은 경제주의, 현실주의, 실용주의 등으로 나타났다(유병용 외, 2009: 131-140). 박정희 정권 하에서 추진된 한국의 스포츠 운동은 이러한 정책적 과제나 전략과 연장선상에서 민족주의라는 이데올로기와 결속된 채 성장했다. 박정희 정권에서 추진된 스포츠 운동은 하나의 민족주의 운동으로 취급되었다는 것은 명백하다. 박정희는 1965년 학도체육대회 개회식에서 다음과 같이 역설했다.

> 한 국가가 부흥하고 한 민족이 중흥을 이룩할 때는 거기에는 언제나 전진(前進)을 부르짖는 청소년운동(青少年運動)의 함성이 있었고, 갱생(更生)을 다짐하는 민족운동의 몸부림이 있었습니다. 고대 희랍이 그러하였고, 근대 신흥 독일이 그러했으며, 우리 역사에서는 통일신라가 그러했습니다(대통령 비서실, 1967: 194).

152) 박정희의 사상이 드러난 그의 저서는 우리 민족의 나갈 길(서울: 동아출판사, 1962). 국가와 혁명과 나(서울: 향문사, 1963). 민족의 저력(성루: 광명출판사, 1971). 민족 중흥의 길(서울: 광명출판사, 1978) 등이 있다.

그는 1960년대 한국의 스포츠 운동을 독일의 국가주의적인 체조운동이나 고대 한국 신라시대 전사집단의 성격을 지녔던 화랑도 운동에 비유하고 있다. 그는 스포츠 운동을 하나의 민족주의 운동으로 생각했던 것으로 보인다. 그는 스포츠의 대중화를 통하여 함양된 국민의 강인한 체력과 정신력은 국가 안보를 위한 국방력의 기초일 뿐만 아니라 조국 근대화의 원동력이라고 생각했고, 국제 경기대회에 출전하는 엘리트 선수들을 마치 민족의 자존심과 탁월성, 기상을 상징하는 전사나 투사로 생각했다.

박정희 시대 스포츠 내셔널리즘의 성격은 박정희 정권의 스포츠 정책과 스포츠에 대한 인식을 고찰해 봄으로써 더욱 명백해 진다. 박정희는 1961년 군사혁명에 성공한 직후부터 스포츠 운동을 전개했으며, 스포츠의 대중화와 우수선수 육성을 위한 다양한 법안을 입안하여 실천에 옮겼다. 그 중에서 스포츠 운동의 민족주의적 경향을 가장 잘 반영하는 대표적인 것이 "태능선수촌의 건립", "국제경기 메달리스트들에 대한 종신연금제도", "우수선수병역면제제도" 등이다. 이러한 모든 스포츠 정책들이 입안되었다는 것은 정부가 스포츠 운동에 적극적으로 개입했다는 것을 의미하는 것이며, 우수한 선수들을 육성하여 그들이 국위선양(國威宣揚)에 기여함으로써 민족적 자긍심을 높이기 위한 것이었다. 박정희의 스포츠에 대한 인식도 당시 스포츠 내셔널리즘을 잘 반영하고 있다. 그는 5·16혁명에 성공한 직후부터 "체력은 국력"이라는 슬로건(slogan)을 외치며 우수 선수를 육성하여 국위 선양을 해야 한다는 입장을 취해왔다. 그는 자신의 연설문을 직접 작성하거나 확인하는 정치가로 알려져 있는데, 그의 연설문 내용을 보면 그가 스포츠 내셔널리즘을 추구했다는 것은 더욱 명백해 진다. 다음은 그의 연설문내용 중 일부이다.

> 혁명정부는 지난 2년 동안 제약된 시간과 여건 속에서 체육진흥법을 제정·시행하고 정부의 스포츠 조직을 확대 강화하는 한편, 국제적 스포츠 교류와 우수선수의 확보 등 실로 이 나라 스포츠의 발달을 위해 전례없는 노력을 경주한 보람이 있으며, …본인은 충심으로 기쁘게 생각하며, 혁명정부의 자랑스런 업적이라고 믿습니다(대통령비서실, 1973: 539). 〈1963년 10월 4일 전국체전 致謝〉

이 나라 스포츠의 발전은 국민생활의 건전한 향상(向上)을 도모하고 나아가서는 우리 민족의 역량과 국위를 해외에 선양할 수 있는 매우 중요한 국가적 사업이라고 할 수 있습니다. 정부는 지난날의 형식적이며, 고식적(姑息的)인 체육정책을 지양하고 적극적이며 장기적인 육성책을 추진하여 국민의 체력을 증진하고 건전한 정신을 함양시켜 명랑한 사회 생활을 영위할 수 있도록 할 것입니다(대통령비서실, 1973: 88). 〈1964년 4. 27일 제2회 체육상(體育賞) 시상식(施賞式)〉

> 오늘날의 스포츠는 그 나라 국민체위향상에 이바지하는 힘이 지대하다는 것은 재론할 여지도 없으며, 또 나아가서는 그 나라의 국위선양과 민간외교 면에서도 대단히 중요한 역할을 하고 있다는 사실을 우리는 잘 알고 있습니다...... (선수들이) 국제경기에 출전하여 훌륭한 성과를 올린 것이 우리나라의 외교관 수 백명이 해외에 나가서 수많은 예산을 사용하면서 활동한 것보다 더 훌륭한 성과를 올렸다는 것을 우리는 알아야 하겠습니다(대통령 공보비서실, 1967: 248). 〈1966년 6월 30일 체육회관 개관식 치사〉

박정희는 5·15군사혁명 직후부터 적극적인 스포츠 운동을 추진했으며, 박정희 정권에서 추진된 스포츠 운동은 일종의 민족주의운동과도 유사한 것이었다. 위의 연설문 내용에 잘 드러난 바와 같이 그는 혁명 정부가 스포츠 운동을 위해 쏟은 노력을 자랑스런 업적이라고 자평하고 있다. 그리고 국가가 우수 선수들을 육성하는 것은 국제경기대회 참여를 통해 국위를 선양함은 물론 민간 외교적 기능이 있기 때문이라는 시각을 드러내고 있다. 박정희는 그가 집권한 1961년부터 그가 사망한 1979년까지 위의 연설문 내용과 유사한 주장을 계속 반복했다. 그것은 크게 두 가지 주장으로 분류된다. 하나는 "우수선수의 육성을 통해 국위를 선양하자"라는 내용이며, 다른 하나는 "스포츠의 대중화를 통해 전 국민이 건전한 정신과 강인한 체력을 길러 국가발전에 기여하자"라는 내용이었다(鄭在景, 1994). 이러한 그의 주장은 결국 1960년대와 1970년대의 한국 스포츠 운동은 민족주의란 이데올로기를 토대로 전개되었다는 것을 의미한다.

3) 전두환·노태우 정권기의 체육·스포츠

1960년대 초반 박정희 정권에 의해 본격적으로 전개된 한국의 스포츠 운동은 1980년대부터 새로운 도약과 큰 변화를 맞게 되었다. 한국 엘리트 스포츠의 수준이 올림픽 게임의 유치와 함께 비약적으로 향상되었으며, 한국 사회의 스포츠 운동은 "엘리트 체육·스포츠" 중심에서 "대중 체육·스포츠" 중심으로 전환되었다.

1960년대와 1970년대 박정희 정권의 체육·스포츠진흥정책은 제5공화국의 전두환(全斗煥) 정권(1981. 3-1988. 2)과 제6공화국의 노태우(盧泰愚) 정권(1988. 2-1993. 2)으로 계승되어졌다. 1979년 쿠데타로 실권을 장악한 전두환은 제11대 대통령에 취임한 이후부터 정치, 경제, 사회, 스포츠 등 제 분야에서 박정희 대통령의 정책 기조를 계승했다. 그는 특히 스포츠 정책에 깊은 관심을 나타내기 시작했다. 노태우도 전두환 정권의 핵심 세력 중 한 인물로 정무장관과 체육부장관을 맡아 체육·스포츠 정책을 추진하는데 있어서 중심적인 역할을 수행했고, 대통령이 된 이후에도 서울 올림픽의 개최를 비롯하여 스포츠 정책에 지속적인 관심을 기울였다.

전두환과 노태우 정권이 깊은 관심을 쏟은 대표적인 스포츠 정책은 올림픽과 아시안 게임의 유치와 성공적인 개최였다. 1981년 대통령에 취임한 전두환은 쿠데타의 동반자였던 노태우와 함께 1979년 박정희 정권이 확정했던 제24회 서울 올림픽 게임 유치 계획을 재검토했다.[153] 당시 정무장관이었던 노태우는 1981년 8월 10일 올림픽 유치 대책회의에서 거국적인 올림픽 유치활동 전개의 필요성을 역설했다. 정권 핵심 세력의 확고한 의지를 바탕으로 재계의 유력한 인사들을 포함한 각계 인사 106명으로 "올림픽유치운동위원회"를 구성했으며, 1981년 9월 30일 제24회 올림픽 게임의 서울 유치가 확정되었다. 그리고 올림픽 유치 운동의 성공은 1986년 제10회 아시안 게임의 유치 운동으로 이어졌다. 아시안 게임의 유치 계획 또한 박정희 정권기인 1979년 10월 8일에 확정 공포된 것이었고, 전두환 정권에서 이 계획을 다시 추진하여 유치에 성공하게되었다(대한민국정부, 1987: 39-42).

아시안 게임과 올림픽 게임의 유치는 한국 엘리트 스포츠 성장의 촉진제 역할을 했다. 전두환 정권은 1982년 중앙정부행정조직에 "체육부(體育部)"를 신설하고, 자신의 정치적 후계자였던 노태우를 초대 장관으로 임명한 뒤 아시안 게임과 올림픽 게임의 준비, 우수선수육성, 지도자의 양성 등 스포츠 진흥 정책에 총력을 기울였다. 그 대표적인 예가 "우수선수의 조기발굴"[154] 스포츠과학연구원(현 체육과학원)의 기능 강화, 대학부설스포츠과학 연구소의 설치,[155] 국군체육부대의 창설, 각종 국제대회의 유치 등이었다. 그 결과는 1988년 제24회 서울 올림픽 게임에서 나타났다. 비록 개최지의 이점도 결과에 영향을 미쳤지만 한국은 메달 집계에서 160개 참가국 중 4위라는 성적을 거두게 되었다(조명렬·노희덕·나영일, 1996: 388). 이런 결과는 한국 엘리트 스포츠의 성장을 보여주는 단적인

153) 제24회 서울 올림픽 게임 유치 계획은 박정희 대통령이 사망하기 직전인 1979년 10월 8일에 공포되었으며, 박정희는 1979년 10. 26일 사망함으로써 올림픽 유치 계획은 원점으로 돌아갔다(李學來, 2000: 535-536).

154) 당시 전국 학생들을 대상으로 체력 테스트를 실시한 뒤 4,359명의 선수를 선발하였다(스포츠·청소년부, 1992: 90-91).

155) 1990년까지 한국에는 서울대을 비롯한 35개 대학에 스포츠과학연구소가 설치되었다.

예이며, 그 성장의 배경에는 정권이 있었다.

전두환·노태우 정권은 대중 스포츠 운동에도 깊은 관심을 쏟으며, 대중 스포츠 운동(Sport for All Movement)이라고 할 수 있는 생활체육의 확산에도 관심을 가졌다. 대중 스포츠 운동은 박정희 시대부터 추진되어 왔으나 스포츠 시설이나 국민의 인식 부족 등으로 인하여 큰 성과를 거두지 못했다. 그러나 1980년대 후반부터 경제성장과 함께 스포츠 인구가 급증함으로써 정부는 대중 스포츠에도 적극적인 관심을 쏟았다. 전두환 정권이 또 하나 관심을 기울인 대표적인 스포츠 정책은 프로 스포츠의 장려였다. 1980년 이전까지 한국의 프로 스포츠는 복싱과 골프뿐이었다. 그러나 1980년대부터 프로 야구(1982)·프로 축구(1983)·프로 씨름(1983) 시대가 개막됨으로써 관중 스포츠시대가 열렸다(이학래, 2000: 501-508). 그리고 제6공화국의 노태우 정권(1988. 2-1993. 2)은 올림픽을 성공적으로 개최한 이후 대중 스포츠 운동에 더욱 많은 관심을 기울였다. 그 실례가 일명 "호돌이 계획"[156]으로 불리는 "국민생활체육진흥 3개년 종합계획(1990)"이었다. 이러한 정부의 계획을 추진하기 위하여 전국적인 조직을 갖춘 사단법인 "국민생활체육협의회"가 창설되었다. 정부의 적극적인 지원을 받은 대중 스포츠 운동은 급속한 경제발전을 배경으로 성공을 거두게 되었으며, 그 결과 한국은 1990년대부터는 본격적인 대중 스포츠 시대로 돌입했다.

1980년대 한국 스포츠 운동의 결과는 성공적인 것으로 평가된다. 정권의 의지를 바탕으로 한 스포츠 운동의 결과로 엘리트 스포츠의 수준이 향상되었을 뿐만 아니라 각종 스포츠가 국민의 생활 속에 널리 확산되었기 때문이다. 1980년대 한국 스포츠 운동이 성공을 거두게 된 배경에 대해서는 여러 가지 견해가 있을 수 있겠지만 넓은 시각에서 보면 크게 세 가지로 파악된다. 첫째, 1960년대와 1970년대에 걸쳐 추진된 박정희 정권의 체육·스포츠 진흥 정책. 둘째, 경제적 성장으로 인한 사회적 변화. 셋째, 정치권력의 영향 등이다.

1980년대 한국 스포츠 운동의 1차적인 성공 배경은 1960년대와 1970년대 박정희 정권의 체육·스포츠 진흥 정책이었으며, 두 번째는 사회적 환경의 변화였다. 〈표 Ⅲ-2〉에 나타난 바와 같이 한국은 1960년대부터 약 30년여 동안 고도의 경제 성장을 이룩하여 1997년에는 국민총생산량(GDP)을 기준으로 경제규모 세계 11위로 부상했다. 사회구조 또한 급변했다. 농업국가에서 공업국가로 탈바꿈하는 과정에서 도시 인구의 비율이 급증했

156) 호돌이는 제24회 서울 올림픽 마스코트(mascot)였으며, "호돌이 계획"이란 국민의 생활체육진흥을 통하여 건민, 복지사회를 실현하고, 국민의 축적된 에너지를 활용하여 국가 사회발전을 가속화시키며, 건전한 여가 생활을 통해 바람직한 청소년을 육성하는데 목표를 둔 것이다(체육청소년부, 166).

다. 1961년 43.7%였던 도시인구는 1970년 55.3%, 1980년 71.6%, 1990년 84.5%로 늘어났다(Cha·Kim·Perkins, 1997: 75). 경제 발전과 사회구조의 변화는 레저와 건강에 대한 국민의 관심을 키우고, 스포츠에 대한 욕구 또한 강화시키게 된다. 따라서 1980년대 한국 스포츠 운동의 성공은 사회적 환경 변화의 산물이기도 하다. 그렇지만 1980년대 한국 스포츠 운동의 성공에 가장 큰 영향을 미친 것은 정치권력이었다. 따라서 20세기 후반 한국 스포츠 운동의 발달 과정을 이해하기 위해서는 정치권력의 성격에 대한 이해가 필수적이다. 특히 1980년대 스포츠 운동도 정치권력의 의지와 깊은 관련이 있었기 때문이다.

박정희는 1961년 쿠데타에 의해 정권을 장악했으나 1970년대 초반부터 장기집권을 획책했다. 그 결과 민주화 세력의 거센 저항을 받으면서 정권을 유지하다가 1979년 10월 26일 사망했다. 그 이후 국민들은 새로운 민주주의 시대를 기대하였으나 한국 정치사의 불행은 반복되었다. 1979년 12월 12일 국군보안사령관이었던 전두환 소장을 비롯하여 노태우, 정호용 등 군부 세력이 정권을 장악했으며, 전두환은 1980년 9월 계엄령 하의 간접선거를 통해 제11대 대통령(1980. 9. 1-1981. 3. 2)과 12대 대통령(1981, 3, 3-1988. 2. 24)에 취임했다. 그 과정에는 수많은 희생자가 있었다. 군부세력의 정권장악에 반대하며 시위를 벌이던 수많은 학생과 시민들이 학살당하기도 했으며, 많은 지식인, 정치인, 언론인 등이 대대적으로 숙청 당했다.

〈표 Ⅲ-2〉. 한국의 경제성장률

년도	1965 - 70	1971- 80	1981-90	95
성장율(%)	10.4	9.1	9.5	8.9

출처: http://www.koreascope.org/sub/1inex3-a.htm

〈표 Ⅲ-3〉. 한국의 1인당 국민소득 변화 (경상 달러($) 기준)

년도	1960	1970	1980	1990	1995
1인당 국민소득($)	79	253	1,597	5.883	10.037

출처: http://www.koreascope.org/sub/1inex3-a.htm

전두환의 집권 후에도 한국의 민주화 운동은 더욱 거세게 일어났다. 1985년에 범국민적인 민주화 운동이 일어나자 전두환과 그의 후계자였던 노태우는 국민의 "대통령 직선제 개헌 요구"를 수락하는 소위 "6·29선언"[157]을 하게되었다. 1987년 직선제 대통령 선거를 앞두고 당시 민주화 운동을 주도했던 김영삼(金泳三), 김대중(金大中) 야당의 두 민주화 세력이 분열됨으로써 1979년 쿠데타의 주역이었던 노태우가 유효표의 36.6%를 얻어 제13대 대통령에 당선되었다. 두 민주화 지도자가 정권욕에 사로잡혀 노태우에게 왕관을 헌납한 꼴이 됨으로써 1961-1992년까지 약 30년 동안 한국의 정권은 모두 군부출신들이 장악하게 되었으며, 이러한 권력에 의해 스포츠 운동이 시작되고 결실을 보게 되었다.

역사적으로 독재권력은 스포츠를 정치·사회화의 주요한 매개물로 이용해왔다. 무솔리니(Benito Mussolini, 1883-1945)가 지배하던 이탈리아(Italy)의 파시즘(fascism)은 스포츠 단체에 민중의 참여를 강요하여 클럽이나 단체활동을 통해 민중을 통제했다. 나찌(Nazi)의 히틀러 역시 "히틀러 유겐트(Hitler Jugend), 유스 호스텔(Youth Hostel) 등과 같은 조직을 국가의 통제 하에 두고 국민을 강제로 가입시켰다. 그리고 1970년대 남미의 브라질이나 아르헨티나의 군사정권 하에서도 축구가 사회통제의 매개물로 이용되기도 했다(이은희, 1985: 197; 고광헌, 1988: 99). 1980년대 한국 사회에도 이와 유사한 현상이 나타났으며, 그것이 스포츠 발달의 가속화 배경이 되기도 했다. 1980년대 스포츠 운동의 성공 배경 중 하나가 정치권력의 영향이었다는 것은 정권의 핵심 세력들이 그들의 정치적 입지를 넓히기 위해 스포츠 운동을 적극적으로 권장하고 지원함으로써 한국의 스포츠가 비약적으로 발달되었다는 것을 의미한다. 1980년대 전두환 정권은 스포츠 내셔널리즘을 통해 국민에게 국가주의 의식을 고양함으로써 국민의 일체감을 조성하여 정권의 지지기반을 확보하려고 했다.

제5공화국은 쿠데타로 정권을 장악했기 때문에 정통성이 결여된 정권이었다. 따라서 정치권력은 스포츠 운동을 국민의 정치적 관심을 다른 데로 돌리려는 탈정치화(逸政治化), 우민화(愚民化) 정책의 수단으로 이용하려고 했다. 이러한 견해에 대해서는 논란이 있을 수 있지만 대부분의 학자들은 전두환 정권이 스포츠를 탈정치화의 수단으로 이용했다는 것을 인정하고 있다. 다음 내용은 그 예의 하나이다.

> 집권과정에서 정통성을 결여한 전두환 정권은 그에 따른 정치적 불안을 해소하기 위해 "정치·사회 정화"를 명분으로 사회 각 부문을 폭력적으로 장악하는 한편, …민주악법을 양산해서 사회통제를 강화했다. 체제정비에 어느 정도 성공한 전두환 정권은 1983년부터 유화정책을 펴 나갔다. 컬러 텔레비전 방영, 86아시안 게임과 88올림픽 게임의 유치, 중·고

157) 1987년 6. 29일 당시 여당 대표였던 노태우가 대통령 직선제 국민요구 수용, 김대중의 사면복권 등 8개항을 시국수습(時局收拾)을 위한 방안으로 제시한 특별선언.

등학생의 교복과 두발 자유화, 야간통행금지의 해제 등 "우민화 정책"으로 국민의 관심을 호도했다(김인걸 외, 1998: 386).

한국 사회에서 스포츠를 탈정치화의 수단으로 이용하려 한다는 비판과 논란이 일어난 것은 서울 올림픽 유치계획이 다시 발표된 이후였다. 24회 서울 올림픽 게임은 1979년 박정희 정권에 의해 유치계획이 수립되었으나 그의 죽음으로 인해 백지화되었다. 그런데 1981년 군부 독재체제를 구축한 전두환은 12대 대통령에 취임한 후에 올림픽 게임의 유치 신청을 지시했다(고광헌, 1988: 95). 그는 "전임 대통령이 결심하여 국내외에 공표한 일을 별다른 이유 없이 변경할 수 없을 뿐 아니라, 이 역사적인 사업을 추진해 보지도 않고 처음부터 패배의식에 젖어 물러나서는 안 된다(서울올림픽조직위원회(SLOOC), 1989: 34)." 라고 말했다. 그의 의도는 순수한 것이었을 수도 있다. 그러나 국민의 지지기반이 없이 정권을 장악한 권력자로서는 민심의 수습 방안이 필요했고, 올림픽의 유치는 국민의 관심을 끌 수 있는 프로젝트(project)로서 적절한 선택이 되었다. 올림픽이 유치에 성공한 이후 전두환 정권은 1988년 올림픽이 끝날 때까지 모든 정쟁을 중단하자고 강변했고, 당시 야당에서는 "민주화 없는 올림픽은 1936년 나찌(Nazis) 하의 베를린 올림픽처럼 독재권력에 의해 악용된다"고 비난했다(고광헌, 1988: 111). 당시 기독교청년회(YMCA)의 "올림픽 문제 연구 위원회" 보고서에도 "올림픽 유치는 국민의 정치적 관심을 다른 데로 돌리는 탈정치화, 현존하는 정치 사회적 모순을 은폐·희석시키는 매개물로서 군부독재 정권에 의해 다시 검토되었고 종국에는 유치에 성공한 것이다(기독교청년올림픽문제연구위원회, 1988: 50)."라고 적고 있다. 그리고 스포츠 역사학자 이학래도 『韓國體育百年史』에서 제5공화국은 근본적으로 정통성 위기를 안고 있었기 때문에 이를 극복하기 위해 서울 올림픽 개최에 집착했다(이학래, 2000: 547)." 라고 적고 있다. 정권의 수립 당시부터 계속된 정권의 불안정성을 국민의 탈정치화로 은폐시킬 필요가 있었으며, 국민의 정치 개혁 의지에 대한 집중화를 방지하기 위하여 분할통치로 민주화 운동 세력과 일반국민들을 분리시킬 필요가 있었으며, 정권 수립을 맞아 뚜렷이 제시할 수 있는 실적이 요구될 즈음에 올림픽의 유치에 집착하게 되었다는 것이다.

탈정치화의 방안으로 간주될만한 스포츠 정책은 올림픽의 유치뿐만 아니었다. 각종 민간단체 및 언론까지 장악한 전두환 정권은 집권세력의 정치적 입장을 강화하고 기득권을 유지하기 위해 스포츠를 통해 대중문화 공세를 강화했다. 제5공화국은 올림픽이 유치에 성공한 이후부터 스포츠 붐(boom)의 조성에 착수했다. 그것은 프로 스포츠의 활성화, 전파매체에 의한 스포츠 중계방송 시간의 급증, 신문의 스포츠 면 증면 등과 같은 현상으로 나타났다. 1980년대 한국 프로 스포츠의 대표적인 종목은 야구, 축구, 씨름 등이었다. 이러한 스포츠는 1970년대 후반부터 관중동원 능력 측면이나 경기력 수준 면에서 많이 성장한 것은 사실이었으나 프로 스포츠 시대로 진입하기에는 미흡한 수준이었다. 1980년 한국의 1인당 국민소득은 1,597 달러($)에 불과했고, 각종 시설도 절대적으로 부족한 수준이었다. 그런데도 2년 동안 거의 동시에 3종목의 프로 스포츠가 생겨났다는 것은 정권의 영향력이 작용했으리라는 추측을 가능하게 한다. 이학래는 당시의 "전두환 정권은 민주화의 열망을 외면한 군사통치체제를 유지하기 위한 수단으로 국민의 눈과 귀를 모으는 획기적인 제도의 창안이 필요했고, 그러한 통치술의 일환으로 스포츠의 프로화를 꾀했다(이학래, 2000: 502)"라고 적고 있다. 정권의 의지에 의해 예상보다 일찍 태동한 프로 스포츠는 국민의 탈정치화에 봉사하던 관제언론과 밀착되면서 국민의 정치적 의식을 마비시켜갔다. TV나 신문들은 아마추어 스포츠보다는 프로 스포츠에, 학생 스포츠보다는 성인 스포츠에 더 많은 방영시간과 지면을 할애했다. 특히 TV 프로그램 중 스포츠 중계방송 시간이 급증하기 시작했다. 예를 들어 1981년 9월 3개 TV 방송사 스포츠 중계 시간은 전체 프로그램의 8%를 차지했으나 1984년 6월에는 거의 25%를 차지했다(고광헌, 1988: 149). 이 모든 것은 정권이 스포츠를 탈정치화 수단으로 이용했다는 추측을 가능케 하는 예이다. 또한 1980년대 중반 한국 사회에서는 "스포츠 공화국"이라는 말이 생겨났다. 전두환과 노태우 등 군부정권의 핵심 세력들이 올림픽의 유치를 비롯한 스포츠 관련 정책을 수없이 쏟아내자, 그 의도를 의심하여 정권을 비웃는 용어였다. 이것은 독재권력이 정권의 유지와 사회통제를 위한 수단으로 스포츠를 이용한다는 시각을 지닌 것은 학자들뿐만 아니라 일반 대중 속에도 존재했다는 것을 보여주는 예이다. 물론 넓은 시각에서 보면 1980년대 한국 스포츠 운동의 성공에 영향을 미친 요인은 다양할 것이며, 스포츠 운동에 강한 집착을 보인 집권자의 의도 또한 다양했을 것이다. 그러나 정권이 스포츠 운동에 심혈을 기울였다는 것은 명백하며, 그 결과로 인해 1980년대 한국의 스포츠 운동은 한편으로 민주화 운동을 억제하는 데 이용되었다는 비판을 받았으며, 다른 한편으로는 한국 스포츠의 급속한 발달을 촉진하는 결과를 낳게 되었다.

참고문헌

姜萬吉(1985). **韓國現代史**. 서울: 創作과 批評社.

경신중고등학교80년 약사(1966)

고광헌(1988). **스포츠와 정치**. 서울: 푸른나무.

고려사, 고종 14년(1227) 을축조.

高麗史, 劵 74, 志 28選擧 2學校.

고려사, 제100권 열전(列傳). 제 13.

高麗新書 第五輯(1967). 서울: 光明印刷公社.

고춘섭(1970). **경신 80년약사**. 서울: 경신중고등학교.

곽형기(1989). "近代學校體育의 展開樣相과 體育史的 意味", 서울대학교 대학원 교육학박사학위논문.

교육부(1997). 고등학교 교육과정(Ⅰ), 교육부 고시 제 1997-15호, 별책 4.

敎育詔書, **관보** 1895. 2. 2.

기독교청년올림픽문제연구위원회(1988). **당신들의 축제**. 서울: 민중사.

김대식·김영환·신현군(1993). **체육철학**. 서울: 나남출판.

김민수 편(1995). **국어사전**. 서울: 금성출판사.

김병화 역(2004). 주디스 스와들링 저, **올림픽, 2780년의 역사**. 서울: 효형출판.

김상순(1992). **스포츠 사상사**. 서울: 보경.

김인걸 외(1998). **한국 현대사 강의**. 서울: 도서출판 돌베개.

김인걸 외(1998). **한국현대사강의**. 서울: 돌베개.

김종희(1999). 박정희 정권의 정치이념과 체육정책에 관한 연구, 미간행, 한양대학교 박사학위 논문.

김천배(1984). 한국 YMCA 체육사업. 서울: 기독청년회.

羅絢成(1968). **韓國運動競技史**. 서울: 普文社.

羅絢成(1972). **韓國體育史**. 서울: 文泉社.

羅絢成(1975). 學敎體育管理. 서울: 文泉社.

羅絢成(1977). **韓國遊戱史研究**. 서울: 백상문화사.

나현성·조명렬·노희덕(1983). **체육사**. 서울: 형설출판사.

대통령 공보 비서실(1967). **박정희 대통령 연설문집 제 1집**. 서울: 동아출판사.

대통령비서실(1973). **박정희 대통령 연설문집** 1. 서울: 大韓公論社.

대한민국정부(1987). **서울아시아경기대회백서Ⅰ**, 총괄편.
대한어머니회중앙연합회(1977). **韓國教育30年史**. 서울: 대한어머니회중앙연합회출판부.
대한올림픽위원회, 2006, 국제부 자료.
대한체육회 홈페이지(2023). http//www.sports.or./do-2.html, p. 1/2. 12월 31일.
대한체육회(1965). **대한체육회사**. 서울: 대한체육회.
박정희(1962). **우리 민족의 나갈 길**. 서울: 동아출판사.
박정희(1963). **국가와 혁명과 나**. 서울: 향문사.
박정희(1971). **민족의 저력**. 성루: 광명출판사.
박정희(1978). **민족 중흥의 길**. 서울: 광명출판사.
배긍찬(1999). **1970년대 전반기의 정치사회변동**. 서울: 백산서당.
배재 80년사(1965). 서울: 배재 중·고등학교.
법률 제1928호. 1967. 3. 30.
변태섭(1993). **韓國史通論**, 3판 1쇄. 서울: 三英社.
比較體育硏究會(편)(1984). **國際比較體育學**. 서울: 도서출판 나남.
司馬光(1987). **投壺新格史, 溫國文正司馬文集, 권 65**. 서울: 법인문화사.
서울올림픽조직위원회(SLOOC)(1989). 제24회 서울올림픽대회 綱要.
손인수(1979). **한국 근대민족주의 교육운동 연구, 한국정신문화연구원, 근대민족주의의 전개와 갈등**. 서울: 정화인쇄.
스포츠·청소년부(1992). **體育·青少年行政10年史**. 체육·청소년부.
신호주(1998). **체육사**. 서울: 명지출판사.
安光濟(1980). **朴正熙대통령 傳記**. 서울: 大一書館.
오동섭(1992). **근대체육사**. 서울: 형설출판사.
오동섭·하남길·정삼현(2001). **체육세계사**. 서울: 형설출판사.
오천석(1964). **한국신교육사**. 서울: 현대교육총서.
오효진(1984). "대통령의 동창생들", **月刊朝鮮** (5月號).
옥광(2014). **영국 스포츠의 사회사**. 서울: 체육과 건강.
운평어문연구소(1995). **그랜드 국어사전**. 서울: 금성출판사.
유병용 외 5인.(2009). **박정희시대 한미관계**. 서울: 백산서당.
이규동(1986). **체육행정학**. 서울: 교학연구사.
이규태(1969). **개화백경**. 서울: 신태양사.
李奎泰, 에세이 한국학-속 스포츠, **朝鮮日報**, 제18623호.
李基白(1993). **韓國史新論**. 서울: 一潮閣.
이만열(2014). **한국기독교와 민족의식**. 서울: 지식산업사.
이은희(1985). 資本主義와 現代스포츠. **석순** 4호.

이윤기(2001). **그리스 로마 신화**. 서울: 웅진닷컴.

李鎭洙(1990). **新羅花郎의 體育思想 硏究**. 서울: 보경문화사.

이진수(1996). **한국고대스포츠연구**. 서울: 교학연구사.

李學來(1990). **韓國近代體育史硏究**. 서울: 지식산업사.

李學來(1990). **韓國柔道發達史**. 서울: 보경문화사.

이학래(2000). **한국체육백년사**. 서울: 대한체육학회.

이학래·김종희(1999). 박정희 정권의 정치이념과 스포츠 내셔널리즘. **한국체육학회지 38권 1호**, 1999 p. 31.

이화 80년사 편찬위원회(1987). **이화80년사**. 서울: 이화여자대학교출판부.

이화100년사편찬위원회(1994). **이화100년사자료집**.

일본공사관보고서 1908-1909, 기독교 상황, No. 62-1.

임창재(1999). **교육사철학**. 서울: 양서원.

전택부(1978). **한국기독교청년운동사**. 서울: 기독교청년회.

정성태 ·김창규 공역(1984). **올림픽의 사회학**. 서울: 중앙일보 출판사.

鄭在景(1979). **韓民族 中興思想; 박정희 대통령의 정치철학**. 서울: 신라출판사.

鄭在景(1994). **朴正熙 實記 - 行蹟抄錄**. 서울: 集文堂.

조명렬·노희덕·나영일(1996). **체육사**. 서울: 형설출판사.

체육진흥법 제8조, 제12조.

체육청소년부, 체육청소년행정10年史

최의창(2000). **체육교육탐구**. 서울: 2000.

최종삼(2000). **체육사**. 서울: 보경문화사.

최종삼·손수범(2005). **스포츠·체육사**. 서울: 보경문화사.

崔昌烈(1906). “체육을 권고함”. 太極學報 第5號. 光武, 10년(12월).

태극학보 21.

하남길 역(1999). **머스큐러 크리스천: 톰 브라운의 학창시절**. 서울: 21세기교육사.

하남길(2014). **체육사 신론**. 진주: 지앤유.

하남길 외(2016). **체육과 스포츠의 역사**. 진주: 경상대학교출판부.

韓國教育史硏究會(1998). **韓國教育史**. 서울: 教育出版社.

한국체육백년사편찬위원회(1981). **韓國體育百年史**.

한국체육사학회(2023). **스포츠지도사 2급: 한국체육사**. 서울: 대한미디어.

한국학문헌연구소(1990). **高麗史, 上卷**. 서울: 아세아문화사.

한이혁(1998). **체육사**. 서울: 도서출판 태근.

한이혁(1998). **체육사**. 서울: 태근문화사.

Abrahams H. M. and Kerr, J. B. (1931). *Oxford versus Cambridge*

B. P. Barnhart's Annual Report for the Year Ending, 30 September 1919.

Barrow, H. M. (1988). *Man and Movement: Principles of Physical Education.* Philadelphia: Lea & Febiger.

Betts, J. R. (1974). *America's Sporting Heritage 1850-1950.* Massachusetts: Addison Wesley.

Boyd, W. (1911). *The Minor Educational Writings of J.J Rousseau.* London: Blackie and Son, Ltd.

Cha, Dong-Se·Kim, Kwang-Suk & Perkins, Dwight H. (ed.)(1997). *The Korean Economy 1945-1995: Performance and Vision for the 21st Century.* Seoul: Korea Development Institute.

Coburn, O. (1950). *Youth Hostel Story.* London.

Danziger, James N. (1991). *Understanding the Political World.* New York: Longman.

Diem, C. (1960). *Weltgeschichte des Sportes*, Cotta-Verlag: Stuttgart.

Dixon, J. G. (1979). "Physical Education as Moral Education in Germany" in Peter McIntosh, *Fair Play: Ethics in sport and Education.* London: Heinemann Educational Books Co.

Dunae, P. A. (1975). "British Juvenile Literature in Age of Empire: 1880-1914", (1975) Ph. D. Thesis, Department of History, Victoria University of Manchester.

Eby, Frederic & Arrowood, C.F.(1940). *The History and Philosophy of Education Ancient and Medieval.* New York: Prentice-Hall, Inc.

Fred Eugene Leonard F. E. & Affleck, G. B.(1947). *A Guide to the History of Physical education, Third Edition.* Philadelphia: Lea & Febiger.

G.A. Gregg's Annual Report for Year Ending, September 30. 1916.

Gardiner, E. N. (1910). *Greek Athletic Sports and Festivals.* London: Macmillan.

Gerber, Ellen W. (1971). Innovatora and Institution in Physical Education. Philadelphia: Lea & Febiger.

Greenberg, S. (1991). *The Guinness Olympics Fact Book.* London: Guinness Publishing Ltd.

Ha N. G. & Mangan, J. A. "Confucianism, Imperialism: Modern Sport, Ideology and Korean Sports Culture" in Culture, *Sport Society* Vol. 4 (2001).

Hahn, M. (1929). Die Leibesubungen im mittelalterlichen Voksleben. Langensalza.

Hendenson(1974). *Ball and Bat and Bishop.* Philadelphia: University of Pennsylvania.

Hogan, William(1967). "Sin and Sports" in R. Slovenko and J.A. Knight eds. Illinois: Thomas.

Holt, R. (1981). *Sport and Society in Modern France.* London: Macmillan Press Ltd.

Lewis, Guy(1966). "The Muscular Christian Movement", *Journal of Health, Physical Education and Recreation*, May.

Lewis, Guy(1969). "Theodore Roosevelt: Role in the 1905 Football Controversy?", *Research Quarterly*, 40(4), Dec.

Ling Association Leaflet, Vol. 40, No. 5, June 1941.

Lucas, J. & Smith, R.(1978). *Saga of America Sport.* Philadelphia: Lean & Febiger.

Mangan, J. A. & Walvin, J. (1987). *Manliness and Morality.* Manchester: Manchester Univ. Press.

Mangan, J. A. (1981). *Athleticism in the Victorian and Edwardian Public School.* Cambridge: Cambridge Univ. Press.

Mangan, J. A. (1982). "Social Darwinism, Sport and English Upper Class Education" *Stadion* VI.

Mangan, J. A. (1986). *The Games Ethic and Imperialism.* London: Viking Penguin.

McIntosh, P. (1979). *Fair Play: Ethic in Sport and Education.* London: Heinemann.

McIntosh, P. C. (1968). *Physical Education in England since 1800.* London: Bell.

McIntosh, P. C. (1987). *Sport in Society.* London: West London.

Mechikoff, Robert A. & Estes, Steve G. (c2002). *A History and Philosophy of Sport and Physical Education*, 3rd edition, Boston. London: McGraw-Hill.

Mess, H. A. (1947). *Voluntary Social Services since 1918.* London.

Official website of the Olympic Movement, 〈www.olympic.org〉, 2007년 6월 19일.

Owen, D.R.G. (1956). *Body and Soul.* Philadelphia: The Westerminster Press.

Paik, L. George(1970). *The History of Protestant Missions in Korea 1832-1910.* Seoul: Yonsei University Press.

Paik, L. George(1970). *The History of Protestant Missions in Korea 1832-1910.* Seoul: Yonsei University Press.

Palmer, Spencer J.(1967). Korea and Christianity. Seoul: Hollym Corporation.

Perkin, H. (1989). "Teaching the Nation How to Play: Sport and Society in British Empire and Commonwealth", *International Journal of History of Sport*, Vol.6 No.2.

Peter McIntosh, 하남길·권판근 역(1997). **페어 플레이**. 서울: 21세기교육사.

Ren, H. (1999). "Chaina and the Olympic movement" in James Riordan and Robin Jones (ed.) *Sport and Physical Education in China.* London: E & FN Spon.

Rice, E. G. A., Hutchinson, J. L. & Lee, M.(1969). *A Brief History of Physical Education*, Fifth Edition. New York: The Ronald Press Company.

Rousseau, J. J. (1911). trans. B. Foxley, *Emile on Education.* London: J.M. Dent and Son.

Saurbier, B. & Stahr, E. (1936). *Geschichte der Leibesubungen.* Leipzip.

Sports Illustrated, 1962. 6. 16.

Strutt, J. (1903). *The Sports and Pastime of the People of England.* London: Wm. Tegg and Co.

Thulin, J. G. (Nov. 1931). "Application of Ling's System to Modern Swedish Ling Gymnastics" *Mind and Body,* 38.

Vamplew, W. (1988). *Play up and Play the Game: Professional Sport in Britain 1875-1914.* Cambridge: Cambridge University Press.

Van Dalen, Deobold B. & Bennett, Bruce L.(1970). *A World History of Physical Education.* New Jersey: Prentice-Hall, Inc.

Welch, J. E. (1962). *Edward Hichicock, M.D.: Founder of Physical Education in the College Curriculum.* Greenville. NC, Ester California College.

Wiberg, Albert(1949). *Gymnastikhistoriska Studier.* Vaxjo: Nya Vaxyobladet.

Wohl, A. 唐木國彦·上野卓郎 共譯(1973). 近代 スポツの 社會史. 東京: ベイスボールマガジン社.

Young, N. D. (1944). "Did the Greek and the Romans Play Football", Research Quarterly 15(Dec).

찾아보기

ㅅ

ㅇ

ㅈ

저자 소개

• 옥광

경상국립대학교 체육교육과 졸업(학사)
영국 University of Strathclyde 졸업(석사·박사)

• 현재

충북대학교 체육교육과 교수, 평생교육원 원장
영국 University of Brighton 객원교수
Asia Journal of Sport and Culture 편집위원
Cogent Social Science 편집위원
한국체육학회 국제이사, 편집위원
한국체육사학회 부회장
한국골프학회 사무총장

• 저서

영국 스포츠의 사회사 외 31편

• 논문

The Legacy of Sports Nationalism in South Korean Sport, IJHS.
Sport and Body Cultures in East and Southeast Asia, IJHS. 외 100편

• 학술발표

A Catalyst for Korean Modern Transformation & Globalization: The Significance of the 88' Seoul Olympics, ISSA, ISSA 5th World Congress, July 2008 외 100편

체 육 사

저　　자 : 옥 광
발 행 처 : 충북대학교 출판부
발 행 인 : 고 창 섭
주　　소 : 28644 충북 청주시 서원구 충대로 1
전　　화 : (043) 261-2952, 3014
팩　　스 : (043) 274-1256
이 메 일 : presscbu@chungbuk.ac.kr
등　　록 : 제1983-2001-7호
초 판 1 쇄 : 2024.02.29
인 쇄 처 : 삼성디자인기획 042)221-3111

ISBN 978-89-7295-551-1 93690

값 19,000원

* 이 저서는 2023학년도 충북대학교 국립대학 육성사업에 의하여 지원 발간되었음.